精品课程配套教材
21 世纪高职高专规划教材

U0734110

基础会计
项目化教程

主　编　尹渔清　刘　宾
副主编　杨　飞　陈　艳　赵凤军
　　　　张　超　李飞凤　文　达
　　　　付婷婷　刘林德　奚　川
　　　　佟　威

JICHU KUAIJI
XIANGMUHUA
JIAOCHENG

东北大学出版社
Northeastern University Press

图书在版编目（CIP）数据

基础会计项目化教程／尹渔清，刘宾主编． -- 沈阳：
东北大学出版社，2014.7（2021.4 重印）
ISBN 978-7-5517-0717-6

Ⅰ．①基… Ⅱ．①尹…②刘… Ⅲ．①会计学–高等
职业教育–教材 Ⅳ．①F230

中国版本图书馆 CIP 数据核字（2014）第 165957 号

出 版 者：东北大学出版社
　　　　　地址：沈阳市和平区文化路 3 号巷 11 号
　　　　　邮编：110819
　　　　　电话：024-83680267（社务室）　83687331（营销部）
　　　　　传真：024-83687332（总编室）　83680180（营销部）
　　　　　网址：http://www.neupress.com
　　　　　E-mail：neuph@neupress.com
印 刷 者：北京俊林印刷有限公司
发 行 者：东北大学出版社
幅面尺寸：185mm×260mm
印　　张：18.25
字　　数：403 千
印　　次：2021 年 4 月第 2 次印刷
责任编辑：孙　锋
责任校对：曲　直
封面设计：尤岛设计
责任出版：唐敏志

ISBN 978-7-5517-0717-6　　　　　　　　　　定价：39.50 元

精品课程配套教材
"双创"型人才培养优秀教材　编写委员会

前　言

　　本书依据教育部"十三五"规划纲要等文件精神，紧密结合我国教育改革步伐，以"加强专业和课程建设，提高人才培养质量"为指导，以"能力本位、工学结合、校企合作、教学做一体、满足就业需求"为理念进行编写；打破传统教材学科体系的构建模式和框架束缚，紧紧围绕基础会计岗位工作任务和最新的会计从业资格证考试要求选择课程编写内容，构建新的教材结构；将课程内容和会计岗位的能力要求相结合，与从业资格证考试相连接，与职业素养相贯通；以职业能力、职业素养培养为目标，以项目为导向，以工作任务为核心，以学生为主体，以企业真实会计业务为载体，以实训为手段，是一本集教、学、做为一体的项目化教材。

　　全书共为七大模块，共二十三个项目构成。模块一：认知会计及会计职业。主要研究会计概述、会计工作组织。模块二：建账。主要研究会计数字的书写、会计科目及账户、会计账簿的设置。模块三：日常业务处理。主要研究日常业务核算的基本方法、筹资业务的核算、供应过程业务的核算、生产过程业务的核算、销售过程业务的核算、利润形成与分配的核算。模块四：账簿登记。主要研究账务处理程序、日记账的登记、明细分类账簿和总分类账簿的登记。模块五：期末业务处理。主要研究期末账务处理、对账、错账更正、结账。模块六：财务会计报告。主要研究财务报告、资产负债表、利润表、现金流量表。模块七：会计档案整理与保管。

　　本书的特点如下：

　　第一，总体设计上，充分体现项目导向、任务驱动，基于工作过程的课程设计理念。本书以项目作为教学的基本组织单元，以任务设计作为引领和激励目标，以企业会计基本业务为载体，以实训场所为依托，以培养学生综合职业能力和职业发展能力为核心，以训练项目为途径，把教、学、做融为一体，满足学生就业与发展的需要。

　　第二，职业性、实践性和实用性高度融合。紧紧围绕完成会计核算工作任务和从业资格证考试来选择内容，从"项目与职业能力"分析出发来设定职业能力培养目标，把书本的知识传授变为动手能力的培养。

　　第三，在体例、结构编排上，体现工作过程、工学结合、职业能力培养的思想。每一项目都设计有职业情境、学习目标（理论目标、实务目标、案例目标、实训目标）、先导案例、知识橱窗、知识链接、同步思考、边做边学、项目训练（知识题、技能题、业务实训）等，充分激发学生的学习兴趣，提高教学效果。

本书具体编写分工如下：由尹渔清、刘宾担任主编，杨飞、张超、陈艳、赵凤军、李飞凤、文达、刘林德、付婷婷、奚川、佟威担任副主编，尹渔清编写模块一，刘宾编写模块二，杨飞、张超、奚川编写模块三，陈艳、赵凤军编写模块四，李飞凤、文达、佟威编写模块五，刘林德、付婷婷编写模块六、模块七。

本书在编写过程中，得到了曾向昌和吴东泰的指导，在此深表谢意。由于编者水平有限，加之时间仓促，书中难免有不足，敬请广大读者和同仁批评指正。

编 者

目　录

模块一　会计及会计职业认知

项目一　会计认识

▶ **职业情境**

王丽的表姐是一个单位的会计人员，在表姐的引荐下，王丽升大学时选择了会计专业。在王丽的心里，她一直认为会计就是收收钱、算算账，学会计应该是件很简单的事，怎么大学里，还要学几年呢？带着这些疑问，她开始了会计基础课程的学习。

▶ **学习目标**

通过学习，应该达到如下目标。

◆**理论目标**：学习和掌握会计的概念和目标、会计职能与会计对象、会计要素及会计对象、会计机构各岗位设置及职责、会计人员的职业道德要求和职业技能、会计法规体系及会计法律责任等陈述性知识；并能运用相关理论知识进行相关的认知活动。

◆**实务目标**：能运用会计认知的理论和相关知识，规范"会计及会计职业认知"中的相关技能活动。

◆**案例目标**：运用本模块中的相关理论与实务知识研究相关案例，培养与提高学生在一定的情境下分析与决策设计会计与会计职业相关能力，能结合本模块所学内容，分析企业相关会计行为的善恶，培养学生良好的会计职业道德素质。

◆**实训目标**：根据实训任务，在了解和把握本实训所涉及的相关技能点的基础上，通过社会实践活动及亲身体验会计职业与会计工作，及《实训报告》的准备、撰写、讨论与交流等有质量、有效率的实践活动，培养学生的专业能力，强化"自我学习""发现问题""解决问题""自主创新"等职业核心能力。

▶ **先导案例**

张明是某高职院校会计专业大三的学生，正在为选择将来的工作做准备。毕业前，他参加了广州市的人才市场招聘会，了解到一家招聘单位的情况如下。

该企业是玻璃制品有限责任公司，资产总额 2 000 万元，其中借入资金 900 万元，其余 1 100 万元是投资者的投资。该企业为增值税一般纳税人，主要生产特种彩色玻璃和普通白色玻璃。筹建期已经结束，准备从下月开始生产。欲招聘出纳 1 名，成本会计 1 名，会计主管 1 名。招聘条件是各岗位会计人员必须有会计初级资格证书；成本会计和会计主管还需要熟悉岗位职责，有企业相关工作经历。同时，招聘人员还就会计的职能、对象、会计核算的内容和方法、会计核算的基本前提等相关问题对张明进行了提问，并分别列举了该公司本月份的几项主要经济业务,如购买原材料、支付货款;销售产品、收回货款;购买设备、投入使用;编制下年度财务预算;与某单位签订了一份购进合同等内容对他进行了考核。张明是即将毕业的会计专业的学生,对这些问题都做了回答。如果是你,又该如何回答呢?张明回答问题后,并没有感到轻松,并且对该公司的招聘条件有点疑惑。

课堂讨论:

1. 会计专业的学生怎样才能取得会计初级资格证书?

2. 会计人员的工作职责是什么?

3. 招聘企业为什么对张明提出这些考核问题呢?你认为合理吗?

知识橱窗

一、会计的产生和发展

在人类社会的早期,就有了会计活动的萌芽。会计作为一种管理活动,是人类生产活动的衍生物。人类的生产活动是最基本的实践活动,在生产活动中,人们总是力求以较少的劳动消耗,取得尽可能多的劳动成果,因此,就有必要对生产过程的劳动消耗和劳动成果进行记录和计算、进行比较和分析,于是会计活动就产生了。可见,会计的发展经历了一个漫长的过程。

(一) 会计在我国的产生和发展

我国的会计活动历史悠久。据《周礼》记载,早在西周时代,周王朝已设立了专门的会计官吏,执掌会计事务,"司会"是会计官之长,负责组织会计工作,主管财政经济收支的会计核算与出纳事务。西汉时期,官府和民间都已有了会计账簿,中式簿记开始逐步发展完善。唐宋时期创立了"四柱清册法",奠定了中式簿记的基础,逐步形成了中国的会计体系。明末清初,我国的商业和手工业发展迅速,为了适应这一社会环境的变化,出现了以四柱账为基础的"龙门账"。"龙门账"标志着我国会计由单式记账向复式记账的转变。

尽管会计在我国产生得比较早,但在封建社会却发展缓慢。中华人民共和国成立后,中国特色的社会主义会计体系才逐步建立起来,先后制定了有关会计核算和管理方面的会计制度。十一届三中全会以后,随着经济体制改革的深入和对外开放的扩大,会计所处的社会环境急剧变化。1985年,我国颁布了新中国第一部《中华人民共和国会计法》,这标志着我国会计工作进入了法制化时期。1992年,我国颁布了《企业会计准则》和《企业财务通则》,并从1993年7月1日开始施行,这是我国会计工作与国际接轨的一个重大举措,标志着我国会计正逐步走向国际化。2017年11月4日,第十二届全国人民代表大会常务委员会第三十次会议决定,通过对《中华人民共和国会计法》作出修改。自2017年11月5日起施行。2001年开始施行新的部分行业的《企业会计制度》,继续推行的已制定的企业会计准则,这使我国的会计工作和会计理论建设进入一个新的阶段。2006年2月15日发布,2007年1月1日起在上市公司施行的39项企业会计准则,是一套与国际会计惯例趋同的企业会计准则体系，这标志着我国会计工作又迈上了一个历史的新台阶。

（二）会计在国外的产生和发展

在国外，会计也有着悠久的历史。早在印度原始时期，已经出现记账员，负责登记农业账目和与此相关的一切事项。在奴隶和封建社会里，由于商品经济不发达，当时的会计主要是政府部门用来记录、计算和考核钱物出纳等财务收支情况的。从公元 13 世纪到公元 15 世纪，地中海沿岸某些城市的商业和手工业发展很快，经济繁荣，从而产生了科学的复式记账法。1494 年，意大利数学家卢卡·帕乔利将当时出现在意大利商业有关复式记账的内容作为一章知识编入其数学著作《算数、几何、比及比例概要》一书，对借贷记账法记账原理及运用进行了详细介绍并加以概括，为复式记账法在全世界传播奠定了基础。

从公元 15 世纪末到 18 世纪初，随着商业在欧洲其他城市的发展，意大利借贷记账法不断地被传播并得以继续完善。伴随着被尊为"科学管理之父"——泰罗——专著《科学管理原理》的发表，以及泰罗制管理在企业中的推进，以其相联系的一系列管理方法、技术被引进会计领域，标准成本和预算控制等方法也在这一期间产生，由此构成了成本会计的主要内容。

20 世纪 20 年代末，特别是第二次世界大战后，随着现代化大生产的发展，各种先进科学的技术被广泛用于管理方面，会计业全面着眼于管理，形成了以成本管理为中心内容的管理会计。管理会计的形成和发展，极大地丰富了会计学的内容，扩充了会计的传统职能，标志着现代会计科学进入了一个充满活力的崭新阶段。

可见，无论在中国还是在外国，很早就有了会计工作（或活动）。随着社会实践活动的日益丰富和发展以及企业生产规模的日益扩大，随着社会实践和经济活动的发展，会计也随之发展，经历了一个由简单到复杂、由低级到高级的不断发展完善的过程。实践证明：经济愈发展，会计的地位就愈重要；生产越现代化，规模越扩大，会计的作用越重要。

二、会计的概念和目标

（一）会计的概念

很多年来以来，一直有关于会计的通俗说法——会计就是记账、算账和报账。但随着生产力的发展和经济关系的日趋复杂，会计的内容和形式也在不断地变化、发展和完善之中，由单纯的记账、算账、报账，发展为参与事前经营预测、决策，对经济活动进行事中控制、监督；开展事后分析、检查。关于现代会计，可以总结归纳为：会计是以货币作为主要计量单位，采用专门方法和程序，对企业和行政、事业单位的经济活动进行完整的、连续的、系统的核算和监督，以提供经济信息和反映受托责任履行情况为主要目的的经济管理活动。

（二）会计目标

我国《企业会计准则——基本准则》中，对企业的会计目标有这样的规定：向财务会计报告使用者提供与企业财务状况、经营成果和现金流量等有关的会计信息，反映企业管理层受托责任履行情况，有助于财务会计报告使用者做出经济决策。

在现代企业制度下，企业财产的所有权与管理权是分离的，即企业资源的所有者委托企业资源经营者进行经营，那么经营者就有责任定期地向所有者反映其经营的信息、受托责任的履行情况，这时企业的会计人员就必须通过会计活动来提供这方面的信息，同时所提供的信息还有助于使用者做出经济决策。

【知识链接 1—1】

会计信息使用者到底需要什么样的信息呢？这主要取决于信息使用者的目的及需求不同。具体分析如下。

（1）投资者（含潜在的）。他们是会计信息的主要使用者。他们所关心的是投资的内在风险和投资报酬。投资者利用会计信息，主要结合公司的投资项目、资本结构和股利分配政策，以了解企业的盈利能力及其变化发展趋势，进而制订投资决策，如是否投资、继续持有还是转让投资、增加还是减少投资等决策。他们需要利用会计信息来帮助他们评估企业的支付股利情况。

（2）债权人（含潜在的）。他们主要关心企业的偿债能力，他们根据会计信息来做出有关决策，如是否将资金贷给企业，是增加还是减少给企业的贷款，是否继续保持对企业的债权，是否向企业赊销商品和劳务等。

（3）政府有关部门，包括财政、税务、银行、审计、统计和证券监管部门。他们需要利用会计信息了解企业的经营状况，并对企业会计信息的真实性、合规性、完整性进行监督和检查。他们将各企业的会计信息汇总后，还可了解国民经济各部门、各地区的整体情况，为制订各项经济政策提供依据。

（4）社会公众，主要是指企业内部职工及企业外部与企业有直接或间接联系的用户，如顾客、证券商、经纪人、中介机构、经济分析人员等。他们有的以主人翁的身份参与企业经营管理，关心企业的利润分配情况和企业的发展前景；有的是关心他的投资决策、购买决策或是对企业的生产、经营和管理情况进行咨询、审计、鉴证、评价、分析等而需要利用企业的会计信息。

（5）企业管理当局。在两权实现分离时，企业内部的经营管理者是指企业最高管理者。他们是受雇于企业投资者，应该完成投资者所赋予的经济责任，实现企业的经营目标。因此，企业内部管理当局就必须对经营过程中遇到的重大问题进行正确的决策，如新产品开发、产品定价、成本费用的控制、工资奖金的分配、对外投资等问题。这些问题决策的正确与否，关系到企业的兴衰成败。所以，企业管理当局就必须了解企业的所有会计信息，并据此做出正确的决策。

三、会计的职能

会计的职能，是指会计在经济管理中所具有的功能，即人们在经济管理中可以用会计做什么。正确认识会计职能，对于正确提出会计工作应担负的任务，确定会计人员的职责和权限，充分发挥会计工作应有的作用等，都有极其重要的意义。《中华人民共和国会计法》对会计的基本职能表述为：会计核算和会计监督。

（一）会计核算职能

会计核算职能是会计的最基本的职能，也称为会计的反映职能，是指以货币为主要计量单位，对特定会计主体的经济活动进行确认、计量、记录和报告，为有关各方提供会计信息。会计核算的内容具体表现为生产经营过程中的各种经济业务，包括：①款项和有价证券的收付；②财物的收发、增减和使用；③债权、债务的发生和结算；④资本、基金的增减的收支；⑤收入、支出、费用、成本的计算；⑥财务成果的计算和处理；⑦其他需要办理会计手续、进行会计核算的事项。会计核算的要求是真实、准确、完整、及时。会计核算具有如下几个特点。

1. 会计核算提供的信息具有综合性

会计反映社会再生产过程时，可以以实物、劳动（或时间）和货币三种量度，但应以具有综合量度特点的货币量度为主。实物量度是为了核算不同物资的实物数量而采用的计量单位，具有直观性，它能够提供经济管理上所需的各种实物指标，但实物计量单位只能用来总计同一种类的财产物资，而不能用来总计不同种类的财产物资，更不能总计各种不同的经济活动。劳动量度是为了核算经济活动中消耗的工作时间的数量而采用的计量单位，它有助于合理地安排工作和具体确定某一工作过程中的劳动耗费数量。但在商品经济条件下，由于有简单劳动和复杂劳动的区别，对各种人员的劳动不能以某种劳动计量单位进行综合，各种劳动时间的直接相加也并不表明企业单位的劳动总成果。货币量度具有质的同一性和量的可加性，可以克服实物计量单位的差异性和劳动计量单位的复杂性，所以会计核算以货币量度为主，通过综合反映经济活动的过程和结果，为经济管理提供所需的价值指标。

2. 会计核算提供的信息具有客观性和可验证性

会计核算是以会计凭证为依据的，会计凭证只有在经济活动发生或生成后才能取得。因此，这种凭证具有可验证性，可以保证会计所提供的信息的真实可靠。

尽管会计所反映的是历史和过去的经济事实，但只要真实、可靠、公正并及时地予以反映，历史信息同样具有预测价值和反馈价值，对于决策仍是非常必要和有用的。随着客观经济环境的变化和经济活动的日趋复杂，为了在经济管理中加强科学性、预见性和主动性，在如实反映已经发生或完成的经济活动的基础上，充分考虑与企业经济活动有关的有利与不利因素，采用一定的方法对经济活动和经营成果的未来发展趋势做出科学推断和预测，为企业的发展和经济管理提供一些具有前瞻性的会计信息。

3. 会计核算具有完整性、连续性和系统性

所谓完整性，一方面是指会计反映的会计事项，不能遗漏和任意取舍，另一方面是指将经济业务引起资金运动的来龙去脉反映出来，这样就能够反映经济活动的全过程。所谓连续性，是指会计在反映经济活动时，应按其发生时间的先后顺序依次不间断地进行登记。所谓系统性，是指会计对经济活动的反映，既要全面相互联系地记录，还必须进行科学的分类，使之成为系统的会计数据，从而便于信息使用者的有效利用。

（二）会计监督职能

会计的监督职能，是指对特定主体经济活动和相关会计核算的真实性、合法性和合理性进行审查。真实性审查，是指检查各项会计核算是否根据实际发生的经济业务进行。合法性审查，是指检查各项经济业务是否符合国家有关法律法规，遵守财经纪律，执行国家各项方针政策，以杜绝违法乱纪行为。合理性审查，是指检查各项财务收支是否符合客观经济规律及经营管理方面的要求，保证各项财务收支符合特定的财务收支计划，实现预算目标。

1. 会计监督具有强制性和权威性

会计监督要依据党和国家的路线、方针、政策和法律，会计法规、准则、制度，企业单位内部控制制度、计划和定额等为标准。因此，会计监督具有强制性和权威性。

2. 会计监督具有连续性

会计监督贯穿于经济活动的全过程，主要体现在：事前监督，依据会计的监督标准，主要采用预测的方法，预测和分析将要发生的经济活动可能达到的预期结果，是否与决策和计划的目标一致；日常监督，亦称事中监督，依据会计的监督标准，主要采用控制和审核的方法，对进行中的经济活动进行审核和分析、对已发现的问题提出建议，督促有关部门采取措施，调整经济活动，使其按照预定的目标和要求进行；事后监督，依据会计的监督标准，通过检查和分析已取得的会计资料，对已完成的经济活动的合法性、合理性和有效性进行的考核和评价。

以上两个会计职能是相辅相成、辩证统一的关系。会计核算是会计监督的基础，没有核算所提供的各种信息，监督就失去了依据；而会计监督又是会计核算质量的保障，只有核算、没有监督，就难以保证核算所提供信息的真实性和可靠性。

【知识链接1－2】

会计作为管理经济的一种活动，它的职能随着会计的发展而发展。理论界认为，会计除了传统的核算、监督职能外，还有预测经济前景、参与经济决策、计划组织以及绩效评价等职能。

四、会计对象

会计的对象是指会计所要核算和监督的内容。前已述及，会计需要以货币为主要计量单位，对特定会计主体的经济活动进行核算与监督。也就是说，凡是特定会计主体能够以货币表现的经济活动，都是会计核算和监督的内容，即会计对象。明确会计对象，对于发挥会计职能具有重要的意义。只有了解会计所要核算和监督的内容，才能有针对性地采取适当的会计方法，真正发挥会计工作在经济管理工作中的作用，最终实现会计工作目标。以货币表现的经济活动，即企业再生产过程中的资金运动。所谓资金，是指企业拥有或控制的各项货币资产、财产物资和债权的货币表现。从会计对象的货币表现分析，会计的一般对象就是企业资金投入、资金运用和资金退出的资金运动过程。

企业又有多种类型，如工业企业、商业企业、建筑企业及金融企业等，其中，工业企业最具代表性。本教材以工业企业为对象进行介绍。工业企业的基本经济活动是生产工业产品，生产过程是制造企业经营过程的中心环节。工业企业的经营过程，即制造企业的再生产过程，就是指以生产过程为中心的供应、生产和销售过程的统一。

工业企业为了从事产品的生产和销售活动，就必须拥有一定数量的资金，用于建造厂房、购买机器设备、采购原材料、支付职工工资、支付经营管理中必要的开支等，生产出的产品经过销售后，收回的货款还要补偿生产中的垫付资金、偿还有关债务、交纳有关税金等。由此可知，工业企业的资金运动表现为资金的投入、资金的循环与周转（包括供应过程、生产过程和销售过程三个阶段）和资金退出企业三部分，既有一定时期内的显著运动状态（表现为收入、费用和利润等），又有一定日期的相对静止状态（表现为资产同负债、所有者权益），如图1－1所示。

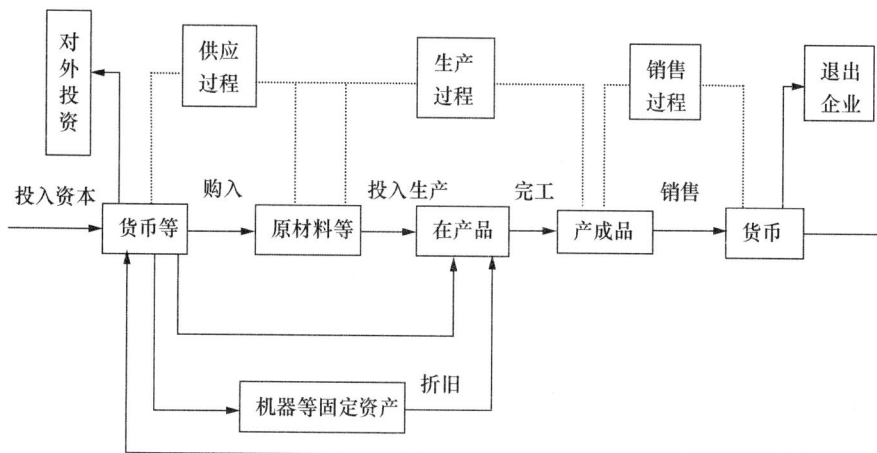

图1－1 工业企业资金的循环与周转示意图

资金的投入包括企业所有者投入的资金和债权人投入的资金两部分，前者属于企业所有者权益，后者属于企业债权人权益——企业负债。投入企业的资金一部分构成流动资产，另一部分构成非流动资产。

资金的循环与周转分为供应、生产、销售三个阶段。在供应过程中，企业要购买材料等劳动对象，发生材料买价、运输费、装卸费等材料采购成本，与供应单位发生货款结算关系。在生产过程中，劳动者借助于劳动手段将劳动对象加工成特定的产品，发生材料消耗的材料费、固定资产磨损的折旧费、生产工人劳动耗费的人工费等，构成产品使用价值和价值的统一体。同时还将发生企业与工人之间的工资结算关系、与有关单位之间的劳务结算关系等。在销售过程中，将生产的产品销售出去，发生有关销售费用、收回货款、交纳税金等业务活动，并同购货单位发生货款结算关系、同税务机关发生税务结算关系等。企业获得的销售收入，扣除各项费用后的利润，还要提取盈余公积金并向所有者分配利润等。

资金的退出包括偿还各项债务、交纳各项税金、向所有者分配利润等，这部分资金便离开本企业，退出本企业的资金循环与周转。

【知识链接1－3】

上述资金运动的三个阶段，构成了开放式的运动形式，是相互支撑、相互制约的统一体。没有资金的投入，就不会有资金的循环与周转；没有资金的循环与周转，就不会有债务的偿还、税金的交纳和利润的分配等；没有这类资金的退出，就不会有新一轮的资金投入，就不会有企业进一步的发展。

【同步思考1－1】

在先导案例中，招聘人员对张明分别列举了发生的如购买材料、支付货款、销售产品、收回货款、购买设备、投入使用、编制下年度财务预算、与某单位签订了一份购进合同等经济业务是否都是会计核算与监督的对象呢？

五、会计基本假设

会计基本假设是对会计核算所处时间、空间环境等所作的合理假定，是企业会计确认、计量、报告的前提。会计基本假设包括会计主体、持续经营、会计分期和货币计量。

（一）会计主体－界定会计核算的空间范围

会计主体，是指会计工作服务的特定对象，是企业会计确认、计量和报告的空间范围。为了向财务报告使用者反映企业财务状况、经营成果和现金流量，提供与期决策有用的的信息，会计核算和财务报告的编制应当集中于反映特定对象的活动，并将其与其他经济实体区别开来。在会计主体假设下，企业应当对其本身发生的交易或事项进行会计确认、计量和报告，反映企业本身所从事的各项生产经营活动和其他相关活动。

会计主体与法律主体（法人）并非是对等的概念，法人可作为会计主体，但是会计主体不一定是法人。一般来说，法律主体必然是一个会计主体。例如一个企业作为一个法律主体，应当建立财务会计系统，独立反映其财务状况，经营成果和现金流量。但是，会计主体不一定是法律主体。也就是说会计主体可以是独立的法人，也可以是非法人；可以是一个企业，也可以是企业内部的某一个单位或企业的一个特定部分；可以是一个单一的企业，也可以是由几个独立企业组成的企业集团。企业集团由若干具有法人资格的企业组成，各个企业既是独立的会计主体也是法律主体，但为了反映整个集团的财务状况，经营成果及现金流量情况，还应该编制该集团的合并会计报表。企业集团是会计主体，但通常不是一个独立法人。

（二）持续经营－界定会计核算的时间范围

持续经营是指在可以预见的将来，企业将会按当前的规模和状态持续经营下去，不会停业，也不会大规模削减业务。持续经营假设是指会计核算应当以企业持续、正常进行的生产经营活动为前提，而不考虑企业是否破产清算。

（三）会计分期 －界定会计结算账目和编制财务会计报告的时间范围

会计分期，是指将一个会计主体持续经营的生产经营活动划分为一个个连续的、长短相同的期间，以便分期结算账目和编制财务会计报告。一个个连续的长短相同的期间称为一个会计期间。会计期间通常分为年度和中期。我国《会计法》规定以公历年度作为会计年度。会计分期假设的目的，在于通过会计期间的划分，分期结算账目、编制财务会计报告，从而及时地向各方面提供有关企业的财务状况、经营成果和现金流量方面的信息。

（四）货币计量－界定会计核算的统一度量手段

货币计量是指会计主体在会计核算过程中应采用货币作为计量单位，记录、反映会计主体的生产经营活动。货币是商品的一般等价物，可作为衡量一般商品价值的共同尺度，具有价值尺度、流通手段、贮藏手段和支付手段等特点。其他计量单位，如重量、长度、容积、台、件等，只能从一个侧面反映企业的生产营状况，无法在量上进行汇总和比较，不便于会计计量和经营管理。只有选择货币这一共同尺度进行计量，才能全面反映企业的生产经营状况。

我国《会计法》规定，会计核算应以人民币作为记账本位币。业务收支以人民币以外的货币为主的单位，也可以选定其中一种货币作为记账本位币，但编制的财务会计报告应当折算为人民币反映。在境外设立的中国企业向国内报送的财务会计报告，也应当折算为人民币。

六、会计信息质量要求

会计信息质量要求是对企业财务会计报告中所提供高质量会计信息的基本要求，是使财务信息报告中所提供会计信息对投资者等实用者决策有用应具备的基本特征，主要包括可靠性、相关性、可理解性、可比性、实质重于形式、重要性、谨慎性和及时性。

（一）可靠性

可靠性要求会计信息是的真实可靠的。企业应当以实际发生的交易或者事项为依据进行会计确认、计量和报告，如实反映符合确认和计量要求的各项会计要素及其他相关信息，保证会计信息真实可靠、内容完整。为了贯彻可靠性要求，企业应当做到：

1. 以实际发生的交易或者事项为依据进行会计确认、计量和报告。

2. 在符合重要性和成本效益原则的前提下，保证会计信息的完整性。

如果企业的会计核算不是以实际发生的交易或事项为依据，没有如实反映企业的财务状况、经营成果和现金流量，是不可靠的，就会误导会计信息使用者的决策，会计工作也就失去了存在的意义。

（二）相关性

相关性要求企业提供的会计信息应当与财务报告使用者的经济决策需要相关，有助于财务报告使用者对企业过去和现在的情况作出评价，对未来的情况作出预测。

相关性要求的核心是对决策有用。一般认为，具备相关性的会计信息应当在你保证及时性的前提下，具备反馈价值和预测价值，即能够有助于信息使用者评价企业过去的决策，证实或者修正过去的有关预测，并根据会计信息预测企业未来的财务状况、经营成果和现金流量。

（三）可理解性

可理解性要求企业的会计信息应当清晰明了，便于财务报告使用者理解和使用。使相关信息使用者决策有用是会计信息价值的根本所在，而使信息使用者有效使用信息的前提是使用者能够理解信息的内涵，这就要求会计确认、计量和报告的语言、方式和方法应当清晰明了、易于理解，只有这样，才能提高会计信息的有用性，实现财务报告的目标，完成会计的使命。

（四）可比性

可比性要求企业提供的会计信息应当相互可比。具体下列两层含义：

1.同一企业不同时期可比

会计信息质量的可比性要求同一企业不同时期发生的相同或者相似的交易或者事项，应当采用一致的会计政策，不得随意变更。但是，如果按照规定或者在会计政策变更后可以提供更可靠、更相关的会计信息，可以变更会计政策。有关会计政策变更的情况，应当在附注中予以说明。企业发生的交易或事项具有复杂性和多样性，对于某些交易或事项可以有多种会计核算方法，例如，存货的领用和发出，可以采用先进先出法、加权平均法、移动平均法、个别计价法等确定其实际成本；固定资产折旧方法可以采用年限平均法、工作量法、年数总和法、双倍余额递减法等。贯彻可比性的目的，是使会计信息的使用者能利用以前会计期间的会计信息考核、评价本期的财务状况和经营成果，并借以进行正确的预测和决策。如果企业在不同的会计期间采用不同的会计核算方法，将不利于会计信息使用者对会计信息的理解，不利于会计信息作用的发挥，甚至引起分析、判断的错觉。

2.不同企业相同会计期间可比

会计信息质量的可比性要求不同企业同一会计期间发生的相同或者相似的交易或事项，应当采用统一规定的会计政策，保证会计信息口径一致，相互可比。不同的企业可能处于不同行业、不同地区，经济业务发生于不同时点，为了保证会计信息能够满足决策的需要，便于比较不同企业的财务状况，经营成果和现金流量，只要是相同的交易或事项，就应当采用相同的会计处理方法，可比性使来自各企业的会计信息能统一汇总，为国民经济的宏观调控提供有用的信息。

（五）实质重于形式

实质重于形式要求企业应当按照交易或事项的经济实质进行会计确认、计量和报告，不应仅以交易或者事项的法律形式为依据。企业发生的交易或事项在多数情况下其经济实质和法律形式是一致的，但在有些情况下也会出现不一致，如果会计核算仅仅按照交易或事项的法律形式进行，而其法律形式又没有反映其经济实质和经济现实，那么，其最终结果将会误导会计信息使用者的决策。

（六）重要性

重要性要求企业提供的会计信息应当反映与企业财务状况、经营成果和现金流量有关的所有重要交易或者事项。财务会计报告中提供的会计信息的省略或者错报会影响投资者等使用者据此作出决策的，该信息就具有重要性。重要性的应用需要依赖职业判断，企业应当根据其所处环境和实际情况，从项目的性质和金额大小两方面加以判断。对重要会计事项，必须按照规定的会计方法和程序进行处理，并在财务报告中予以充分、准确地披露；对于次要的会计事项，在不影响会计信息真实性和不至于误导财务报告使用者作出正确判断的前提下，可适当简化处理。

（七）谨慎性

谨慎性要求企业对交易或者事项进行会计确认、计量和报告时保持应有的谨慎，不应高估资产或者收益、低估负债或者费用。会计信息质量质量的谨慎性要求，需要企业在面临不确定因素的情况下作出职业判断时，应当保持应有的谨慎，充分估计到各种风险和损失，既不高估资产或者收益，也不低估负债或者费用。

谨慎性的应用不允许企业设置秘密准备，损害会计信息质量，扭曲企业实际的财务状况和经营成果，从而对使用者的决策产生误导，这是不符合会计准则要求的。

（八）及时性

及时性要求企业对于已经发生的交易或者事项，应当及时进行会计确认、计量和报告，不得提前或者延后。

会计信息的价值在于帮助所有者或者其他方面作出经济决策，应当具有时效性。在会计确认、计量和报告中贯彻及时性，一是要求及时收集会计信息；二是要求及时处理会计信息；三是要求及时传递会计信息，便于及时使用和决策。

七、会计要素

会计要素也称财务报告要素或会计报表要素，是进行会计确认和计量的依据，也是设定会计报表结构和内容的依据。会计要素是根据交易或者事项的经济特征所确定的财务会计对象的基本分类。它是会计核算对象的具体化，是会计反映会计主体财务状况、确定经营成果的基本单位。会计要素分为反映财务状况的要素和反映经营成果的要素。

《企业会计准则——基本准则》第十条规定，企业应当按照交易或者事项的经济特征确定会计要素。企业会计要素按其性质分为资产、负债、所有者权益、收入、费用和利润。其中，资产、负债和所有者权益要素侧重反映企业的财务状况，收入、费用和利润要素侧重反映企业的经营成果。

【同步案例 1－1】

张三和张丽两兄妹准备开一家公司，在深入市场调查后，两人决定搞服装加工，并给公司起名叫"三丽服装公司"。两人一直在积极筹备中。两人商量着如何解决资金问题：父亲为企业投资 22 000 元，张三出资 30 000 元，张丽出资 15 000 元。另外，还准备以公司的名义从银行借款 25 000 元，三年后一次还本付息，所有资金均存入开户的银行账户中。款到位后，张三购买了缝纫机 50 台，每台 480 元；张丽从江淮公司赊购了一台熨衣设备，价格 3 600 元，又从长江公司购入材料一批，价款 12 000 元。张三到人才市场招聘了一批员工，第二天上班。这样，企业就开始正式挂牌营业。

根据资料思考如下问题：

（1）本案例中涉及了哪些项目？

（2）推断可能对你编制的资产负债表特别感兴趣的两组人，列出他们感兴趣的原因和内容。

（一）资产

1. 资产的定义

资产是指企业过去的交易或事项形成的、由企业拥有或控制的、预期会给企业带来经济利益的资源。

具体来说，企业要从事生产和经营管理活动就必须具备一定的物质资源，如货币资金、厂房场地、机器设备、原材料等，这些都是企业从事生产经营管理所需要的物质基础，都属于企业的资产。此外，专利权、商标权、土地使用权等虽然不具有实物形态，但却有助于企业的生产经营活动，另外，企业对其他单位的投资等，都属于企业的资产。

2. 资产的特征

（1）资产预期能够直接或间接地给企业带来经济利益。这是指资产具有直接或者间接导致现金和现金等价物流入企业的潜力。例如，企业通过收回应收账款、出售库存商品等直接获得经济利益，企业也可以通过对外投资以获得股利或参与分配利润的方式间接获得经济利益。按照这一资产的特征，那些已经没有经济价值，不能给企业带来经济利益的项目，就不能继续认为是企业的资产。例如，某企业 2015 年购入的一台设备，由于技术更新，2019 年又新购入了一台设备替换了原设备，原设备不再使用，同时又没有市场出售。由于该设备不能再给企业带来经济利益的流入，因此，该设备就不能再作为企业的资产。

（2）资产为企业拥有或者控制。一项资源要作为企业资产予以确认，企业应该拥有此项资源的所有权，可以按照自己的意愿使用或处置。但对一些特殊方式形成的资产，企业虽然对其不拥有所有权，却能够实际控制的，也应当确认为企业的资产。比如融资租入的固定资产，也应该确认为固定资产。

（3）资产是过去已经发生的交易或事项形成的。包括购买、生产、建造或其他交易或事项。也就是说，资产是过去已经发生的交易或事项所产生的结果，资产必须是现实的资产，而不能是预期的资产。未来交易或事项可能产生的结果不能作为资产确认。

如企业在购货合同中约定购入的商品，由于合同还未执行，企业就不能把这些商品确认为一笔存货。也 就是说，资产必须是现实的资产，它不是预期的，更不是的虚拟的。

【同步思考 1—2】

某企业 2019 年同时租入 A，B 两台设备，其中 A 设备是以融资租入的方式租入的，租期为 10 年，B 设备是以经营租赁方式租入的，租期为 5 年。A，B 两台设备哪一台应该确认为企业资产呢？为什么？

分析提示：虽然从法律上说，该企业并不拥有这两台设备的所有权，但是由于 A 设备租赁合同中规定的租赁期相当长，接近于该设备的使用寿命；租赁结束时该企业有优先购买这台设备的选择权；在租赁期内该企业有权支配设备的使用并从中受益。所以，从其经济实质来说，该企业能够控制 A 设备创造的未来经济利益。因此，在会计核算上将这台设备视为该企业的资产。

【知识链接 1—4】

某企业计划将在 2019 年购入一批存货，并于 2018 年 12 月份已经与供货方签订了购买合同，合同约定于 2019 年 3 月份提供商品并付款。则该企业在 2018 年年末资产负债表中不能将这批货作为资产反映。因为该买卖行为还没有发生，尚未产生结果。

符合资产定义的资源，在同时满足以下条件时，才能确认为资产：

第一，与该资源有关的经济利益很可能流入企业；

第二，该资源的成本或者价值是能够可靠地计量。

3. 资产的分类

资产按其流动性，分为流动资产和非流动资产。

流动资产是指预计在一个正常营业周期内变现、出售或耗用，或者主要为交易目的而持有，或者预计在资产负债日起一年内（含一年）变现的资产，以及自资产负债表日起一年内变换其他资产或清偿负债能力不受限制的现金或现金等价物。流动资产主要包括库存现金、银行存款、交易性金融资产、应收及预付款项、其他应收款、存货等。

非流动资产是指流动资产以外的其他资产。主要包括长期股权投资、固定资产、工程物资、在建工程、无形资产、开发支出等。

【知识链接1—5】

（1）融资租赁（也叫金融租赁或净租赁）：出租人多为金融机构（银行、保险公司、信托投资公司等）附设的租赁公司，只负责出资购买用户选定的设备租给用户使用而不维修；运输、保险、安装、维修等多由用户自理。这种租赁的租期较长，一般只租给每个用户一次使用，设备的成本、有关费用、利润等均以租金方式基本上全部一次分摊，然后以租金方式分期收回。如果用户在租赁期满时将设备购为已有，只需支付设备的残值。这个租赁多用于长期的大型的价值高的设备，实际上是通过租物给予承租人一笔长期的信贷。

（2）现金等价物：指企业持有的期限短、流动性强、易于转换为已知金额现金、价值变动风险很小的投资。现金等价物虽然不是现金，但其支付能力与现金的差别不大，可视为现金。如企业为保证支付能力，手持必要的现金，为了不使现金闲置，可以购买短期债券，在需要现金时，随时可以变现。

（3）资产负债表日：指结账日期，即结账和编制资产负债表的日期。通常是在会计年末和会计中期期末。我国的会计年度采用公历年度，即1月1日至12月31日为一个会计年度。因此，年度资产负债表日是指每年的12月31日，中期资产负债表日是指各会计中期期末，包括月末、季末和半年末。例如第一季度的资产负债表日是3月31日，而半年的资产负债表日则是6月30日等。

【同步思考1—3】

下列项目所涉及的能否被列为资产？为什么？

（1）根据购买合同，公司将采购一套设备。

（2）一家提供渡轮旅游观光的公司，其观赏渡轮常年运行在某运河系统上。该渡轮和某运河系统。

（3）一台已经放弃、不再使用的设备。

（4）已办好贷款手续而得到的银行贷款。

（5）公司临时租用的一辆汽车。

（6）公司新招聘的员工。

（二）负　债

1. 负债的定义

负债是指企业过去的交易或者事项形成的、预期会导致经济利益流出企业的现时义务。现时义务是指企业在现行条件下已承担的义务。未来发生的交易或事项可能形成的义务不属于现实义务，不应当确认为负债。企业的负债主要包括短期借款、应付账款、预收账款、应付职工薪酬、应交税费、应付利息、应付股利、其他应付款、长期借款、应付债券和长期应付款等。

2. 负债的特征

（1）负债是企业承担的现时义务，现时义务可以是法定义务，也可以是推定义务。其中法定义务是指具有约束力的合同或者法律、法规规定的义务，一般在法律上需要强制执行，如企业按税法要求交纳所得税义务。推定义务是指根据企业多年来的习惯做法、公开的承诺或者公开宣布的政策而导致企业将承担的责任，这些责任也使有关各方形成了企业将履行义务解脱责任的合理预期。如企业自愿承担社会公益事业而应付的义务等。

【同步思考 1－4】

现时义务与法定义务的判断

某企业购买原材料形成应付账款 10 万元，向银行借款 20 万元，按照税法规定应当交纳各种税款 2 万元，应付给工人的工资 3 万元；该企业多年来对售出的家电类商品制订了一项服务承诺，即"三个月内包换、一年内保修、终身维护"。上述企业应承担的现时义务和责任中哪些属于法定义务，哪些属于推定义务？

【思考要点】

应付账款、交纳的各种税款、应付工资属于法定义务，三包属于推定义务。

（2）负债由过去的交易或者事项所形成。换言之，就是导致负债的交易或事项必须已经发生。例如，购置货物或使用劳务会产生应付账款（已经预付或是在交货时支付的款项除外），接受银行贷款则会产生偿还贷款的义务。只有源于已经发生的交易或事项，会计上才有可能确认为负债。对于企业正在筹划的未来交易或事项，如企业的业务计划等，并不构成企业的负债。

【同步思考 1－5】

某企业已经向银行借入款项 50 000 元；企业同时还与银行达成了 3 个月后再借入 50 000 元的借款意向书；这些都属于企业的负债吗？

【思考要点】

第一项属于过去的交易或事项形成的负债，第二项就不属于过去的交易或事项，不应形成企业的负债。

（3）负债预期会导致经济利益流出企业，即企业的负债通常在未来某一时日通过交付资产（包括现金和其他资产）或提供劳务来清偿，有时企业可通过承诺新的负债或转化为所有者权益来了结一项现有的负债，但最终一般都不合规格导致企业经济利益的流出。

符合负债定义的义务，在同时满足以下条件时，才能确认为负债：

第一，与该义务有关的经济利益很可能流出企业；

第二，未来流出的经济利益的金额能够可靠地计量。

【同步思考1－6】

以下事项中的债权债务以什么为标志，发生后的债权人和债务人又是谁？

（1）小李购房向银行办理了为期20年的购房按揭贷款。

（2）某公司购买了某商店推出的系列购物卡，作为福利发放给职工。

（3）用户购买移动公司销售的预存话费卡。

（4）根据公司规定，每月15日为发放职工上月工资的时间，而现时间为2019年11月10日，职工还没有领取1月份的工资。

（5）A公司与B公司签订合同，由A公司将货物销售给B公司，B公司有为期1个月的延期付款时间。

3. 负债的分类

负债按其流动性，可分为流动负债和非流动负债。

流动负债即在一年或一年以内的一个营业周期内偿还的债务，包括短期借款、应付票据、应付账款、预收账款、应付职工薪酬、应交税费、应付利息、应付股利、其他应付款等。

非流动负债即偿还期在一年或超过一年的一个营业周期以上的债务，包括长期借款、应付债券、长期应付款等。

（三）所有者权益

1. 所有者权益的定义

所有者权益是指企业资产扣除负债后，由所有者享有的剩余权益。公司的所有者权益也称股东权益。

【知识链接1－6】

企业的资金来源有两条途径，一是从债权人借入，一个是投资人投入，二者均享有对企业的索偿权。债权人对企业资产的索偿权称为企业的负债，投资人对企业资产的索偿权称为企业的所有者权益。

2. 所有者权益的来源

所有者权益的来源包括所有者投入的资本、直接计入所有者权益的利得和损失、留存收益等。

所有者投入的资本既包括所有者投入的、构成注册资本或股本部分的金额，也包括所有者投入的、超过注册资本或股本部分的资本溢价或股本溢价。

直接计入所有者权益的利得和损失，即不应计入当期损益、会导致所有者权益发生增减变动的、与所有者投入资本或者向所有者分配利润无关的利得或者损失。其中，利得是指由企业非日常活动所形成的、会导致所有者权益增加的、与所有者投入资本无关的经济利益的流入；损失是指由企业非日常活动所发生的、会导致所有者权益减少的、与向所有者分配利润无关的经济利益的流出。

留存收益，即企业历年实现的净利润中留存于企业的部分，主要包括盈余公积和未分配利润。

所有者权益有如下特征：

第一，除非发生减资、清算，企业不需要偿还所有者权益；

第二，企业清算时，只有在清偿所有的负债后，所有者权益才返还给所有者；

第三，所有者凭借所有者权益能够参与利润分配。

3. 所有者权益的分类

所有者权益按其构成的内容，可以分为四个项目：实收资本、资本公积、盈余公积和未分配利润。

（1）实收资本（股本），即所有者投入的，构成注册资本或股本的部分。

（2）资本公积，即投资人投入的资本溢价或股本溢价，直接计入所有者权益的利得和损失。

（3）盈余公积，即按国家有关规定从税后利润中提取的公积金。

（4）未分配利润，即企业留待以后年度分配的利润或待分配利润。

其中盈余公积和未分配利润由于属于企业净收益和积累，所以合称为留存收益。

【同步案例 1—2】

在上述同步案例 1—1 中的公司经济活动中，表现出以下特点。

（1）资产：公司以各种形式获得的资产存入银行账户，成为公司的货币资金（银行存款），购买的缝纫机、熨衣设备（固定资产）、材料（原材料）成为公司生产中必不可少的有形资源。

（2）负债：资产中有些是从银行借入的 3 年期借款（长期借款）和购买熨衣设备时的欠款（应付账款）。

（3）所有者权益：资产中还有一部分则来自公司创办人张三、张丽和其父亲的投资（实收资本）。张三、张丽和其父亲成为公司的投资人，以其投资行为对公司的资产享有一定的权益。

根据有关资料可得出：

银行存款＝22 000＋30 000＋15 000＋25 000－50×480－12 000＝56 000（元）

固定资产＝50×480＋3 600＝27 600（元）

原材料＝12 000（元）

长期借款＝25 000（元）

应付账款＝3 600（元）

实收资本＝22 000＋30 000＋15 000＝67 000（元）

对资产负债表感兴趣的人应该有两组，他们分别是公司的债权人和投资人。

（资料来源：戚素文：《基础会计实务》，北京，科学出版社，2012）

【知识链接 1－7】

截止 2019 年底，某公司总资产 16.19 亿元，总负债 3.95 亿元，净资产 12.24 亿元。某事件发生后，来自全国的 400 多个某公司一级代理商集聚公司总部，追计因召回问题产品而垫付的几亿元退货款。再加上所欠经销商货款、奶农收奶款以及包装、添加剂等供货商货款、员工遣散费等，公司总负债高达近 20 亿元。

按公司 2019 年净资产 12.24 亿元计算，公司资产已经有一部分转移到旗下 8 家工厂，破产拍卖所得只有 10 亿元，远远不能承担其近 20 亿元的负债，资金总缺口至少有 10 亿元。而按照破产程序，受害儿童和被遣散的员工享有优先获赔权。

【分析提示】

资产、负债、所有者权益三个要素是反映企业财务状况的会计要素，它们是反映企业资金价值运动的静止关系，因此被称为静态会计要素，成为编制资产负债表的要素。

（四）收　入

1. 收入的定义

收入是指日常活动中形成的、会导致所有者权益增加的、与所有者投入资本无关的经济利益的总流入。

收入包括商品销售收入、提供劳务收入和让渡资产收入。企业代第三方收取的款项，应当作为负债处理，不应当确认为收入。

2. 收入的特征

（1）收入应当是企业日常活动中所形成的经济利益流入，而非从偶发的交易或事项中产生。日常活动，是指企业为完成其经营目标所从事的经常性的活动以及与之相关的活动。比如，工业企业制造并销售商品、商业企业销售商品、租赁公司出租资产等。明确日常活动是为了区分收入与利得的关系，不属于日常活动所形成的经济利益流入应当作为利得处理，如企业处置固定资产、无形资产取得的经济利益流入。

（2）收入会导致企业经济利益的流入，该收入不包括所有者投入的资本。收入应当会导致经济利益流入企业，从而导致资产增加或负债减少。但并不是所有经济利益的流入都是收入，如所有者投入资本会导致经济利益流入企业，但应计入所有者权益，而不能确认为收入。

（3）收入最终导致所有者权益增加。由于收入会导致资产增加或负债减少，最终必然会导致所有者权益的增加，不会导致所有者权益增加的经济利益流入不能确认为收入。

收入在符合上述定义基础上，还须同时满足下列三个条件时，才能加以确认：

第一，与收入相关的经济利益很可能流入企业；

第二，经济利益流入企业的结果会导致企业资产增加或者负债减少；

第三，经济利益的流入额能够可靠地计量。

3. 收入的分类

收入按其取得的来源分为主营业务收入和其他业务收入。

主营业务收入又称基本业务收入，指企业在主要的生产经营业务中产生的收入。例如，工业企业在生产和销售商品的过程中所取得的收入。

其他业务收入指企业在主营业务以外的生产经营活动中产生的收入。如材料出售收入、技术转让收入、固定资产的出租收入等。

【同步思考1—6】

企业出租、出售的固定资产、无形资产的收入以及出售不需要材料的收入是否应确认为企业的收入？

【思考要点】

企业出售固定资产、无形资产的收入并非企业日常的活动，这种偶发性的收入不应当确认为收入，而应当作为营业外收入确认。

企业出租固定资产、无形资产在实质上属于让渡资产使用权，出售不需要材料的收入属于企业日常活动中的收入，应当确认为企业的收入，具体确认为其他业务收入。

（五）费　用

1. 费用的定义

费用是指企业在日常活动中发生的、会导致所有者权益减少的、与向所有者分配利润无关的经济利益的总流出。

费用是企业在日常活动中发生的，可能表现为资产的减少或负债的增加，或者是二者兼而有之。同理，费用最终导致所有者权益的减少，但所有者权益的减少并不一定是费用的产生。

2. 费用的特征

（1）费用是企业日常活动中所发生的。日常活动的界定与收入定义中涉及的日常活动是相同的。以工业企业为例，日常活动所产生的费用通常由产品成本和期间费用两部分组成，产品生产成本由直接材料、直接人工和制造费用三个成本项目构成，期间费用包括管理费用、财务费用和销售费用三项。

【知识链接1—8】

将费用界定为日常活动所形成的经济利益流出，目的是将费用与损失进行区分，非日常活动所形成的经济利益流出不能确认为费用，而应当确认为损失。

【同步思考1—7】

企业处置固定资产、无形资产的损失，违法经营被处罚而支付的罚款、违反合同规定支付的违约金，均导致了企业经济利益的流出，能否确认为企业费用呢？其理由是什么？

（2）费用会导致经济利益的流出。费用使企业资产减少或者负债增加，但这种经济利益的流出不包括向所有者分配利润引起的经济利益流出。但并非所有的经济利益的流出都属于费用，如向所有者分配利润也会导致经济利益的流出，就属于所有者权益的抵减，不能确认为费用。

（3）费用最终导致所有者权益减少。不会导致所有者权益减少的经济利益流出，不能确认为费用。因费用所引起的经济利益流出使得企业资产减少或者负债增加，最终会导致所有者权益减少。如企业偿还一笔短期借款，会导致经济利益流出企业，但负债也同时减少，不会导致所有者权益的减少，所以不能确认为费用。

费用的确认除了符合上述定义外，还须同时具备以下条件才能确认：

第一，与费用相关的经济利益很可能流出企业；

第二，经济利益流出企业的结果会导致企业资产减少或者负债增加；

第三，经济利益的流出额能够可靠地计量。

3. **费用的分类**

费用可分为营业支出、期间费用和资产减值损失。

营业支出即营业成本和税金及附加，其中，营业成本是指已销售商品、已提供劳务等经营活动发生的生产（劳务）成本。

期间费用包括企业行政管理部门为组织和管理生产经营活动而发生的管理费用，为筹集资金等而发生的财务费用，为销售商品和提供劳务而发生的销售费用。由于期间费用与会计期间直接相联，则期间费用与其发生期的收入相配比，在当期的利润中应全额予以抵减。

资产减值损失即资产已发生的不能带来经济利益的减值损失。

【知识链接 1—9】

在确认费用时，要注意的几个问题：

一、企业为生产产品、提供劳务等发生可归属于产品成本、劳务成本的费用，应当在确认产品销售收入、劳务收入等时，将已销售产品、已提供劳务的成本等计入当期损益。

二、企业发生的支出不产生经济利益的，或者即使能够产生经济利益但却不符合或者不再符合资产确认条件的，应当在发生时确认为费用，计入当期损益。

【同步思考 1—8】

下面哪些应被视为收入或费用？

1. 企业根据税法规定计算并代扣的职工的个人所得税。

2. 接受的投资者的投资。

3. 因销售商品而得到的款项。

4. 支付的罚款。

5. 每月产生的电话费、水电费、房租。

6. 因从银行借了半年的贷款而产生的贷款利息。

7. 因卖掉长年使用而变旧的汽车而获得的现金。

（六）利　润

1. **利润的定义**

利润是指企业在一定会计期间的经营成果。利润包括收入减去费用后的净额、直接计入当期利润的利得和损失等。收入减去费用后的净额，反映了企业日常经营活动的业绩；直接计入当期利润的利得和损失，是指应当计入当期损益、会导致所有者权益发生增减变动的、与所有者投入资本或者向所有者分配利润无关的利得或者损失。

2. **利润的分类**

（1）营业利润，即营业收入减去营业成本、税金及附加、期间费用和资产减值损失，加上公允价值变动收益（减损失）和投资收益（减损失）后的余额。

营业利润＝营业收入－营业成本－税金及附加－销售费用－管理费用－财务费用－资产减值损失＋公允价值变动收益（－公允价值变动收益）＋投资收益（－公允价值变动收益）

其中：营业收入＝主营业务收入＋其他业务收入

营业成本＝主营业务成本＋其他业务成本

期间费用包括管理费用、销售费用和财务费用。

（2）利润总额，即营业利润加营业外收支差额后的余额。

利润总额＝营业利润＋营业外收入－营业外支出

（3）净利润，即利润总额减去所得税费用后的差额。

净利润＝利润总额－所得税费用

【知识链接1－10】

收入、费用、利润三个会计要素是反映企业经营成果的要素，是企业资金运动的动态表现，成为编制利润表的要素，被称为动态要素。

以上六大会计要素的划分，是设置会计科目和账户、构筑基本会计报表框架的依据，在会计核算上具有重要的意义。

【知识链接1－11】

关于所有者权益

（1）所有者权益实质上是所有者在某个企业所享有的一种财产权利，包括所有者对投入资产的所有权、使用权、处置权和收益分配权。但是，所有者权益只是一种剩余权益。因为所有者和债权人虽然都是企业财产的提供者，都对企业的财产享有要求权，但是从法律的角度来看，负债的要求权要比所有者权益的要求权先实现。

（2）所有者权益是一种权利，但这种权利来自于投资者投入的可供企业长期使用的资源。任何企业的设立都需要有一定的由所有者投入的资本金。根据多数国家公司法的规定，投入资本在企业终止经营前不得抽回，因此，所有者投入的资本构成了企业长期性（在持续经营假设的前提下，甚至可以假定资本金具有永久性）的资本来源。

（3）所有者权益具有长期性。投资者投入的资本，通常是不能抽回的，而是供企业长期使用。尽管在现实经济生活中，也有一些企业，由于经营不当或者其他原因，致使企业解散。即便是这些企业，何时解散在事发之前也是难以预料的。由此可见，所有者权益作为剩余权益，并不存在确切的、约定的偿付期限。

（4）从构成要素看，所有者权益包括所有者的投入资本、企业的资产增值及经营利润。所有者的投入资本既是企业实收资本的唯一来源，也是企业资本公积（溢价或超面值投入的资本）的最主要来源。企业的终极所有者，还是企业资产增值的当然受益者。至于企业的经营利润，根据风险和报酬对应原则，这是所有者作为承担全部经营风险和投资风险的一种回报。

（5）所有者权益计量的间接性。所有者权益在数量上，除了投资者投入资本时能够直接计量外，在企业存续期内任一时点，都不是直接计量的，而是通过计量资产和负债来间接计量的结果。

（6）所有者权益的核算与企业组织形式有密切的关系。所有者权益是一个涵盖了任何企业组织形式的净资产的广义概念，具体到某一特定形式的企业组织，所有者权益便以不同形式出现。在独资企业和合伙企业，所有者权益以"业主资本"的形式出现；在有限责任公司，所有者权益表现为"实收资本"；而在股份有限公司，所有者权益则主要以"投入资本"（股本、资本公积）和"留存收益"（盈余公积、未分配利润）的形式出现。股份有限公司和有限责任公司与独资企业和合伙企业之间的最主要差异体现在所有者权益方面。在独资企业和合伙企业，只需为业主或各个合伙入设置一个资本账户和提款账户，用于记录资本和损益的增减变动情况。法律法规并没有要求独资企业和合伙企业把资本与盈利区别开来，但对于股份有限公司和有限责任公司，情况则有所不同：在这两类公司中，股东权益（即公司的所有者权益）的会计处理受公司法等法律法规的限制，公司必须对所有者投入的资本和赚取的利润严格区分。此外，为了保护债权人的合法权益，多数国家的公司立法往往还对股份有限公司和有限责任公司的利润分配和歇业清算以及股份有限公司买回自己发行的股份（库存股份）等有关事宜做出了严格的限制。

权益资金与债务资金的区别

第一，性质不同。权益资金属于企业所有者的权益，是投资者对其投入资本及其所产生的盈利的要求权．是企业的资本。而债务资金属于企业债权人的权益，是债权人对企业资产的索偿权，是企业的负债。

第二，偿还期不同。债权人提供的资金是有一定的偿还期的，企业应按期偿还负债的本金和利息，所有者权益在企业整个经营过程中无须偿还。

第三，享受的权利不同。债权人仅对其所提供的资产，按事先规定的时间、利率有索回权，却没有参与企业经营决策和收益分配的权利；而所有者对企业净资产的要求权，会随企业经济效益的提高而有所增加，享有参与企业经营决策管理与收益分配的权利。

八、会计要素计量属性及其应用原则

会计计量属性是指会计要素的数量特征或外在表现形式，反应了会计要素金额的确定基础，主要包括历史成本、重置成本、可变现净值、现值和公允价值。

（一）历史成本

又称实际成本，就是取得或制造某项财产物资时所实际支付的现金或其他等价物。历史成本是会计计量中最重要和最基本的计量属性，其一直是国际和我国惯例中的基础性计价标准。

（二）重置成本

又称现行成本，是的指按照当前市场条件，重新取得同样一项资产所需支付的现金或者现金等价物金额。在实务中，重置成本多应用与盘盈固定资产的计量等。

（三）可变现净值

是指在正常生产经营过程中，以预计售价减去进一步加工成本和预计销售费用以及相关税费后的净值。可变现净值通常应用于存货资产减值情况下的后续计量。

（四）现值

是指对未来现金流量以恰当的折现率进行折现后的价值，是考虑货币时间价值的一种计量属性。现值通常用于非流动资产可收回金额、以摊余成本计量的金融资产价值的确定等。

（五）公允价值

在公允价值计量下，资产和负债按照在公平交易中，熟悉情况的交易双方自愿进行资产交换或者债务清偿的金额计量。公允价值主要应用于交易性金融资产、可供出售金融资产的计量等。

（六）计量属性的应用原则

企业在对会计要素进行计量时，一般应当采用历史成本，采用重置成本、可变现净值、现值、公允价值计量的，应当保证所确定的会计要素金 额能够持续取得并可靠计量。

九、会计等式

会计等式也叫作会计核算的平衡公式，是会计核算的一个基本理论问题。会计等式是根据资产等于权益（负债加所有者权益）的平衡原理建立的，反映了会计基本要素之间的数量关系和企业产权的归属关系，它是设置会计科目、复式记账和编制会计报表等会计核算方法的理论依据。

1. 会计等式

被认定为会计主体的资产有着各种具体表现形式，或有形或无形、或价低或价高，或长期存在或很快被消耗，而这些资产分别来自于不同方式。给予企业这些资产的各方都有着各自的目的和要求，也因不同的给予形式拥有着相应的权益。也就是说，一个企业有多少资产，就意味着有关方对这些资产有着多大的权益，资产和权益是同一事物的两个方面，即

$$资产＝权益$$

资产总额反映了会计主体拥有的经济资源的总量，权益总额反映了有关方对资产总体的要求权的大小，而资产最初有两种获得方式：投资者投入和向债权人借入，而这两种方式则使得两方角色分别有着不同权益，即投资人权益和债权人权益，因此又可以说

$$资产＝债权人权益＋所有者权益$$

从会计主体的角度上说，债权人权益即是会计主体对外的负债，所以又有

$$资产＝负债＋所有者权益$$

【边做边学 1－1】

甲、乙、丙、丁共同出资创办了 A 公司，其中甲方投入价值 200 000 元的房屋及建筑物，乙方投入一套价值 1 400 000 元新设备，丙方投入价值 500 000 元的原材料，丁方则投入价值 200 000 元的一项专利权和 200 000 元的现金（已存入开户银行）。A 公司又从当地工商银行借入为期半年的借款 250 000 元，已存入开户银行。并从外赊购一批价值 100 000 元的原材料，A 公司于 2019 年 1 月 1 日成立。请将该公司 2019 年 1 月 1 日成立时资产与权益（负债和所有者权益）分布情况填入资产负债表，如表 1－1 所示，并计算出资产总额与权益总额。

表 1—1

A公司资产负债表

2019 年 1 月 1 日 单位：元

资产项目	金 额	权益项目	金 额
银行存款		负债	
原材料		短期借款	
固定资产		应付账款	
无形资产		负债合计	
		所有者权益	
		实收资本	
		所有者权益合计	
资产总计		权益总计	

【边做边学 1—2】

请填写下面括号内的金额：

资产（　　　）＝权益（　　　）

资产（　　　）＝负债（　　　）＋所有者权益（　　　）

【同步思考 1—9】

两年前，几个人合伙开办了一家公司，共筹资 400 万元（其中合伙人投资 300 万元，从银行借款 100 万元），用来建设厂房、购买机器设备和原材料，形成企业的资产。经过精心经营，企业现已有资产 600 万元，需要偿还各种债务 200 万元，请计算，企业的净资产为多少？企业的留存收益又是多少？

【同步思考 1—10】

我国的《企业会计准则》中，对收入和费用的定义是狭义的概念，不包括非日常活动中产生的的的计入损益的利得和损失。而从广义的收入和费用来看，则有

收入－费用＝利润

根据债权人权益和所有者权益的差别，利润仅为所有者享有，当然损失也由所有者来承担。所以将上式代入会计恒等式，就有：

资产＝负债＋（所有者权益＋利润）

资产＝负债＋所有者权益＋收入－费用

费用＋资产＝负债＋所有者权益＋收入

2. 经济业务类型及其对会计等式的影响

企业在生产经营过程中，不断地发生各种会计事项。可以说是非常复杂的，如从银行取得贷款、购进原料等，不管经济活动发生的会计事项是多么的复杂，总还是有一定的规律可循，当我们找到了规律，就可以去分析其复杂的经济活动。通过对经济业务类型总体

分析，这些会计事项的发生会对有关的会计要素产生影响，但是，却不会破坏上述等式的平衡关系。因为一个企业的会计事项虽然纷繁复杂，但归纳起来不外乎以下 9 种基本业务类型：

类型 1：资产与负债等额同增；

类型 2：资产与负债等额同减；

类型 3：资产与所有者权益等额同增；

类型 4：资产与所有者权益等额同减；

类型 5：资产内部项目之间等额此增彼减；

类型 6：负债内部项目之间等额此增彼减；

类型 7：所有者权益项目之间等额此增彼减；

类型 8：负债增加，所有者权益减少；

类型 9：负债减少，所有者权益增加。

【边做边学 1-3】

B 公司 2019 年 1 月初资产总额 1 000 000 元，负债总额 600 000 元，所有者权益总额 400 000 元。该公司 2019 年 1 月份发生下列业务（部分），请分别指出其经济业务类型分别计算出资产与权益总额。

（1）从开户银行提取现金 1 000 元。

此业务引起了资产要素中的"库存现金"增加，"银行存款"减少，金额均为 1 000 元，属于上述类型 5，资产内部项目之间的此增彼减，不影响会计等式的平衡关系，资产和权益总额仍然分别是 1 000 000 元。

资产	＝负债	＋所有者权益
1 000 000	＝600 000	＋400 000
＋1 000		
－1 000		
1 000 000	＝600 000	＋400 000

（2）采购原材料一批，价值 20 000 元，货款未付。

此业务引起资产要素中"原材料"增加，同时引起负债要素中的"应付账款"增加，金额均为 20 000 元，属于上述类型 1，资产与负债等额同增。不影响会计等式的平衡关系，资产和权益总额是 1 020 000 元。

资产	＝负债	＋所有者权益
1 000 000	＝600 000	＋400 000
＋20 000	＋20 000	
1 020 000	＝620 000	＋400 000

（3）用银行存款 5000 元，偿还前欠货款。

此业务引起资产要素中的"银行存款"减少，同时引起负债要素中的"应付账款"减少，金额均为 5 000 元，属于上述类型 2，资产与负债等额同减，不影响会计等式的平衡关系。

资产	＝负债	＋所有者权益
1 020 000	＝620 000	＋400 000
－5 000	－5 000	
1 015 000	＝615 000	＋400 000

（4）某投资人代公司偿还到期的 10 000 元短期借款，以此作为对公司的追加投资。

此业务引起负债要素中的"短期借款"减少，同时引起所有者权益要素中的"实收资本"增加，金额均为 10 000 元，属于上述类型 9，负债减少，所有者权益增加，不影响会计等式的平衡关系。

1 015 000	＝615 000	＋400 000
	＝－10 000	－10 000
1 015 000	＝605 000	＋410 000

（5）从银行借入 15 000 用以偿还前欠货款，借款期 1 年。

此业务引起负债要素中的"短期借款"增加，"应付账款"减少，金额均为 15 000 元，属于上述类型 6，负债内部项目之间等额此增彼减，不影响会计等式的平衡关系。

资产	＝负债	＋所有者权益
1 015 000	＝605 000	＋410 000
	＋15 000	
	－15 000	
1 015 000	＝605 000	＋410 000

（6）以银行存款 6 000 元，归还某投资人投资。

此业务引起资产要素中的"银行存款"减少，同时引起所有者权益要素中的"实收资本"减少，金额均为 6 000 元，属于上述类型 4，资产与所有者权益等额同减，不影响会计等式的平衡关系。

资产	＝负债	＋所有者权益
1 015 000	＝605 000	＋410 000
－6 000		－6 000
1 009 000	＝605 000	＋404 000

（7）公司宣告向投资人分配利润 80 000 元。

此业务引起所有者权益要素中的"未分配利润"减少，同时引起负债要素中的"应付股利"增加，金额均为 80 000 元，属于上述类型 8，负债增加，所有者权益减少，不影响会计等式的平衡关系。

资产	＝负债	＋所有者权益
1 009 000	＝605 000	＋404 000
	＋80 000	－80 000
1 009 000	＝685 000	＋324 000

（8）企业将盈余公积 200 000 元转增资本。

此业务引起所有者权益要素中的"实收资本"增加，所有者权益要素中的"盈余公积"减少，金额均为 200 000 元，属于上述类型 7，所有者权益项目之间等额此增彼减，不影响会计等式的平衡关系。

资产	＝负债	＋所有者权益
1 009 000	＝685 000	＋324 000
		－200 000
		＋200 000
1 009 000	＝685 000	＋324 000

（9）收到投资者投入的设备，价值 60 000 元。

此业务引起资产要素中的"固定资产"增加，同时引起所有者权益要素中的"实收资本"增加，金额均为 60 000 元，属于上述类型 3，资产与所有者权益等额同增，不影响会计等式的平衡关系。

1 009 000	＝685 000	＋324 000
＋60 000	＋60 000	
1 069 000	＝685 000	＋384 000

结论：资产与权益的平衡关系是客观存在的，在任何一个时点上，资产与负债和所有者权益之间都会保持着数额相等的平衡关系。无论交易或者事项有多么复杂，如何变化，资产总额恒等于权益总额，交易或事项的发生不会影响会计等式的恒等关系。资产与权益的恒等关系是复式记账的理论基础，也是企业编制资产负债表的依据。

项目训练

◆知识题

一、单项选择题

1. 下面有关会计的说法错误的是（　　　）。
    A. 会计是一项经济管理活动
    B. 会计的主要工作是核算和监督
    C. 会计的对象针对的是某一主体平时所发生的经济活动
    D. 货币是会计唯一计量单位

2. 在会计职能中，属于控制职能的是（　　　）。
    A. 进行会计核算　　　　　　　　　B. 实施会计监督
    C. 参与经济决策　　　　　　　　　D. 评价经营业绩

3. 不属于会计核算方法的有（　　　）。
    A. 填制会计凭证　　　　　　　　　B. 登记会计账簿
    C. 编制财务预算　　　　　　　　　D. 编制会计报表

4. 会计核算的最终环节是（　　　）。
    A. 确认　　　　　　B. 计量　　　　　　C. 计算　　　　　　D. 报告

5. 资金的循环与周转过程不包括(　　　)。

    A. 供应过程　　　　　　　　　　　　B. 生产过程

    C. 销售过程　　　　　　　　　　　　D. 分配过程

6. 在会计核算的基本前提中,界定会计工作和会计信息的空间范围的是(　　　)。

    A. 会计主体　　　　　　　　　　　　B. 持续经营

    C. 会计期间　　　　　　　　　　　　D. 货币计量

7. 持续经营是建立在(　　　)基础上的。

    A. 会计主体　　　　　　　　　　　　B. 权责发生制原则

    C. 会计分期　　　　　　　　　　　　D. 货币计量

8. 会计分期是建立在(　　　)基础上的。

    A. 会计主体　　　　　　　　　　　　B. 持续经营

    C. 权责发生制原则　　　　　　　　　D. 货币计量

9. 根据《中华人民共和国会计法》的规定,我国会计年限的期间为(　　　)。

    A. 公历 1 月 1 日起 12 月 31 日止

    B. 农历 1 月 1 日起 12 月 31 日止

    C. 公历 4 月 1 日起至次年 3 月 31 日止

    D. 农历 10 月 1 日起至次年 9 月 30 日止

10. 会计执行事后核算的主要形式是(　　　)。

    A. 计划、决策　　　　　　　　　　　B. 记账、算账、报账

    C. 预算、控制、计划　　　　　　　　D. 预测、决策、控制

11. 计提固定资产折旧以(　　　)假设为基础。

    A. 会计主体　　　B. 货币计量　　　C. 会计分期　　　D. 持续经营

12. 在一个会计期间发生的一切经济业务,都要依次经过的核算环节是(　　　)。

    A. 设置会计科目、成本计算、复式记账

    B. 复式记账、财产清查、编制会计报表

    C. 填制审核凭证、登记账簿、编制会计报表

    D. 填制审核凭证、复式记账、编制会计报表

13. 不属于中期财务报告的是(　　　)。

    A. 年度财务会计报告　　　　　　　　B. 半年度财务会计报告

    C. 季度财务会计报告　　　　　　　　D. 月度财务会计报告

14. 预收账款属于会计要素中的(　　　)。

    A. 资产　　　　　B. 负债　　　　　C. 费用　　　　　D. 所有者权益

15. 属于流动资产的是(　　　)。

    A. 预付账款　　　B. 应付账款　　　C. 无形资产　　　D. 短期借款

16. 属于流动负债的是(　　　)。

    A. 应收账款　　　B. 应付账款　　　C. 生产成本　　　D. 预付账款

17. 所有者权益是企业投资人对企业净资产的所有权,在数量上等于(　　　)。

A. 全部资产扣除流动负债　　　　　B. 全部资产扣除长期负债

C. 全部资产加上全部负债　　　　　D. 全部资产扣除全部负债

18. 属于企业将在一年或超过一年的一个营业周期内偿还的债务是（　　　）。

A. 向银行借入的 3 年期的借款　　　B. 应付甲公司的购货款

C. 应收乙公司的销货款　　　　　　D. 租入包装物支付的押金

19. 资产和权益在数量上（　　　）。

A. 必然相等　　　B. 不一定相等　　　C. 只有期末时相等　D. 有时相等

20. 经济业务发生后，会计等式的平衡关系（　　　）。

A. 可能会被破坏　　B. 不会受影响　　C. 可能会受影响　　D. 会受影响

21. 下列经济业务的发生不会使会计等式两边总额发生变化的是（　　　）。

A. 收到应收账款存入银行　　　　　B. 从银行取得借款存入银行

C. 收到投资者以固定资产所进行的投资 D. 以银行存款偿还应付账款

22. 引起资产有增有减的经济业务是（　　　）。

A. 取得借款存入银行　　　　　　　B. 用现金支付上月职工工资

C. 收回某单位前欠货款存入银行　　D. 投资者以货币资金对企业进行投资

23. 引起负债有增有减的经济业务是（　　　）。

A. 以银行存款偿还短期借款　　　　B. 开出应付票据抵付应付账款

C. 以银行存款交纳税金　　　　　　D. 收到外商投入的设备

24. 引起所有者权益有增有减的经济业务是（　　　）。

A. 收到国家投入的固定资产　　　　B. 以银行存款偿还长期借款

C. 将资本公积转增资本　　　　　　D. 以厂房对外单位投资

25. 下列经济业务中，会引起负债减少，同时使所有者权益增加的是（　　　）。

A. 以银行存款偿还欠款　　　　　　B. 将应付账款转为对本企业的投资

C. 以赊购方式购入原料　　　　　　D. 向银行借款存入银行

26. 某企业期初资产总额 60 万元，权益总额 60 万元，现发生一笔用银行存款 20 万元购买材料的经济业务。此时，该企业的资产总额为（　　　）。

A. 40 万元　　　　B. 80 万元　　　　C. 60 万元　　　　D. 20 万元

27. 将现金 1 500 元交存银行，企业的资产总额（　　　）。

A. 增加 1 500 元　　B. 减少 1 500 元　　C. 不变　　　　D. 减少 750 元

28. 某企业资产总额 600 万元，如果发生以下经济业务：①收到外单位投资 40 万元；②以银行存款支付购入材料款 12 万元；③以银行存款偿还银行借款 10 万元。上述业务发生后，企业资产总额应为（　　　）。

A. 636 万元　　　　B. 628 万元　　　　C. 648 万元　　　　D. 630 万元

29. 企业收入的发生往往会引起（　　　）。

A. 资产增加　　　B. 资产减少　　　C. 负债增加　　　D. 所有者权益减少

二、多项选择题

1. 会计是（　　　）。

A. 经济管理活动
B. 以凭证为依据

C. 以货币为主要计量单位
D. 针对一定主体的经济活动

2. 会计的职能包括( )。

A. 进行会计核算
B. 实施会计监督

D. 参与经济决策
D. 评价经营业绩

3. 会计核算的基本前提有( )。

A. 会计主体
B. 持续经营

C. 会计期间
D. 货币计量

4. 下列业务中，属于资金退出的有( )。

A. 购买材料
B. 交纳税金

C. 分配利润
D. 银行借款

5. 属于会计核算方法的有( )。

A. 填制会计凭证
B. 登记会计账簿

C. 编制会计报表
D. 编制财务预算

6. 我国《企业会计准则》规定，会计期间分为( )。

A. 年度
B. 半年度
C. 季度
D. 月度

7. 可以作为会计主体的是( )。

A. 事业单位
B. 分公司
C. 生产车间
D. 销售部门

8. 资金运动包括( )。

A. 资金的投入
B. 资金的循环与周转

C. 资金的退出
D. 资金的积累

9. 会计有为企业外部各有关方面提供信息的作用，主要是指( )。

A. 为政府提供信息
B. 为投资者提供信息

C. 为债权人提供信息
D. 为社会公众提供信息

10. 下列各项目中，正确的经济业务类型有( )。

A. 一项资产增加，一项所有者权益减少

B. 资产与负债同时增加

C. 一项负债减少，一项所有者权益增加

D. 负债与所有者权益同时增加

E. 资产与所有者权益同时增加

11. 下列经济业务发生后，使资产和权益总额不变的项目有( )。

A. 以银行存款 5 000 元，偿还前欠购料款

B. 从银行取得借款 20 000 元，存入银行

C. 以银行存款 3 000 元，购买材料

D. 从银行提取现金 800 元

12. 若一项经济业务发生后引起银行存款减少 5 000 元，则相应地有可能引起( )。

A. 固定资产增加 5 000 元
B. 短期借款增加 5 000 元

C. 应交税费减少 5 000 元　　　　　D. 应付账款减少 5 000 元

E. 应付职工薪酬增加 5 000 元

13. 属于无形资产的项目有（　　）。

A. 专利权　　　　B. 商标权　　　　C. 著作权　　　　D. 土地使用权

14. 属于收入的有（　　）。

A. 销售商品的收入　　　　　　　　C. 出租机器设备的收入

B. 提供劳务的收入　　　　　　　　D. 投资者的投入

E. 代第三方收取的货款

15. 会计平衡公式是（　　）。

A. 设置账户的理论依据　　　　　　B. 成本计算的理论依据

C. 编制会计报表的理论依据　　　　D. 复式记账的理论依据

16. 企业资金运动所引起的会计要素之间的变化类型有（　　）。

A. 负债与所有者权益此增彼减　　　B. 负债之间此增彼减

C. 资产与负债同增或同减　　　　　D. 所有者权益之间此增彼减

17. 下列引起会计等式左右两边会计要素变动的经济业务有（　　）。

A. 收到某企业前欠货款 2 000 元存入银行

B. 以银行存款偿还银行借款

C. 收到某单位投来机器一台，价值 80 万元

D. 购买原材料 8 万元，以银行存款支付

18. 反映企业一定时点的财务状况的静态会计要素是（　　）。

A. 资产　　　　　B. 负债　　　　　C. 所有者权益

D. 收入　　　　　E. 费用　　　　　F. 利润

19. 属于企业流动负债的有（　　）。

A. 原材料　　　　B. 其他应付款　　　C. 预付账款　　　D. 应交税费

20. 属于资产的有（　　）。

A. 预收账款　　　B. 预付账款　　　C. 应付账款　　　D. 存货

21. 会引起资产与权益同时减少的有（　　）。

A. 以现金支付收取的押金　　　　　B. 收到某企业前欠货款

C. 购买原材料货款未付　　　　　　D. 用存款偿还到期的短期借款

三、判断题

1. 会计只能以货币为计量单位。（　　）

2. 会计监督职能也被称为控制职能，即实施过程控制，包括事前、事中和事后的监督。（　　）

3. 会计的最基本职能是会计监督。（　　）

4. 会计核算的三项工作指记账、对账、报账。（　　）

5. 签订经济合同是一项经济活动，因此属于会计对象。（　　）

6. 会计主体必须是法律主体。（　　）

7. 凡是特定对象中能够以货币表现的经济活动，都是会计对象。（　　）

8. 会计核算所提供的各种信息是会计监督的依据。（　　）

9. 在会计核算方法体系中，其主要的工作程序是填制和审核凭证、登记账簿和编制会计报表。（　　）

10. 所有经济业务的发生，都会引起会计等式左右两边发生变化。（　　）

11. 只有拥有所有权的资源才能成为企业的资产。（　　）

12. 收回欠款存入银行会使企业的资产和权益总额同时增加。（　　）

13. 所有者权益是指企业投资人对企业资产的所有权。（　　）

14. 企业接受某单位投入物资一批，该项经济业务会引起收入增加，权益增加。（　　）

15. 如果某项资产不能再为企业带来经济利益，即使是由企业拥有或者控制的，也不能作为企业的资产在资产负债表中列示。（　　）

四、业务实训题

实训一

（一）目的：练习资产、负债、所有者权益的分类。

（二）资料：某公司 2019 年 6 月 31 日资产、负债及所有者权益的状况如下表 1－2 所示。

表 1－2　　　　　　　　　资产、负债及所有者权益状况

序号	内容	金额	资产	负债	所有者权益
1	厂部行政用房屋	400 000			
2	生产用厂房	1 600 000			
3	仓库	1 400 000			
4	车间的机器	3 500 000			
5	轿车	250 000			
6	仓库中的原材料	2 600 000			
7	机器用润滑油	10 000			
8	尚未完工的产品	1 500 000			
9	已完工的产成品	1 100 000			
10	保险柜里的现金	20 000			
11	银行账户里的存款	280 000			
12	尚未收回的货款	40 000			
13	投资者投入的资本	9 930 000			
14	欠银行的半年期贷款	300 000			
15	购货时所欠的货款	700 000			

续表1—2

序号	内容	金额	资产	负债	所有者权益
16	上月应交未交的税费	70 000			
17	3 年期借款	800 000			
18	未分配利润	900 000			
	合 计	—			

（三）要求：

1. 辨别表中各内容归属的类别，并将其金额填入三要素中的正确一栏。

2. 分别加计资产、负债、所有者权益的总额，填入合计栏中，并说明结果之间的关系。

实训二

（一）目的：熟悉经济业务对会计等式的影响。

资料：1. 某企业 2019 年 6 月 1 日资产、负债及所有者权益各项目如下表 1—3 所示。

表 1—3 　　　　　　资产、负债及所有者权益情况登记表

2019 年 6 月 1 日

资产	金额	负债及所有者权益	金额
库存现金	300	短期借款	40 000
银行存款	45 000	应付账款	18 000
应收账款	32 000	实收资本	130 000
存货	28 000	本年利润	17 300
固定资产	100 000		
合计	205 300	合计	205 300

2. 该企业 12 月份发生下列经济业务：

（1）2 日，用银行存款购买原材料，价值 3 000 元；

（2）3 日，向银行取得 3 个月的借款 20 000 元，转入企业存款户；

（3）4 日，收回某客户所欠货款 15 000 元，存入银行；

（4）5 日，用银行存款偿还以前欠某供货单位货款 10 000 元；

（5）6 日，收到某投资者投入的新机器一台，价值 32 000 元。

3. 要求：根据上述资料，在表 1—4 至表 1—8 中编制该企业 2019 年 6 月 2—6 日的资产负债表，验证会计等式的平衡关系。

表 1－4   资产、负债及所有者权益的分布情况

2019 年 6 月 2 日   单位：元

资产	金额	负债及所有者权益	金额
库存现金		短期借款	
银行存款		应付账款	
应收账款		实收资本	
存货		本年利润	
固定资产			
合计		合计	

表 1－5   资产、负债及所有者权益分布情况

2019 年 6 月 3 日   单位：元

资产	金额	负债及所有者权益	金额
库存现金		短期借款	
银行存款		应付账款	
应收账款		实收资本	
存货		本年利润	
固定资产			
合计		合计	

表 1－6   资产、负债及所有者权益分布情况

2019 年 6 月 4 日   单位：元

资产	金额	负债及所有者权益	金额
库存现金		短期借款	
银行存款		应付账款	
应收账款		实收资本	
存货		本年利润	
固定资产			
合计		合计	

表 1－7 资产、负债及所有者权益分布情况

2019 年 6 月 5 日 单位：元

资产	金额	负债及所有者权益	金额
库存现金		短期借款	
银行存款		应付账款	
应收账款		实收资本	
存货		本年利润	
固定资产			
合　计		合　计	

表 1－8 资产、负债及所有者权益分布情况

2019 年 6 月 6 日 单位：元

资产	金额	负债及所有者权益	金额
库存现金		短期借款	
银行存款		应付账款	
应收账款		实收资本	
存货		本年利润	
固定资产			
合　计		合　计	

项目二 会计工作组织

▶ 职业情境

李明大学毕业应聘到一家私企,在该企业的会计部门担任一名会计人员。由于该企业是私企,公司刚刚起步不久,公司的会计制度和会计机构设置还十分混乱,公司的老总也十分头痛,他希望李明的到来,能改变公司会计部门的现有状况。对于公司老总的重望,李明感觉责任重大。请问如果你是李明,你会如何开始自己的工作呢?

▶ 学习目标

通过学习,应该达到如下目标:

◆**理论目标**:学习和掌握会计的概念和目标、会计职能与会计对象、会计要素及会计对象、会计机构各岗位设置及职责、会计人员的职业道德要求和职业技能、会计法规体系及会计法律责任等陈述性知识;并能运用相关理论知识进行相关的认知活动。

◆**实务目标**:能运用会计认知的理论和相关知识,规范"会计及会计职业认知"中的相关技能活动。

◆**案例目标**:运用本模块中的相关理论与实务知识研究相关案例,培养与提高学生在一定的情境下分析与决策设计会计与会计职业相关能力,能结合本模块所学内容,分析企业相关会计行为的善恶,培养学生良好的会计职业道德素质。

◆**实训目标**:根据实训任务,在了解和把握本实训所涉及的相关技能点的基础上,通过社会实践活动及亲身体验会计职业与会计工作,及《实训报告》的准备、撰写、讨论与交流等有质量、有效率的实践活动,培养学生的专业能力,强化"自我学习""发现问题""解决问题""自主创新"等职业核心能力。

先导案例

某公司是一家国有大型企业。2019 年 6 月,公司总经理针对公司效益下滑、面临亏损的情况,电话请示正在外地出差的董事长。董事长指示把财务会计报告做得漂亮一些,总经理把这项工作交给公司总会计师,要求按董事长意见办。总会计师按公司领导意图,对当年度的财务会计报告进行了技术处理,虚拟了若干笔无交易的销售收入,从而使公司报表由亏变盈。经诚信会计师事务所审计后,公司财务会计报告对外报出。2017 年 4 月,在《中华人民共和国会计法》执行情况检查中,当地财政部门发现该公司存在重大会计作假行为,依据《中华人民共和国会计法》及相关法律、法规、制度,拟对该公司董事长、总经理、总会计师等相关人员进行行政处罚,并分别下达了行政处罚告知书。公司相关人员接到行政处罚告知书后,均要求举行听证会。在听证会上,有关当事人作了如下陈述。

公司董事长称:"我前一段时间出差在外,对公司情况不太了解,虽然在财务会计报告上签名并盖章,但只是履行会计手续,我不能负任何责任。具体情况可由公司总经理予以说明。"

公司总经理称："我是搞技术出身的，主要抓公司的生产经营，对会计我是门外汉，我虽在财务会计报告上签名并盖章，那也只是履行程序而已。以前也是这样做的，我不应承担责任。有关财务会计报告情况应由公司总会计师解释。"

公司总会计师称："公司对外报出的财务会计报告是经过诚信会计师事务所审计的，他们出具了无保留意见的审计报告。诚信会计师事务所应对本公司财务会计报告的真实性、完整性负责，承担由此带来的一切责任。"

（资料来源：百度知道）

问题：

1. 根据我国会计法律、法规、制度规定，分析公司董事长、总经理、总会计师在听证会上的陈述是否正确，并分别说明理由。

2. 此案例说明了什么？

分析与提示：

1. 在分析董事长的陈述是否符合会计法律、法规、制度的规定时，应紧扣《中华人民共和国会计法》对单位负责人会计责任的规定，并强调指出，这一规定不因单位负责人当时是否在场而改变，更何况该公司的会计造假行为实际上是由董事长授意指使的。

2. 在分析总经理的陈述是否符合会计法律、法规、制度的规定时，应指出总经理和单位负责人、主管会计工作的负责人、会计机构负责人（会计主管人员）一样，都是财务会计报告的责任人，应承担相应的法律责任，不能以不懂会计专业相推脱。事实上，该公司总经理也参与了会计造假。

3. 在分析总会计师的陈述是否符合会计法律、法规、制度的规定时，应重点分析会计责任与审计责任的关系，强调对财务会计报告的真实性、完整性负责是公司应承担的会计责任；同时也应指出，会计师事务所也应当承担相应的审计责任。

知识概窗

会计工作的组织，主要包括会计制度的制订、会计机构的设置和会计人员的配备、会计人员的职责权限、会计工作的规范以及会计法规制度的制定，等等。通过会计工作组织可以科学地组织会计工作，有利于保证会计工作的质量，提高会计工作的效率。科学地组织会计工作，可确保会计工作与其他经济管理工作协调一致。科学地组织会计工作，可以加强各单位内部的经济责任制。正确组织会计工作对于贯彻国家的方针、政策、法令、制度，维护财经纪律建立良好的社会经济秩序。

一、会计机构岗位的设置与职责

会计工作岗位，是指一个单位会计机构内部根据业务分工而设置的职能岗位。会计工作岗位可以一人一岗、一人多岗或者一岗多人。但出纳人员不得兼管稽核、会计档案保管和收入、费用、债权债务账目的登记工作。在会计机构内部设置会计工作岗位，有利于明确分工和确定岗位职责，建立岗位责任制；有利于会计人员钻研业务，提高工作效率和质量；有利于会计工作的程序化和规范化，加强会计基础工作；还有利于强化会计管理职能。提高会计工作的作用，同时，也是配备数量适当的会计人员的客观依据之一。

（一）小型企业会计组织机构和岗位职责的设计

1. 小型企业会计组织机构设计

（1）特点：小型企业一般经营规模和范围较小，经营过程、企业的组织形式和管理要求较简单，财务和会计业务量不大，通常将会计与财务和并设置为一个部门或成为某部门下属的一个子部门。当财务和会计处理量稍大些，并且财务管理工作日益复杂和重要时，也可单独设置会计部门，并在会计部门内部进行简单分工，财会机构一般设置为"科"或"室"。

（2）会计岗位的设置：通常设置会计主管、出纳、明细帐会计、总账会计等岗位，并配备财务会计人员 2—6 人。其中，会计主管可兼总账会计（或兼总账会计和明细账会计）。

（3）会计机构的运作要求：分清出纳与会计、总账与明细账、应收应付往来账与总账、管理库存现金、银行存款的人与编制银行存款调节表的人的职责范围，并由专人分别任职；设置会计凭证的传递程序，按部就班进行账册的登记、计算，不能随意变更凭证传递程序，以保证会计记录的完整、系统；要配备代职人员，以便在会计、出纳临时离开工作岗位数天时，能由其接替，以保证连续处理会计的记录及其他业务；要经常进行账册记录的核对工作，以保证会计工作质量；要由精通会计业务的人担任管理部门主管，以监督各项会计工作的正常进行。

2. 小型企业会计岗位职责的设计

会计工作岗位设置，就是在财务会计机构内部按照会计工作的内容和会计人员的配备情况，进行合理的分工，使每项会计工作都有专人负责，每位会计人员都明确自己的职责。

（1）出纳人员不得兼稽核、会计档案保管和收入、费用、债权债务帐目的登记。

（2）不相容的业务不得由同一会计人员执行，即钱、帐、物应分管。

（二）大中型企业会计组织机构和岗位职责的设计

1. 大中型企业会计组织机构的设计

特点：适宜采取会计与财务分设模式。

会计法规定：国有的和国有资产占控股地位或者主导地位的大、中型企业必须设置总会计师。

会计岗位设置："一岗多人"现象较为普遍，通常配备多名财会人员。

会计机构运作要求：总会计师职责制，由总会计师领导下的分散核算形式，并组织领导本企业的财务与会计的管理工作；财会主管负责制，在总会计师领导下，负责本企业的具体财会工作，组织开展会计核算和会计监督。

2. 会计岗位职责设计

《会计基础工作规范》示范性提出会计工作岗位的设置方案，将会计岗位划分为总会计师、会计机构负责人或会计主管人员、出纳、稽核、资金核算、收支往来核算、成本费用核算、财务成果核算、财产物资核算、工资核算、总账核算、对外财务会计报告编制、会计电算化、会计档案等 14 个岗位。

大中型企业各个会计核算、财务管理岗位的基本职责内容：一方面是企业设置总会计师岗位以及会计部各岗位，包括会计部经理、材料核算、固定资产核算、工资核算、成本核算、成本计算、利润核算、往来结算、稽核、总账报表、综合明细核算会计和车间会计岗位的基本职责内容和要求；另一方面是财务部各岗位包括财务部经理、出纳、规划、经营、信贷和综合分析岗位的基本职责内容和要求。一般采用总会计师领导下的分散核算模式，并且将会计与财务分别设置部门。亦即：

总会计师：在企业负责人领导下，主管经济核算和财会工作的负责人。必须由具有五年以上财会管理经验的高级会计师担任。

会计部经理：必须由具有三年以上会计管理经验的会计师或高级会计师担任。

【知识链接】

在我们国家的的会计专业的就业前景可以概括为以下几点。

1. 内资企业：需求量大，待遇、发展欠佳。

职业状况：这一块对会计人才的需求是最大的，也是目前会计毕业生的最大就业方向。很多中小国内企业特别是民营企业，对于会计岗位他们需要找的只是"帐房先生"，而不是具有财务管理和分析能力的专业人才，而且，此类公司大都财务监督和控制体系相当简陋。因此，在创业初期，他们的会计工作一般都是掌握在自己的亲信（戚）手里。到公司做大，财务复杂到亲信（戚）无法全盘控制时，才会招聘"外人"记记帐。

2. 外企：待遇好，学得专业。

职业状况：大部分外资企业的同等岗位待遇都远在内资企业之上。更重要的是，外资企业财务管理体系和方法都成熟，对新员工一般都会进行一段时间的专业培训。工作效率高的其中一个原因是分工细致，而分工的细致使我们在所负责岗位上只能学到某一方面的知识，尽管这种技能非常专业，但对整个职业发展过程不利，因为你难以获得全面的财务控制、分析等经验。后续培训机会多是外企极具诱惑力的另一个原因。财务管理也是一个经验与知识越多越值钱的职业，而企业提供的培训机会不同于在学校听老师讲课，它更贴进实际工作，也更适用。

3. 事务所：小所和外资大所的区别。

职业状况：所有的事务所工作都有一个特点，那就是：区别在于很多小事务所，待遇低，加班不给加班费，杂事多……外资事务所例如普华永道则待遇要好的多，但从某种方面来说，他们的工作任务更重，坊间甚至有传言说在那里是"女人当做男人用，男人当做牲口用"，加班更是家常便饭，著名的"安达信日出"就是指员工经常加班后走出办公楼就能看到的日出。但在事务所确实能学到很多东西，即使小所，因为人手的问题，对于一个审计项目，你必须从头跟到尾，包括和送审单位的沟通，等等，能充分锻炼能力。大所则是对团队合作以及国际会计准则、专业性、意志等方面能给予地狱般的磨炼。

4. 理财咨询：方兴未艾的阳光职业。

职业状况：去过银行等金融机构招聘会的同学应该知道，现在对个人理财咨询职位的招聘需求量正在慢慢放大，而且，由于社会投资渠道的增多和保障制度的改革，理财咨询服务必将走进更多城市白领的生活。此类人才的需求增长点应在社会投资理财咨询服务机构。

5. 公务员、教师：稳定有余,发展不足。

会计人考上公务员或被招进高校做老师,和其他专业的人从事这些职业一样,有稳定、压力小的优势,也有发展艰难的。

（资料来源：百度百科）

（三）内部核算下会计组织机构和岗位职责的设计

1. 会计组织机构的设计

（1）内部核算下会计组织机构的特点。为加强企业资金调度能力,考核企业内部各责任部门的业绩,在大中型企业中,通常要建立企业内部的核算体制,如设立内部银行、内部结算中心等。提高下属部门工作积极性,同时也提高企业整体的经济效益。企业内部银行或内部结算中心适用于具有较多责任中心的企事业单位。

（2）内部核算下会计岗位的设计。当内部银行（或内部结算中心）会计组织机构设立时,需要企业划小核算单位,增加核算层次,需在企业内部核算制下设责任中心或责任部门,并配备专职的核算人员,建立相对独立的核算制度和在内部银行分别开设账户,遵照一定的核算程序进行往来业务的结算和资金运用的核算及控制。

（3）内部核算机构的两种设计方式。在企业财会部门内部附设结算中心,它适用于规模小、分支机构少的企业。

在企业内部设立内部银行,它适用于规模大、分支机构多的大、中型企业。

（4）企业内部银行结算（或内部结算中心）的内容取决于企业对各部门的财务管理方式和各部门的经营特点。

对生产性经营单位,应核算其资金、成本、收入、利润。

供应部门主要核算采购成本、内部利润、采购费用。

生产部门主要核算生产成本、制作费用。

销售部门主要核算货款结算、销售成本结转、销售费用和内部利润。

职能科室主要核算经费。

后勤单位主要核算营业外支出、福利费。

其他设计结算范围的事项。

2. 内部银行会计岗位职责的设计

（1）结算存款岗位职责设计。负责建立存款账户,为每一独立核算的责任部门设立内部核算账户,编制帐号,办理存款,定期计算利息,同时办理印鉴登记业务,以便办理结算业务时核对。其中印鉴包括财务专用章和负责人印章；办理企业一切实物的转让,劳务协作的交易结算；运用企业规定的内部结算价格,结转内部各部门之间的劳务、实物交易,以实现转让产品的价值；及时反映各责任部门实现的业绩。

（2）资金投放结算岗位职责设计。运用信贷手段,制定企业资金归口管理,分级核算,有偿占用的方法；定期核算各责任部门的流动资金定额,并按核定的资金定额指标,将企业资金下发给各归口管理部门,同时填制拨款通知单,分别交给各部门结算人员和财务部门；办理责任部门流动资金定额大于实际占用资金的余款存入；受理责任部门由于流动资金定额小于实际占用资金部分而提出的超定额借款申请，经内部银行审核批准后，拨付超定额贷款；为实行有偿和节约使用资金，制定出定额贷款、超额贷款、逾期贷款、积压物资贷款等不同性质和不同比率的贷款利率。

（3）储蓄岗位职责设计。负责开通企业融资渠道，统一调度企业的经营资金；申请银行贷款，办理贷款事项；承办企业职工的储蓄业务；贯彻上级部门的经营决策，拨付及上缴上级部门有关款项等。

（4）管理岗位职责设计。有效地组织企业内部银行系统的正常运行；监督内部银行资金流向的合理和法性；控制责任部门各项费用支出；考核企业各部门资金定额；统一印制内部结算凭证，如内部银行支票、内部货币等，并严格控制发放；定期将企业资金流通状况以报表的形式反馈给各责任部门及企业主管，以便对资金进行计划统筹、定额控制，所编制的报表主要有"内部资产负债表""内部成本报表"等。

二、会计人员任职条件和岗位职责

会计人员的任职条件根据不同公司或者企业的不同要求，任职条件可相对调整或者放宽，一般公司或者企业根据其机构设计的需要来安排会计人员的岗位和职责。

企业常设会计岗位：出纳、会计、会计主管，有从业资格征书即可上岗，具有中级以上会计技术职称和五年以上会计工作经验，熟练掌握《事业单位会计制度》《高等学校财务管理制度》和税法知识，有一定的组织协调能力和表达能力，全面掌握财务管理制度，遵守会计职业道德，认真执行国家方针政策、财经纪律，坚持原则。通常情况下，会计岗位可以设置以下几种：会计主管、出纳、稽核、资本、基金的核算、收入、支出、债权债务的核算、工资、成本费用、财务成果的核算、财产物资的收发、增减核算、总账、财务会计报告编制、会计机构内会计档案管理。

具体职责如下。

出纳的基本职责：负责货币资金的核算；填置各种收、付款的票据和结算凭证；编制收款、付款记账凭证；登记现金日记账、银行存款日记账；月末进行银行存款的核对，编制银行存款余额调节表；工资的发放。

会计的基本职责：编制转账凭证和有关的原始凭证；会计凭证的审核；登记相关的明细账（例二级账、三级账）；成本的核算，财产清查。

会计主管的基本职责：初始建账时会计科目的设置；审核各类账证；编制科目汇总表，登记总账；编制财务报表，纳税申报表；进行财务分析。

三、会计人员的职业道德和职业技能要求

会计职业道德规范的主要内容

（一）爱岗敬业

（1）爱岗就是会计人员热爱本职工作，安心本职岗位，在任何时候、任何场合下都要做到忠于职守、尽职尽责。敬业，就是从事会计职业的人员充分认识到会计工作在国民经济中的地位和作用，以从事会计工作为荣，敬重会计工作，认真地对待本职工作，将身心

与本职工作融为一体，具有献身于会计工作的决心。

（2）爱岗敬业的具体要求：正确认识会计职业，树立正确的会计职业观；敬重会计职业，强化职业责任；严肃认真，一丝不苟；忠于职守，尽职尽责。

（二）诚实守信

（1）诚实守信就是忠诚老实，信守诺言。所谓诚实，是指言行跟内心思想一致，不弄虚作假、不欺上瞒下，做老实人、说老实话、办老实事。所谓守信，就是遵守自己所作出的承诺，讲信用，重信用，信守诺言，保守秘密。诚实侧重于对客观事实的反映真实，对自己内心的思想、情感的表达真实。守信侧重于对自己应承担，履行的责任和义务的忠实，毫无保留地实践自己的诺言。

（2）诚实守信的具体要求：①老实做事，不搞虚假。诚实守信是会计人员的立身之本，会计人员要以诚为本，实事求是，言行一致，表里如一，如实反映和披露单位经济业务事项，不弄虚作假，不欺上瞒下，尽量减少和避免各种失误，不为个人和小集团利益弄虚作假，伪造账目，损害国家和社会公众利益。不做假账，是指会计人员要按照会计法律、法规、规章的规定做好会计工作，保证会计凭证、会计账簿、财务会计报告等会计信息的质量。不做假账是会计人员最基本的职业道德。②保密守信，不为利益所诱惑。会计人员因职业特点经常接触到的主要是单位和客户的一些商业秘密。会计人员不得将从业过程中所获得的信息为己所用，或者泄露给第三者以牟取私利。因此，保守秘密是会计职业道德规范的重要内容，也是会计人员维护国家、单位利益应尽的义务。单位内部会计人员如果泄露本单位的商业秘密，不仅会威胁单位利益，同时也会给会计人员本身造成不利影响。一方面，会计人员是单位的一员，泄露单位的商业秘密后会使单位利益受损，单位的损失最终将不同程度地反映到每位员工身上。另一方面，泄露单位的商业秘密是违法行为，一旦查出是要追究法律责任的，对整个会计职业的社会声誉也会产生负面影响，整个行业的利益也将会蒙受损失。③执业谨慎，信誉至上诚实守信，要求注册会计师在执业中始终保持应有的谨慎态度，根据自身的业务能力选择承担委托业务，不能为追求营业收入而接受违背职业道德的附加条件，迎合客户的不正当要求，要严格按照独立审计准则和执业规范、程序实施审计，对审计中发现的违反国家统一会计制度及国家相关法律制度的经济业务事项，应当按照规定在审计报告中予以充分反映，维护职业信誉及客户和社会公众的合法权益。

（三）廉洁自律

（1）廉洁自律的含义是指不收受贿赂、不贪污钱财，行为主体能够自我约束、自我规范。在会计职业中，自律包括两层含义：一是会计行业自律；二是会计人员的自律，即会计人员的自我约束。廉洁是自律的基础，而自律是廉洁的保证。

（2）廉洁自律的具体要求：①树立正确的人生观和价值观。正确的人生观和价值观是廉洁自律的思想基础。会计人员要廉洁自律，应以马克思主义、毛泽东思想、邓小平理论、"三个代表"重要思想为指导，树立正确的人生观和价值观，自觉抵制享乐主义、个人主义、拜金主义等错误的思想，彻底摒弃"金钱至上、金钱万能"的人生哲学，在不义之财面前不动心，决不利用手中权力贪占便宜。②廉洁奉公，不贪不占，廉洁奉公就是洁身自好，为公众谋事；不贪不占就是会计人员不贪、不占、不收礼、不同流合污，会计人员要正确认识自己手中的管理权是职业神圣权力的一种表现，决不能把这种职业权力作为谋取私利的特权，不能挪用、侵占单位钱财；要深刻认识自己管理的钱财是单位的钱财，决不允许任何人以任何方式浪费、侵吞单位财产。③遵纪守法，尽职尽责。《会计法》赋予了会计人员职责和义务。会计人员不仅要遵纪守法，不违法乱纪、不以权谋私，做到廉洁自律；而且要敢于、善于运用法律法规赋予的职业权利，尽职尽责，勇于承担职业责任，履行职业义务，保证廉洁自律。会计人员和会计组织只有首先做到自身廉洁，严格约束自己，才能要求别人廉洁，才能理直气壮地阻止或防止别人侵占集体利益，正确行使反映和监督的会计职责，保证各项经济活动正常进行。

（四）客观公正

（1）客观公正是指按事物的本来面目去认识和反映事物，不夸大，不缩小，公平正直，不偏不倚，不搀杂个人的主观意愿，也不为他人意见所左右。客观是公正的基础，公正是客观的反映。客观公正要求会计人员对会计业务的处理，对会计政策和会计方法的选择，以及对财务会计报告的编制、披露和评价必须独立进行职业判断，做到客观、公平、理智、诚实。

（2）客观公正的具体要求：①端正工作态度。会计人员必须有实事求是的精神和客观公正的态度，一切从实际出发，注重调查研究，对会计资料和会计信息进行如实的反映、公正的鉴定，求得主观与客观一致，做到会计结论有理有据。有了正确的工作态度后，还要有扎实的理论功底和较高的专业技能。②坚持依法办事。会计人员在工作过程中必须遵守各种法律、法规、准则和制度，依照法律规定进行核算，才能做出客观的会计职业判断。③实事求是，不偏不倚。客观公正应该贯穿于会计活动的整个过程。一是会计核算过程的客观公正，即指会计人员在具体进行职业判断或进行业务处理时，应保持客观公正的态度，实事求是、不偏不倚，既不违背事实，也不夸大或者缩小事实，不能为了个人或者小团体的利益而损害国家利益。二是最终结果公正，要求会计人员对经济业务的处理结果是公正的。会计核算过程的客观公正和最终结果的客观公正都是十分重要的，没有客观公正的会计核算过程作为前提，结果的客观公正性就难以保证；没有客观公正的结果，业务操作过程的客观公正就失去意义。

（五）坚持准则

（1）坚持准则要求会计人员在处理业务过程中，严格按照会计法规制度办事，不为主观或他人意志左右。以会计准则为自己的行动指南，以会计法律法规为准绳，正确处理国家、集体和个人三者之间的利益关系，把好财务收支合法性、合理性的关口，依法理财。同时，要以会计准则作为与违法违纪现象作斗争的有力武器，通过树立会计准则的权威性来维护会计行业的信誉和会计人员的地位，确保经济活动的正常进行。

（2）坚持准则涵盖的内容广泛，既包括会计准则，还包括会计法律、国家统一的会计制度以及与会计工作相关的法律制度。

（3）坚持准则的具体要求：①熟悉准则是遵循准则、坚持准则的前提。熟悉准则是指会计人员应了解和掌握《中华人民共和国会计法》和国家统一的会计制度及与会计相关的法律制度。只有熟悉准则，才有可能提高会计人员的守法能力，这是做好会计工作的前提。熟悉准则，要求会计人员不仅要熟练掌握，正确领会会计法律法规、会计准则、会计制度，还应了解和熟悉与会计相关的经济法律制度。此外，还要熟悉本部门、本单位内部制定的管理制度，如内部控制制度、财务管理制度等，会计人员在不违反国家法律法规的前提下也应严格执行这些制度。②遵循准则即执行准则。准则是会计人员开展会计工作的外在标准和参照物。会计人员在业务处理过程中，必须严格依据规定行事，更不能根据职务高低、关系远近来确定执行准则的宽严松紧程度。会计人员不仅会计人员自己要自觉地严格遵守各项准则、自律在先，而且也要敢于要求他人遵守准则，使单位具体的经济业务事项和经济行为符合会计法律和国家统一的会计制度，避免违法违纪行为的发生。会计人员要及时学习、掌握准则的最新变化，了解本部门、本单位的实际情况，对实际经济生活中出现的新情况、新问题以及准则未涉及的经济业务或事项时，能够运用所掌握的会计专业理论和技能，做出客观的职业判断，准确地理解和执行准则。③在企业的经营活动中，当国家利益、集体利益与单位、部门以及个人利益时常发生冲突时，会计人员要以国家法律法规、制度准则为准绳，依法履行会计监督职责，发生道德冲突时，应坚持准则，对法律负责，对国家和社会公众负责，敢于同违反会计法律法规和财务制度的现象作斗争，确保会计信息的真实性和完整性。

【同步思考】

当遇到公司领导直接违反财务制度时，我们该怎么办？

（六）提高技能

（1）提高技能就是要求会计人员通过学习、培训和实践等途径，持续提高自身的会计理论水平、会计实务能力、职业判断能力、自动更新知识能力、提供会计信息的能力、沟通交流能力以及职业经验等，以达到和维持足够的专业胜任能力的活动。

（2）提高技能的具体要求：会计人员要想生存和发展，就必须时刻保持紧迫感和危机意识，树立强烈的求知欲望和提高技能的意识，使自己的知识不断更新，才能保持持续的专业胜任能力、职业判断能力和交流沟通能力，提高会计专业技能，使自己立于不败之地，拥有勤学苦练的精神。会计人员要不断地学习与探索，不断学习新的会计理论和新的准则制度，不断提高自己的业务水平、理论水平、操作技能和职业判断能力。苦练就是要多操练。要理论联系实际，积极参加社会实践活动，在实践中锤炼提高会计业务的操作能力，把理性的东西和感性的东西结合起来，全面认识事物。掌握科学的学习方法和正确的学习途径。

（七）参与管理

（1）参与管理，就是间接参加管理活动，为管理者当参谋，为管理活动服务。会计人员在参与管理过程中并不直接从事管理活动，只是尽职尽责地履行会计职责，间接地从事管理活动或者说参与管理活动，为管理活动服务。会计人员要树立参与管理的意识，在做好本职工作的同时，积极主动地经常向上级领导者反映经营活动情况和存在的问题，提出合理化建议，协助领导决策，参与经营管理活动，不能只是消极被动地记账、算账、报账。

（2）参与管理的具体要求：努力钻研业务，为参与管理打下基础。会计人员应当努力钻研业务，使自己的知识和技能适应所从事工作的要求。只有具备娴熟的业务处理能力和精湛的技能，才能更好地参与管理，为改善经营管理、提高经济效益服务。熟悉财经法规和相关制度，为单位管理决策提供专业支持。会计人员应当熟悉并深刻领会财经法律、法规、规章和国家统一的会计制度，广泛宣传有关会计规章制度，充分利用掌握的会计信息去分析单位的管理，找出问题和薄弱环节，为单位管理决策提供专业支持。全面熟悉服务对象的经营活动和业务流程，提高参与管理的针对性和有效性。会计人员应当熟悉本单位的生产经营、业务流程和管理情况，掌握单位的生产经营能力、技术设备条件、产品市场及资源状况等情况，结合财会工作的综合信息优势，积极参与预测，有针对性地拟定可行性方案，参与优化决策。对计划、预算的执行，要充分利用工作的优势，积极协助、参与监控，为改善单位内部管理、提高经济效益服务。

（八）强化服务

（1）强化服务要求会计人员树立服务意识，提高服务质量，努力维护和提升会计职业的良好社会形象。

（2）强化服务的具体要求：树立服务意识。社会中的各行各业，都是为人民服务。每个职业劳动者既是服务者又是被服务者。会计人员要树立强烈的服务意识，摆正服务的位置，管好钱、管好账，更好地参与管理，不断提高会计职业的声誉。文明服务，文明用语，礼貌待人，以理服人。具有团结协作的精神，提高服务质量。强化服务的关键是提高服务质量。强化单位会计人员的服务就是真实、客观地记账、算账和报账，积极主动地向上级领导者反映经营活动情况和存在的问题，提出合理化建议，协助领导决策，参与经营管理活动。注册会计师（或会计师事务所）强化服务的内容就是以客观、公正的态度正确评价委托单位的经济财务状况，为社会公众及信息使用者服务。质量上乘，并非无原则地满足服务主体的需要，而是在坚持原则、坚持会计准则的基础上尽量满足用户或服务主体的需要。服务不仅要文明，还要讲质量，更要不断开拓创新，利用会计数据、会计信息，满足不同对象的需要。

四、会计法规体系的构成及会计法律责任

我国现行会计法规种类有以下几种。

1. 全国人大制定的会计法律《中华人民共和国会计法》

《中华人民共和国会计法》主要规定了会计工作的基本目的、会计管理权限、会计责任主体、会计核算和会计监督的基本要求、会计人员和会计机构的职责权限、并对会计法律责任作出了详细规定。《中华人民共和国会计法》是会计工作的基本法，是指导我国会计工作的最高准则。

2. 国务院制定的会计行政法规

会计行政法规是由国务院制定发布或者国务院有关部门拟订经国务院批准发布的、调

整经济生活中某些方面会计关系的法律规范。会计行政法规有如下几种。

《企业财务会计报告条例》于 2000 年 6 月 21 日发布的，自 2001 年 1 月 1 日起施行。它主要规定了企业财务会计报告的构成、编制和对外提供的要求、法律责任等。它是对《会计法》中有关财务会计报告的规定的细化。

《总会计师条例》，于 1990 年 12 月 31 日发布的，它主要规定了单位总会计师的职责、权限、任免、奖惩等。

《企业会计准则》（基本准则）是规范企业会计确认、计量、报告的会计准则，是进行会计核算工作必须共同遵守的基本要求，体现了会计核算的基本规律。它是由会计核算的前提条件、一般原则、会计要素准则和会计报表准则组成，是对会计核算要求所作的原则性规定，具有覆盖面广、概括性强等特点。

3. 财政部制定的会计制度

国家统一的会计制度是指国务院财政部门根据《中华人民共和国会计法》制定发布的关于会计核算、会计监督、会计机构和会计人员以及会计工作管理的制度。它是国务院财政部门在其职权范围内依法制定、发布的会计方面的法律规范，包括各种会计规章和会计规范性文件。如 2001 年 2 月 20 日财政部发布的《财政部门实施会计监督办法》《代理记账管理办法》《会计从业资格管理办法》等；会计规范性文件是指主管全国会计工作的行政部门即国务院财政部门制定发布的《企业会计制度》《金融企业会计制度》《小企业会计制度》《民间非营利组织会计制度》《会计基础工作规范》《内部会计控制规范》以及财政部门与国家档案局联合发布的《会计档案管理办法》等。

（1）《企业会计制度》。财政部于 2000 年 12 月 29 日发布了统一的、适用于不同行业和不同经济成分的《企业会计制度》。它适用于除不对外筹集资金、经营规模较小的企业和金融保险企业外在中华人民共和国境内设立的所有企业。

（2）《金融企业会计制度》。于 2001 年 1 月 27 日发布的，它适用于中华人民共和国境内依法成立的各类金融企业，包括银行（含信用社）、保险公司、证券公司、信托投资公司、期货公司、基金管理公司、租赁公司、财务公司等。该制度于 2002 年 1 月 1 日起在上市的金融企业范围内实施；同时，也鼓励其他股份制金融企业实施《金融企业会计制度》。

（3）《小企业会计制度》。于 2004 年 4 月 27 日发布的，它适用于在中华人民共和国境内设立的不对外筹集资金、经营规模较小的企业。不对外筹集资金、经营规模较小的企业是指不公开发行股票或债券，符合原国家经济贸易委员会、原国家发展计划委员会、财政部、国家统计局 2003 年制定的《中小企业标准暂行规定》中界定的小企业，不包括以个人独资及合伙形式设立的小企业。

（4）《民间非营利组织会计制度》。于 2004 年 8 月 18 日发布，自 2005 年 1 月 1 日起执行，适用于社会团体、基金会、民办非企业单位和寺院、宫观、清真寺、教堂等。

（5）《财政部门实施会计监督办法》。于 2001 年 2 月 20 日发布并开始施行，是财政部为了规范财政部门会计监督工作，保障财政部门有效实施会计监督，保护公民、法人和其他组织的合法权益，根据《中华人民共和国会计法》《行政处罚法》《企业财务会计报告条例》等有关法律、行政法规的规定的。它适用于国务院财政部门及其派出机构和县级以上地方各级人民政府财政部门对国家机关、社会团体、公司、企业、事业单位和其他组织执行《中华人民共和国会计法》和国家统一的会计制度的行为实施监督检查以及对违法会计行为实施行政处罚。

（6）《会计基础工作规范》。于 1996 年 6 月 17 日发布并开始实施的。它适用于国家机关、社会团体、企业、事业单位、个体工商户和其他组织的会计基础工作。其内容主要包括会计机构的设置和会计人员的配备、会计人员的职业道德、会计工作交接、会计核算的一般要求、会计凭证规则、会计账簿规则、财务报告规则、会计监督的内容和要求、建立和健全单位内部会计管理制度的内容和要求等。

（7）《内部会计控制规范》。它是财政部为了促进各单位内部会计控制建设，加强内部会计监督，维护社会主义市场经济秩序，根据《中华人民共和国会计法》等法律法规的规定所制定的一套会计监督管理制度，运用于国家机关、社会团体、公司、企业、事业单位和其他经济组织。其制定目的主要是为了规范会计行为，差错防弊，从而保证其他会计法规的执行。内部会计控制是指单位为了提高会计信息质量，保护资产的安全、完整，确保有关法律法规和规章制度的贯彻执行等而制定和实施的一系列控制方法、措施和程序。

（8）其他会计规章和会计规范性文件。国家统一的其他会计规章和会计规范性文件包括《会计从业资格管理办法》（2005 年 3 月 1 日发布并开始实施）、《会计档案管理办法》（1998 年 8 月 21 日发布，自 1999 年 1 月 1 日起施行）、《会计电算化管理办法》（1994 年 6 月 30 日发布，自 1994 年 7 月 1 日起施行）、代理记账管理办法》（2005 年 1 月 22 日发布，自 2005 年 3 月 1 日起施行）等。

4. 地方人大制定的地方性会计法规

地方性会计法规是各省、自治区、直辖市的人民代表大会及其常委会在与会计法律、会计行政法规不相抵触的前提下制定的地方性会计法规。根据规定，实行计划单列管理的计划单列市、经济特区的人民代表大会及其常委会在宪法、法律和行政法规允许范围内制定、实施的有关会计工作的规范性文件，也属于地方性会计法规。

项目训练

◆知识题

一、选择题

1. 下列哪些是会计工作规范体系主要包括的会计核算方面的法律和法规（　　　）。

    A. 会计法　　　　B. 会计准则　　　　C. 会计规范　　　　D. 会计制度

2. 合理地组织会计工作，应遵循以下哪些基本原则（　　　）。

    A. 必须符合国家对会计工作的统一要求

    B. 必须适应本单位的特点

    C. 必须符合精简节约的原则

D. 必须有利于开展群众核算工作

3. 会计机构的组织形式，按照会计分工方式的不同分为（　　）。

A. 集中核算　　　　B. 独立核算　　　　C. 非集中核算　　　　D. 非独立核算

4. 会计人员的专业技术职务分为（　　）。

A. 高级会计师　　　B. 会计师　　　　　C. 助理会计师　　　　D. 会计员

5. 会计人员的职业道德包括敬业爱岗、依法办事以及（　　）等。

A. 熟悉财经法规　　B. 搞好服务　　　　C. 客观公正　　　　　D. 保守秘密

二、思考题

1. 我国现行会计法律法规体系的构成主要包括哪些？

2. 小型企业会计组织机构和岗位职责的有哪些？

三、技能题

小黄是某公司的出纳，请结合出纳的工作职责，为小黄制定一个工作计划。

四、实训任务

请模拟会计岗位要求，为某电气公司的财务科设置会计人员。

模块二 建 账

项目一 会计数字的书写

▶ 职业情境

会计人员每天都在和数字打交道，填制会计凭证、登记账簿、编制报表都离不开数字。数字不仅仅是对文字记录的补充说明，还是会计信息的重要组成部分，直接关系到会计资料的准确性和完整性。《会计职业工作规范》对会计数字的书写作出了规定，比如第五十二条要求"填制会计凭证，字迹必须清晰、工整"，便于辨认，也有助于防止篡改。这一条还对会计凭证填制时使用的的阿拉伯数字、汉字大写数字、货币符号的书写要求作了具体的规定。那么，会计人员应该如何正确地进行会计数字的书写？

▶ 学习目标

通过学习，应该达到如下目标：

◆理论目标：了解会计数字书写的基本要求及具体注意事项。

◆实务目标：掌握中文大写数字和阿拉伯数字的书写规范；掌握会计账簿书写的基本要求。

◆案例目标：运用本模块中的相关理论与实务知识研究相关案例，掌握填制、取得原始凭证的正确方式、原始凭证有错误的补救方式，并了解原始凭证不符合规定时应当追究的法律责任。结合本项目所学的数字书写知识，思考如何避免凭证、账簿的填制错误。

◆实训目标：根据实训任务，填写增值税专用发票的金额和银行进账单的金额。通过训练，掌握对会计数字的书写要求，为正确运用会计数字填制会计凭证、登记会计账簿及编报财务报告打下基础。

◎ 先导案例

业务员陈某到原料商店购买原料，收银员在填写发票时，把 28 500 元错写成 26 500元，陈某发现后，要求重新填写一张发票，收银员心疼这张发票，不愿意再拿另外一张发票，于是她在错误的发票上把填错的地方用钢笔划掉，把正确的数字写在上边。陈某也没有提出异议就接受了这张发票。

课堂讨论：

1. 收银员的做法是否正确？理论依据是什么？

2. 陈某接受的这张发票是否有效？

3. 如果发票无效，陈某应该怎么做？

知识橱窗

一、会计账簿书写的基本要求

会计账簿包括总账、明细账、日记账和其他辅助性账簿。为了使各种散乱、繁杂的经济业务的信息或数据成为有用的会计信息，要通过不同种类的会计账簿对一个单位的全部经济业务信息或数据进行连续的、相互衔接的分类归集、整理、加工。这些账簿构成会计信息形成过程中的不同环节，即是企业的基本财务信息资料库，又是编制会计报告的主要依据，因此账簿的登记必须做到内容完整、科目正确、摘要简明清楚、数据明确真实、字迹工整易认，并且不错记、不重记、不漏记。依据《会计基础工作规范》第六十条规定，会计账簿书写的基本要求如下：

第一，为了保证账簿记录的准确、整洁，应当根据审核无误的会计凭证登记会计账簿。登记会计账簿时，应当将会计凭证日期、编号、业务内容摘要、金额和其他有关资料逐项记入账内；做到数字准确、摘要清楚、登记及时、字迹工整。

第二，账簿登记完毕后，要在记账凭证上签名或者盖章，并在记账凭证的"过账"栏内注明账簿页数或打"√"，注明已经登账的符号，表示已经记账完毕，避免重记、漏记。

第三，账簿中书写的文字和数字上面要留有适当空格，不要写满格；一般应占格距的二分之一。这样，在一旦发生登记错误时，能比较容易地进行更正，同时也方便查账工作。

第四，为了保持账簿记录的持久性，防止涂改，登记账簿要用蓝黑墨水或者碳素墨水书写，不得使用圆珠笔（银行的复写账簿除外）或者铅笔书写。

第五，在下列情况，可以用红色墨水记账：

（1）按照红字冲账的记账凭证，冲销错误记录；

（2）在不设借贷等栏的多栏式账页中，登记减少数；

（3）在三栏式账户的余额栏前，如未印明余额方向的，在余额栏内登记负数余额；

（4）根据国家统一会计制度的规定可以用红字登记的其他会计记录。

由于会计中的红字表示负数，因而除上述情况外，不得用红色墨水登记账簿。

第六，在登记各种账簿时，应按页次顺序连续登记，不得跳行、隔页。如果发生跳行、隔页，应当将空行、空页用红色墨水划对角线注销，或者注明"此行空白""此页空白"字样，并由记账人员签名或者盖章。

第七，凡需要结出余额的账户，结出余额后，应当在"借或贷"栏内写明"借"或"贷"字样，以示余额的方向。没有余额的账户，应当在"借或贷"栏内写"平"字，并在余额栏内用"0"表示。现金日记账和银行存款日记账必须逐日结出余额。

第八，每一账页登记完毕结转下页时，应当结出本页合计数及余额，写在本页最后一行和下页第一行有关栏内，并在摘要栏内注明"过次页"和"承前页"字样；也可以将本页合计数及金额只写在下页第一行有关栏内，并在摘要栏内注明"承前页"字样，以保持账簿记录的连续性，便于对账和结账。

对需要结计本月发生额的账户，结计"过次页"的本页合计数应当为自本月初起至本页末止的发生额合计数；对需要结计本年累计发生额的账户，结计"过次页"的本页合计数应当为自年初起至本页末止的累计数；对既不需要结计本月发生额也不需要结计本年累计发生额的账户，可以只将每页末的余额结转次页。

二、阿拉伯数字的规范书写

《会计基础工作规范》第五十二条具体规定："阿拉伯数字应当一个一个地写，不得连笔写。"特别在要连着写几个"0"时，一定要单个地写，不能将"0"连在一起一笔写完。数字的排列要整齐，数字之间的空隙应均匀，不宜过大。

阿拉伯数字金额前面，均应填写人民币符号"￥"，币值符号与阿拉伯数字金额之间不得留有空白。凡阿拉伯数字前写有币值符号的，数字后面不再写货币单位；所有以元为单位的阿拉伯数字，除表示单价等情况外，一律填写到角分，无角分的，角位和分位可写"00"，或者符号"—"；有角无分的，分位应当写"0"，不得用符号"—"代替。例如，￥100.00 可写成￥100.—，但￥100.50 不可写作￥100.5—。

【同步思考2-1】

2009年江苏省高校对口单招财会专业技能考试中的第一题是：请规范书写"0—9"十个数字（本题5分）。请你也试做一下这道题。

【思考要点】

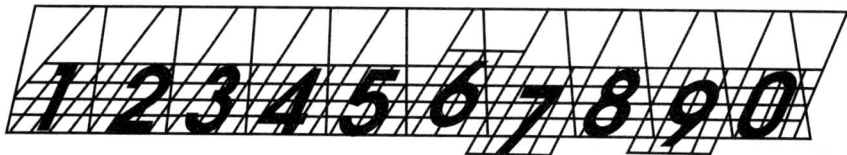

（1）数字高度应占横格高度的1/2；

（2）数字整体应倾斜60度；

（3）数字上下垂直对齐、整体居中、贴底线（为防止涂改，"6"的竖划应上提1/4，"7""9"的竖划可下拉出格1/4）；

（4）"2"的底部应绕写；

（5）"4"顶部开口，中间明显短于顶部和1；

（6）"6，7，9"竖划的写法与1应有明显区别；

（7）"0，8"，"3，8"，"6，8"的写法应有明显不同，以免前者被改为"8"；

（8）"0"要封口。

【知识链接2-1】

会计人员在填制会计凭证、登记账簿和编制报表时，如果写错了数字，就会造成账目差错。错账查起来很费劲，所以有人说"记账容易查账难"。下面介绍几种数字书写错误情况下的错账查找方法。

（1）数字颠倒错误：所谓数字颠倒，就是把一列数字中的相邻两位数字或隔位的两位数字写颠倒了。例如，把36写成63，把25 039写成23 059等。凡颠倒数字以后，不论其状态怎样，颠倒后的数同本来数的差数，都可以被 9 整除，且其商数必是被颠倒的两位数字之差。如将 47 错写成 74，差数为 27，被 9 整除后得商数 3，即颠倒数 7 与 4 的差。如果商数是 30，则是十位数字与百位数字被颠倒了，其余以此类推。

（2）数字错位错误：所谓数字错位，就是把一列数字的位数，即个位、十位、百位提前或挪后一位，比如把 100 写成 10，或写成 1 000。出现位数差错的情况，正、误数字之差能用 9 除尽，且商数即为要查找的错记数。例如，某笔记录将 100 错记为 1 000，则差数为 900，被 9 整除后得商数 100，则应在账内查找是否有将 100 错记为 1 000 的记录。

（3）写错数字错误：所谓写错数字，就是由于错觉或疏忽，将某一个数字写成另一个数字。这种写错数字的错误，需要根据原始资料或有关记录来查证。另外一种写错数字是误将相似的数字写错。例如，把 1 误写为 7，把 7 误写为 9，把 3 误写为 8，把 4 误写为 9，或者正好相反。这样就会出现 6，2，5，5 等差数，或 6，2，5，5 的十倍数、百倍数，则可以根据产生这个差数的数字来查证错误之所在。

三、中文大写数字的规范书写

中文大写数字笔画多，不易涂改，主要用于填写需要防止涂改的销货发票、银行结算凭证等信用凭证，能有效控制凭证的真实性，避免经济损失。中文大写是由数字和数位两部分组成，两者缺一不可。数字包括零、壹、贰、叁、肆、伍、陆、柒、捌、玖；数位包括拾、佰、仟、万、亿、元、角、分等。数字和数位一定要规范用字，切不可自造字。

中文大写金额数字前应标明"人民币"字样，"人民币"字样与金额数字之间不得留有空白。在发货票等需填写大写金额数字的原始凭证上，如果"人民币"字样事先未能印好，在填写大写金额数字时，应加填"人民币"三字，然后在其后紧接着填写大写金额数字。

中文大写金额数字到元或者角为止的，在"元"或者"角"字之后应当写"整"字或者"正"字；大写金额数字有分的，分字后面不写"整"字或者"正"字。例如，人民币 35 680 元，应写成人民币叁万伍仟陆佰捌拾元整或人民币叁万伍仟陆佰捌拾元正；又如，人民币 471.90 元，应写成人民币肆佰柒拾壹元玖角整，或人民币肆佰柒拾壹元玖角正；再如，人民币 2308.66 元，应写成人民币贰仟叁佰零捌元陆角陆分。

阿拉伯金额数字中间有"0"时，中文大写金额要写'零'字，如人民币 105 846 元，应写成人民币壹拾万零伍仟捌佰肆拾陆元正；阿拉伯数字金额中间连续有几个"0"时，汉字大写金额中可以只写一个"零"字，如人民币 1 000 846 元，应写成人民币壹佰万零捌佰肆拾陆元正；阿拉伯金额数字元位是"0"，或者数字中间连续有几个"0"且元位也是"0"，但角位不是"0"时，汉字大写金额可以只写一个'零'字，也可以不写"零"字，如人民币 1 860.96 元，应写成人民币壹仟捌佰陆拾元零玖角陆分，或人民币壹仟捌佰陆拾元玖角陆分，又如人民币 86 000.80 元，应写成人民币捌万陆仟元零捌角整，或人民币捌万陆仟元捌角整。

【同步案例 2-1】

明朝初年，发生了一起涉及 12 名高官、6 个部的左右侍郎的重大"郭桓贪污案"，利用空白账册大做假账，通过篡改数字大肆侵吞钱粮，累计高达 2 400 多万石，这个数字几乎和当时全国秋粮实征总数相当。朱元璋对此大为震怒，下令将郭桓等同案犯几万人斩首示众，同时制定了惩治经济犯罪的严格法令，并在财务管理上进行技术防范——把汉字中的数字改为了难以涂改的大写，即"一二三四五六七八九十百千"改为"壹贰叁肆伍陆柒捌玖拾佰仟"等，被称之为中国历史上金额数字大写的首创。

无论是阿拉伯数字，还是汉字"一二三四五六七八九十千"，好处是书写简单，坏处是容易被涂改，比如"3"很容易就能被修改成"8"。所以，大写数字的广泛应用，是防止人为篡改数字进行经济犯罪而采取的有效措施，是很好的内部控制工具。

【知识链接 2—2】

银行票据的出票日期必须使用中文大写。为了防止票据被变造出票日期，在填写月、日时，月为壹、贰和壹拾的，日为壹至玖和壹拾、贰拾和叁拾的，应在其前加"零"；日为拾壹至拾玖的，应在其前加"壹"。如 1 月 15 日，应写成零壹月壹拾伍日。再如 10 月 20 日，应写成零壹拾月零贰拾日。票据出票日期使用小写填写的，银行不予受理。另外，票据和结算凭证金额以中文大写和阿拉伯数码同时记载的，二者必须一致，否则票据无效，银行不予受理。

基本训练

◆ 知识题

一、单项选择题

1. 记账凭证上记账栏中"√"记号表示（　　）。
　　A. 已经登记入账　　　　　　　　B. 已经审核
　　C. 此凭证作废　　　　　　　　　D. 此凭证编制正确

2. 下列说法不正确的是（　　）。
　　A. 凡需要结出余额的账户，结出余额后，应当在"借或贷"栏内写明"借"或"贷"字样
　　B. 没有余额的账户，应当在"借或贷"栏内写"平"，并在余额栏内用"θ"表示
　　C. 现金日记账必须逐日结出余额
　　D. 银行存款日记账必须逐日结出余额

3. 在登记账簿过程中，每一账页的的最后一行及下一页第一行都要办理转页手续，是为了（　　）。
　　A. 便于查账　　　　　　　　　　B. 防止遗漏
　　C. 防止隔页　　　　　　　　　　D. 保持记录的连续性

4. 下列情况不可以使用红色墨水记账的有（　　）。
　　A. 按照红字冲账的记账凭证，冲销错误记录
　　B. 在不设借贷的多栏式账页中，登记减少数
　　C. 在三栏式账页的余额栏前，印明余额方向的，在余额栏内登记负数余额

D. 在三栏式账页的余额栏前，如未印明余额方向的，在余额栏内登记负数余额

5. 下列各项中，不符合票据和结算凭证填写要求的是（　　　）。

A. 票据的出票日期使用阿拉伯数字填写

B. 中文大写金额数字书写中使用繁体字

C. 阿拉伯小写金额数字前面，均应填写人民币符号

D. 将出票日期 2 月 12 日写成零贰月壹拾贰日

二、多选题

1. 下列符合登记会计账簿基本要求的有（　　　）。

A. 文字和数字的书写应占格距的 1/3

B. 不得使用圆珠笔书写

C. 应连续登记，不得跳行、隔页

D. 无余额的账户，在"借或贷"栏内写"0"

2. 会计账簿登记规则包括（　　　）。

A. 记账必须有依据

B. 按页次顺序连续记账

C. 账簿记载的内容应与记账凭证一致，不得随意增减

D. 结清余额

3. 填写票据和结算凭证的基本要求为（　　　）

A. 如果金额数字书写中使用繁体字，银行不予受理

B. 阿拉伯金额数字中有"0"时，中文大写应按照汉语语音规律、金额数字构成和防止涂改的要求进行书写

C. 中文大写金额数字到"角"为止的，在"角"之后写"整"字

D. 中文大写金额数字前应标明"人民币"字样，大写金额数字可以紧接"人民币"字样填写，不得留有空白

4. 下列情况，可以使用红色墨水记账的有（　　　）。

A. 按照红字冲账的记账凭证，冲销错误记录

B. 在不设借贷的多栏式账页中，登记减少数

C. 在三栏式账页的余额栏前，如未印明余额方向的，在余额栏内登记负数余额

D. 进行年结、月结时划线

5. 填制原始凭证时，符合书写要求的是（　　　）。

A. 阿拉伯数字前面应当书写货币币值符号

B. 币值符号与阿拉伯金额数字之间不得留有空白

C. 大写金额有分的，分字后面要写"整"或"正"字

D. 汉字大写金额可以用简化字代替

三、判断题

1. 中文大写金额数字有"分"的，"分"后面不用写"整"字。（　　　）

2. 中文大写金额数字到"元"为止的，在"元"之后，应写"整"字。（　　　）

3. 支票金额￥7 005.54，大写为人民币柒仟零伍元伍角肆分整。（　　　）

4. 账簿中书写的文字和数字上面要留有适当的空格，不要写满格，一般应占格距的1/2。（　　　）

5. 某公司于 2019 年 6 月 13 日开一张支票付给客户，支票日期的写法为贰零壹玖年零陆月拾叁日。（　　　）

四、技能题

1. 将下列大写金额用阿拉伯数字表示为小写金额

（1）人民币柒拾万零陆仟元整

（2）人民币捌佰肆拾叁元贰角玖分

（3）人民币伍仟捌佰陆拾陆万柒仟叁佰贰拾壹元整

（4）人民币壹仟贰佰万零伍佰陆拾元零捌角贰分

（5）人民币贰万叁仟陆佰捌拾元整

2. 将下列小写金额表示为大写金额

（1）￥16.—

（2）￥1 860.95

（3）￥46 000.80

（4）￥106 847

（5）￥2 000 946

五、实训任务

四海公司 2019 年 6 月 28 日向松山公司销售计算器 200 件，单价 50 元，增值税税率为13%，请填写增值税专用发票（记账联）上的价税合计金额和银行进账单（回单）上的金额。

4200123343　　　　　广东省增值税专用发票　　　　　No. 33458932
　　　　　　　　　　　　　记账联　　　　　　开票日期：2019 年 6 月 28 日

购货单位	名　　　　称：松山公司 纳税人识别号：440106724734091 地址、电话：韶关市 0751−5433578 开户行及账号：工商银行韶关支行 23443984		密码区			
货物或应税劳务名	规格型号	单位	数量	单价	金额	税率	税额
计算器		件	200	50.00	10 000.00	13%	1 300.00
合计					10 000.00		1 300.00

价税合计（大写）		（小写）	
销货单位	名　　　　称：四海公司 纳税人识别号：440106121567999 地址、电话：韶关市 0751−6663738 开户行及账号：建设银行韶关支行 23443037	备注	

收款人：　　　　复核：　　　　开票人：　　　　销货单位（章）

中国工商银行进账单（收款通知）

2019 年 6 月 28 日

收款人	全 称	四海公司	付款人	全 称	松山公司
	账 户	23443037		账 户	23443984
	开户银行	建设银行韶关支行		开户银行	工商银行韶关支行

人民币（大写）	千	百	十	万	千	百	十	元	角	分

票据种类	转账支票	收款人开户行盖章
票据张数	壹	

项目二　会计科目和借贷记账法

▶ 职业情境

企业每天都会发生大量的经济业务，如购买原材料、销售产品、支付房租、水电费等，这些经济业务会引起企业的资金发生增减变化。企业资金的增减变动情况及结果是企业需要对外提供的会计信息资料，那么会计人员应该如何记录这些资金增减变动及结果呢？

▶ 学习目标

通过学习，应该达到如下目标：

◆**理论目标**：掌握会计科目的概念和分类、会计账户的含义和结构；理解会计科目的设置原则、会计科目及账户之间的内在联系。

◆**实务目标**：能够根据企业的经济业务设置相应的核算账户；掌握账户的登记方法。

◆**案例目标**：运用本模块中的相关理论与实务知识研究相关案例，为新成立的公司设置账户，分析设置账户的意义，培养会计核算的能力。

◆**实训目标**：根据实训任务，识别企业经济业务所涉及的会计科目及账户，结合账户的结构来理解和把握资金的增减变化及运动方向。

◉ 先导案例

兴业公司是一家 2019 年 9 月新成立的一家公司，现正在面向社会公开招聘会计，公司的情况如下：现金 10 000 元，银行存款 150 000 元，房屋价值 900 000 元，办公电脑 5 台，价值共 25 000 元，汽车一辆，价值 320 000 元；购置材料一批，使用银行存款支付价款 20 000 元；从建设银行借入的期限为 3 年的借款 400 000 元；投资者 A、B、C、D 各自投入资本 250 000 元，款项通过银行划转。

课堂讨论：

1. 如果你到这家公司应聘会计，根据上面的情况，你需要使用到哪些会计科目？你所使用的会计科目分别属于哪个会计要素？

2. 如果兴业公司从工商银行借入 6 个月期限的借款 100 000 元，该业务会引起会计要素、会计等式的什么变化？

3. 会计科目是对会计要素进行具体分类的项目，提供会计核算所需要运用的内容，但如何反映某一类经济项目变化情况及变化结果？

知识橱窗

一、会计科目

设置会计科目及账户，是对会计对象具体内容进行的分类反映和监督方法。通过正确、科学地设置会计科目及账户，细化会计对象，提供会计核算的具体内容，才能满足经营管理的需要，完成会计核算任务。

（一）会计科目的含义

企业在经营过程中发生的各种各样的经济业务，会引起各项会计要素发生增减变化。由于企业的经营业务错综复杂，即使涉及同一种会计要素，也往往具有不同性质和内容。例如，固定资产和现金虽然都属于资产，但他们的经济内容以及在经济活动中的周转方式和所引起的作用各不相同。又如应付账款和长期借款，虽然都是负债，但他们的形成原因和偿付期限也是各不相同的。再如所有者投入的实收资本和企业的利润，虽然都是所有者权益，但它们的形成原因与用途不大一样。

因此，为了满足各有关方面对会计信息的需要，要对会计要素进行更为具体和进一步的分类，划分为更为详细具体的会计科目。这种对会计要素的具体内容进行分类核算的项目，就是会计科目。

会计科目是为了满足会计确认、计量和报告的需要，根据企业内部管理和外部信息的需要，对会计要素进行分类的项目，是对资金运动进行第三层次的划分。

（二）会计科目的分类

每个会计科目都有自己特定的核算内容，但科目之间存在着内在、必然的联系，组合在一起才能形成核算体系，完成核算任务。对会计科目进行分类，有助于总括或详细具体地了解资金运动情况，有利于分门别类地对经济业务进行会计核算和监督，加强经济管理。

1. 按会计科目反映的经济内容分类

会计科目按其所反映的经济内容的不同，可以划分为六大类：资产类、负债类、共同类、所有者权益类、成本类、损益类。其中损益类科目按其不同内容又可分为反映收入类的科目和反映费用类的科目。具体见表2—1。

表2—1　　　　　　　《企业会计准则——应用指南》会计科目名称表

编号	会计科目名称	编号	会计科目名称	编号	会计科目名称
	一、资产类	1606	固定资产清理	4101	盈余公积
1001	库存现金	1701	无形资产	4103	本年利润
1002	银行存款	1702	累计摊销	4104	利润分配
1012	其他货币资金	1703	无形资产减值准备	4201	库存股
1031	存出保证金	1711	商誉		五、成本类

续表2—1

编号	会计科目名称	编号	会计科目名称	编号	会计科目名称
1101	交易性金融资产	1801	长期待摊费用	5001	生产成本
1121	应收票据	1811	递延所得税资产	5101	制造费用
1122	应收账款	1901	待处理财产损溢	5201	劳务成本
1123	预付账款		二、负债类	5301	研发支出
1131	应收股利	2001	短期借款	5401	工程施工
1132	应收利息	2002	存入保证金	5402	工程结算
1221	其他应收款	2201	应付票据	5403	机械作业
1231	坏账准备	2202	应付账款		六、损益类
1401	材料采购	2203	预收账款	6001	主营业务收入
1402	在途物资	2211	应付职工薪酬	6011	利息收入
1403	原材料	2221	应交税费	6021	手续费及佣金收入
1404	材料成本差异	2231	应付利息	6051	其他业务收入
1405	库存商品	2232	应付股利	6061	汇兑损益
1406	发出商品	2241	其他应付款	6101	公允价值变动损益
1407	商品进销差价	2501	长期借款	6111	投资收益
1408	委托加工物资	2502	应付债券	6301	营业外收入
1411	周转材料	2701	长期应付款	6401	主营业务成本
1461	融资租赁资产	2702	未确认融资费用	6402	其他业务成本
1471	存货跌价准备	2711	专项应付款	6403	税金及附加
1501	持有至到期投资	2801	预计负债	6411	利息支出
1502	持有至到期投资减值准备	2901	递延所得税负债	6421	手续费及佣金支出
1503	可供出售金融资产		三、共同类	6601	销售费用
1511	长期股权投资	3001	清算资金往来	6602	管理费用
1512	长期股权投资减值准备	3002	货币兑换	6603	财务费用
1521	投资性房地产	3101	衍生工具	6701	资产减值损失
1603	固定资产减值准备	3201	套期工具	6711	营业外支出
1604	在建工程	3202	被套期项目	6801	所得税费用
1605	工程物资		四、所有者权益类	6901	以前年度损益调整
1601	固定资产	4001	实收资本		
1602	累计折旧	4002	资本公积		

注：（1）共同类项目的特点是既可能是资产也可能是负债。在某些条件下是一项权益，形成经济利益的流入，就是资产；在某些条件下是一项义务，将导致经济利益流出企业，这时就是负债。

（2）损益类项目的特点是其项目是形成利润的要素。如反映收益类科目的，如"主营业务收入"；反映费用类科目的，如"主营业务成本"。

【同步思考 2—2】

为什么要对会计科目进行编号？会计科目又是如何编号的呢？

【思考要点】

手工会计业务处理时，会计科目均以文字形式表示，除一级科目由财政部统一编制颁发会计科目代码外，二级以下明细科目均无代码。这种文字形式的科目宽度不确定，对计算机不具有唯一性，不利于计算机进行数据处理。而对会计科目进行统一编号，计算机账务处理系统便可依据会计科目代码对会计信息进行分类核算与管理，实现自动数据化处理。

会计科目编号由《企业会计准则——应用指南》统一规定，常用的方法是数字编号法，一般用四位数，每一位数字都有其特定的含义。第一位表明类别，"1"代表资产类，"2"代表负债类，"3"代表共同类，"4"代表所有者权益类，"5"代表成本类，"6"代表损益类。"1001—1999"后三位则是资产类科目中一级科目的序号，财政部发表的会计科目表一级科目编号出现很多跳跃，是为方便各单位根据自己行业的特殊需要自行增减。

2. 按会计科目提供核算指标的详细程度分类及其统驭关系分类

为了满足企业经营管理的不同需要，及其统驭关系分类，会计核算必须提供各种详细、综合程度不同的指标和资料。既需要设置提供总括核算指标的总账科目，又需要设置提供详细核算资料的二级明细科目和三级明细科目。

（1）总账科目。总账科目即一级科目，也称总分类会计科目，是对会计要素的具体内容进行总括分类的会计科目，是进行总分类核算的依据。为了满足会计信息使用者对信息质量的要求，总账科目是由财政部《企业会计准则——应用指南》统一规定的。

（2）明细科目。明细科目也称为明细分类会计科目，是总账科目的基础上，对总账科目所反映的经济内容进行进一步详细的分类的会计科目，以提供更详细、更具体会计信息的科目。明细科目的设置，除了要符合财政部统一规定外，一般根据经营管理需要，由企业自行设置。对于明细科目较多的科目，可以在总账科目和明细科目之间设置二级或多级科目。

下面以"生产成本"为例，说明会计科目各级次之间的关系（见表2—2）。

表 2—2　　　　　　　会计科目按提供核算指标详细程度的分类

总分类科目（一级科目）	明细分类科目	
	二级明细科目	三级明细科目
生产成本	A产品	直接材料
		直接人工
		制造费用
	B产品	直接材料
		直接人工
		制造费用

【同步思考 2-3】

明细科目的级别划分越多越好吗?

【思考要点】

明细科目一般划分到三级,并非级别越多越好,划分只要能满足核算需要、信息反映明了,能达到一定具体程度即可。如果级别过多,会给核算带来过多的工作负担,也可能会不利于会计信息的对外报送。实际工作中,并不是所有的总账科目都需要开设二级和三级明细科目,根据会计信息使用者所需不同信息的详细程度,有些只需设一级总账科目,有些只需要设一级总账科目和二级明细科目,不需要设置三级科目等。

【知识链接 2-3】

企业可以根据企业具体情况、实际需要来设置明细科目,具有一定的灵活性。比如,"应收账款"科目可按债务人名称或姓名设置明细科目,也可按地区来设置明细科目。一般来说,企业业务少,则多数直接以欠款单位、欠款人来设置二级科目,若业务多且分布广,则多以地区为二级,欠款单位、欠款人为三级科目来设置。如"应收账款——广东地区——松山公司"。

(三)设置会计科目的原则

会计科目作为反映会计要素的构成情况及其变化情况,为投资者、债权人、企业管理者等提供会计信息的重要手段,在其设置过程中应努力做到科学、合理、实用,因此在设计会计科目时应遵循下列基本原则。

1. 合法性原则

企业所设置的会计科目应当符合国家统一的会计制度的规定。我国现行的统一会计制度中均对企业设置的会计科目作出规定,以保证不同企业对外提供的会计信息的可比性。对于国家统一会计制度规定的会计科目,企业可以根据自身的生产经营特点,在不影响统一会计核算要求以及对外提供统一的财务报表的前提下,自行增设、减少或合并某些会计科目。

【知识链接 2-4】

符合规定条件的小企业可以按照《小企业会计制度》进行核算,或选择执行《企业会计制度》。从会计科目设置的角度来看,小企业选择《小企业会计制度》更为合适。

《小企业会计制度》比《企业会计制度》少设了 25 个一级科目。原因主要为以下两点:第一,小企业经济业务相对简单,因此可将《企业会计制度》中的部分科目进行归并,如原材料和包装物归并为材料科目;第二,小企业会计核算简化或者没有某科目所要反映的经济业务,从而可少设。如资产类科目里少设了"自制半成品""分期收款发出商品""待处理财产损溢"等科目。

2. 相关性原则

企业设置的会计科目应当充分考虑会计信息使用者的需要,提高会计核算所提供的会计信息相关性,满足相关各方的信息需求。

3. 实用性原则

企业设置的会计科目应符合单位自身特点,满足单位实际需要。比如,有些公司是制造工业产品，根据这一特点就必须设置反映和监督其经营情况和生产过程的会计科目，如"主营业务收入""生产成本"。

【边学边做 2—1】会计科目运用示例。

1. 从银行提取现金 300 元。

    该项业务应设置"银行存款"和"库存现金"科目。

2. 购买材料 7 000 元，料款尚未支付。

    该项业务应设置"原材料"和"应付账款"科目。

3. 某投资者投入设备一台，价值 300 000 元。

    该项业务应设置"实收资本"和"固定资产"科目。

4. 某企业销售产品一批，价值 3 000 元，货款尚未收到。

    该项业务应设置"主营业务收入"和"应收账款"科目。

二、账户

（一）会计账户的含义

会计科目只是对会计对象的具体内容（会计要素）进行分类的项目，要把发生的各项经济业务连续、系统地记录下来，反映会计要素的增减变动，仅有会计科目还不够，必须有一定的记账实体。

所谓账户，就是按照会计科目名称开设的，具有一定格式和结构，用来连续、系统记录经济业务，反映会计要素增减变动及其结果的一种核算工具。

（二）账户的结构和内容

账户是用来记录经济业务的，必须具有一定的结构和内容。企业各项经济业务的发生，会引起会计要素增加和减少两个方向的变化。因此，账户的基本结构相应地分为左方和右方两个基本部分，一方登记增加，另一方登记减少。至于哪一方登记增加、哪一方登记减少，取决于所记录经济业务的具体内容和采用的记账方法。登记本期增加的金额称为本期增加发生额；登记本期减少的金额，称为本期减少发生额；增减相抵后的差额，称为余额。余额按照表示的时间不同，分为期初余额和期末余额，其基本关系为：

期末余额＝期初余额＋本期增加发生额－本期减少发生额

上式中的四项金额被称为账户的四个金额要素。

为了方便教学，账户的基本结构通常简化为 T 字形，称为 T 形账户；又因像汉字的"丁"字，人们也称之为丁字账户。如表 2—3 所示。

表 2—3 　　　　　　　　　　　　　账户的基本结构

左方	账户名称	右方
期初余额 本期增加发生额		本期减少发生额
期末余额		

账户本期的期末余额转入下期，即为下期的期初余额。每个账户的本期发生额反映的是该类经济内容在本期内变动的情况，而期末余额则反映变动的结果。

【同步案例 2－2】

先导案例中，兴业公司 2019 年 9 月的"银行存款"账户的记录如下：期初存款为 150 000 元，获得银行借款 400 000 元，获得资本投入 1 000 000 元，本期一共增加了 1 400 000 元，购置材料减少银行存款 20 000 元，即本期减少了 20 000 元，到期末，企业还有 1 530 000 元。用 T 形账户表示如下：

借方		银行存款	贷方
期初余额	150 000		
本期增加发生额	400 000	本期减少发生额	20 000
	1 000 000		
期末余额	1 530 000		

在企业的实际工作中，账户除了必须有反映增加数和减少数的两栏外，还应包括其他栏目，以反映其他相关内容。一个完整的账户结构应包括：

（1）账户的名称，即会计科目；

（2）日期和摘要，即经济业务发生的时间和内容；

（3）凭证号，即账户记录的来源和依据；

（4）增加额、减少额及余额。

一般账户的具体结构如表 2－4 所示。

表 2－4   **账户的具体结构**

年		凭证		摘要	左方 （增加或减少）	右方 （增加或减少）	余额
月	日	字	号				

（三）账户与会计科目的联系与区别

在会计实际工作中，会计科目通常也叫会计账户。但在会计学中，会计科目和会计账户并不等同，他们既有联系又有区别。两者的联系在于：会计科目和账户都是对会计要素具体内容的科学分类，两者口径一致，性质相同，内容相同。会计科目是账户的名称，也是设置账户的依据；账户是根据会计科目开设的，是会计科目的具体运用。两者的区别在于：会计科目只是账户的名称，不存在结构；而账户则具有一定的结构，用以登记经济业务，反映核算项目的增减变动情况和结果。

三、复式记账与借贷记账法

（一）复式记账的概述

复式记账法是指以资产与权益平衡关系作为记账基础，对于每一项经济业务，都要以相等的金额在两个或两个以上的账户中相互联系进行登记，系统地反映资金运动变化结果的一种记账方法，复式记账的理论依据是会计基本等式。复式记账按记账符号，记账规则、试算平衡方法的不同，可分为借贷记账法，增减记账法和收付记账法。借贷记账法是一种最杂、当今运用最广泛的复式记账法，也是目前我国法定的记账方法。至于哪一方记增加金额，哪一方记减少金额，则取决于账户所要反映的经济内容和业务性质。

借贷记账法是复式记账法的一种，通常又全称为借贷复式记账法。它是以"资产＝负债＋所有者权益"为理论依据，以"借"和"贷"为记账符号，以"有借必有贷，借贷必相等"为记账规则的一种复式记账法。1993年7月1日开始实施的《企业会计准则》规定，企业记账必须采用借贷记账法。本节主要介绍借贷记账法的概念、基本内容等有关问题。

（二）借贷记账法

1. 借贷记账法的产生和发展

借贷记帐法起源于13—14世纪的意大利。借贷记帐法"借""贷"两字，最初是以其本来含义记帐的，反映的是"债权"。采用复式记账法，可以全面地、相互联系地反映各项经济业务的全貌，并可利用会计要素之间的内在联系和试算平衡公式，来检查账户记录的准确性，它是一种比较完善的记账方法，为世界各国所通用。

1494年，意大利数学家帕乔利出版了《算术、几何、比及比例概要》一书，系统的阐述了借贷记账法的理论和方法。本书的问世，揭开了世界会计史上崭新的一页，从此借贷记账法在世界各国的迅速传播，借贷记账法的产生在近代会计发展中具有里程碑的意义。

2. 借贷记账法的基本内容

（1）记账符号。表示记账方向的符号即是记账符号。记账符号表示应计入账户数额的增减变化。

借贷记账法以"借""贷"二字作为记账符号。在此，借贷二字仅是记账符号，用来指明应计入某一账户方向，并记录其数量上的增减变化。对于每一个账户来说，如果规定借方表示增加额，则货方表示减少额；如果规定借方表示减少额，则贷方表示增加额。对于一个账户而言，借或贷哪个代表增加，哪个代表减少，要根据账户的经济内容来决定。

（2）账户设置及账户结构。在借贷记账法下，账户按经济内容分为资产、负债、所有者权益、成本类和损益类（为了方便学习，将损益类分为收入和费用）。账户的结构是：每一账户均分为"借方"和"贷方"，习惯上规定左方为借方，右方为贷方。

资产类账户的结构是：账户借方记录资产的增加额，贷方记录资产的减少额，在每一会计期内，将资产账户借方数额加总额称为借方发生额，将资产账户贷方数额加总称为贷方发生额，会计期末将每一账户的期初余额加上借方发生额减去贷方发生额后的余额，即为其期末余额，资产账户的余额一般在借方。期末余额在会计期末转入下一会计期，称为下一会计期的期初余额。

资产类账户的结构如下图2—1所示。

借方	资产账户名称	贷方	
期初余额	××××		
本期增加额	××××	本期减少额	××××
本期借方发生额	××××	本期贷方发生额	××××
期末余额	××××		

图 2-1　资产类账户结构示意图

负债和所有者权益账户的结构是：账户借方记录负债和所有者权益的减少额，贷方记录负债和所有者权益的增加额。在每一会计期内，将负债及所有者权益账户贷方额加总称为贷方发生额；将负债及所有者权益账户借方额加总称为借方发生额，会计期末将每一账户的期初余额加上贷方发生额减去借方发生额后余额，即为期末余额，负债及所有者权益类账户的余额一般在贷方，期末余额在会计期末转入下一会计期，称为下一会计期的期初余额。

负债及所以者权益的账户结构，如图 2-2 所示。

借方	负债及所有者权益账户名称	贷方	
本期减少额	××××	期初余额	××××
		本期增加额	××××
本期借方发生额	××××	本期贷方发生额	××××
		期末余额	××××

图 2-2　负债及所有者权益账户的结构示意图

成本类账户的结构与资产类账户基本相同。账户借方记录费用成本的增加额，贷方记录费用成本转入抵消收入类账户（减少）的数额，由于借方记录的费用成本的增加额一般都要通过贷方转出，所以账户通常没有期末余额。如果因某种情况有余额，也表现为借方余额。

其结构如下图 2-3 所示。

借方	成本类账户名称	贷方	
期初余额	××××		
本期增加额	××××	本期转出额	××××
本期借方发生额	××××	本期贷方发生额	××××
期末余额	××××		

图 2-3　成本类账户的结构示意图

损益类账户是用来反映生产经营过程中实现的收入和发生的各种不计入成本的费用。收入的增加额记入账户的贷方，收入转出（减少）记入账户的借方。企业损益类科目是指核算企业取得的收入和发生的成本费用的科目，具体包括主营业务收入、其他业务收入、公允价值变动损益、投资收益、营业外收入、主营业务成本、税金及附加、其他业务支出、营业费用、管理费用、财务费用、资产减值损失、营业外支出、所得税费用、以前年度损益调整等。根据企业会计制度的规定，损益类科目余额，应当在期末结转入本年利润科目。结转后，损益类科目期末余额为零。

另外，以前年度损益调整科目也属于损益类科目，但是，由于其核算的是以前年度的损益调整，而不是当年的损益。因此，根据企业会计制度的规定，该科目余额，在期末不能结转入本年利润科目，而应当结转入利润分配科目。结转后，该科目期末余额为零。

其账户结构，可以分别从收入类账户和费用类账户进行表示：如图 2—4—图 2—5。

借方	收入类账户名称　　贷方
本期减少额及转出额××××	本期增加额　××××
本期借方发生额　××××	本期贷方发生额　××××

图 2—4　收入类账户结构示意图

借方	费用类账户名称　　贷方
本期增加额　××××	本期减少及转出额　××××
本期借方发生额　××××	本期贷方发生额　××××

图 2—5　费用类账户的结构示意图

（3）借贷记账法的记账规则

借贷记账法的记账规则是：有借必有贷，借贷必相等。运用借贷记账法处理经济业务时需进行三步分析，涉及哪些账户，是增加还是减少，根据账户性质判断记账方向。下面根据账户的 T 字型结构图，就广成电子公司举例说明借贷记账法的记账规则。

【边做边学 2—1**】** 6 月 1 日，广成电子公司向银行借入为期 9 个月的借款 100 000 元。

这笔经济业务，是银行存款和短期借款同时增加的业务，以 T 字型账户结构记录如图。

借方　短期借款	贷方
	100 000

借方　银行存款	贷方
100 000	

图 2—6　资产和负债同增的业务

【边做边学 2—2**】** 6 月 5 日，广成电子公司收到其国企投入的机床一台，价值 40 000元。

这笔经济业务，是实收资本和固定资产同时增加的业务，以 T 字型账户结构记录如图 2—7。

借方　实收资本	贷方
	40 000

借方　固定资产	贷方
40 000	

图 2—7　资产和所有者权益同增的业务

【边做边学 2—3**】** 6 月 5 日，广成电子公司从银行提取现金 8 000 元，以作日常零星备用。

| 借方 | 银行存款 | 贷方 | | 借方 | 库存现金 | 贷方 |

8 000 ——————— 8 000

图 2-8 资产内部此增彼减的业务

【边做边学 2-4】6 月 7 日，广成电子公司向银行借入 20 000 元直接用于偿还上月购买材料款。

| 借方 | 短期借款 | 贷方 | | 借方 | 应付账款 | 贷方 |

20 000 ——————— 20 000

图 2-9 负债内部此增彼减的业务

【边做边学 2-5】6 月 15 日，广成电子公司用银行存款 16 000 元交纳上月应交税金。

| 借方 | 银行存款 | 贷方 | | 借方 | 应交税费 | 贷方 |

16 000 ——————— 16 000

图 2-10 资产和负债同时减少的业务

【边做边学 2-6】6 月 20 日，以银行存款支付上月欠供应单位的材料款及代垫运费 4 500 元。

| 借方 | 银行存款 | 贷方 | | 借方 | 应付账款 | 贷方 |

4 500 ——————— 4 500

图 2-11 资产和负债同时减少的业务

【边做边学 2-7】向供应单位 A 公司购进钢材 15 吨，单价为 2 000 元/吨，材料已入库，货款尚未支付。

| 借方 | 应付账款 | 贷方 | | 借方 | 原材料 | 贷方 |

30 000 ——————— 30 000

图 2-12 资产和负债同时增加的业务

【边做边学 2-8】购进材料一批价款 15 000 元，材料已验收入库，货款已用银行存款支付。

通过以上举例可以看出，对于每一项经济业务运用借贷记账法记账时，计入一个账户的借方或者贷方时，必须记入另一个账户的贷方或者借方，即"有借必有贷，借贷必相等"。

（4）借贷记账法的试算平衡。试算平衡是借贷记账法下，根据会计等式和记账规则，在运用借贷记账处理经济业务的过程中，由于会计人员在审核计算、记录等工作中违反有

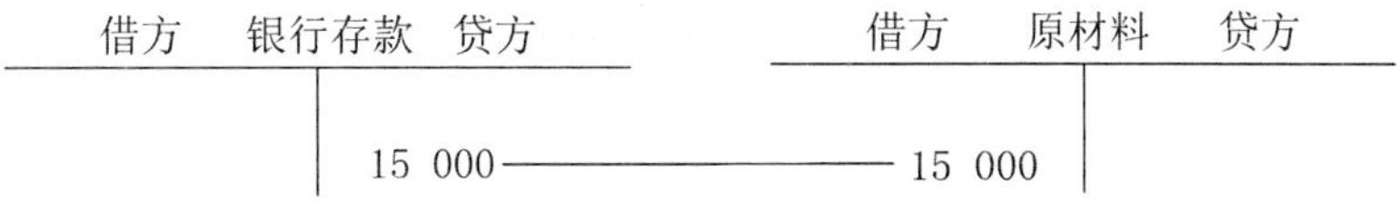

图 2－13　资产内部此增彼减的业务

关规定或者由于疏忽出现这样那样的错误，为了保证会计处理的正确性，必须运用科学的方法来检查和验证会计处理的正确性。借贷记账法下，试算平衡的方法包括"账户发生额试算平衡"和"账户余额试算平衡法"两种。账户发生额试算平衡是以借贷记账法下"有借必有贷、借贷必相等"为理论依据，对一定时期会计记录进行检查和验证的方法，即：全部账户本期借方发生额合计＝全部账户本期贷方发生额合计。账户余额试算平衡法是指以会计等式"资产＝负债＋所有者权益"为理论依据，对某一特定日期资产类账户、负债类账户和所有者权益类账户余额进行检查和验证的方法。即：全部账户期末（期初）借方余额合计＝全部账户期末（期初）贷方余额合计。

实际工作中，运用试算平衡的方法进行检查和验证时，通常是通过编制试算平衡表进行的，在每一会计期末，会计人员在全部经济业务登记入账后结出每一账户的本期发生额和余额，将全部账户本期发生额和余额填制在试算平衡表中，以检查和验证账户记录的正确与否。试算平衡表如表 2－5 所示。

表 2－5　　　　　　　　　　　　试算平衡表

年　　月　　日

账户名称	期初余额		本期发生额		期末余额	
	借方	贷方	借方	贷方	借方	贷方
合计						

需要说明的是：试算平衡只是通过对账户的借贷发生额和余额来检查账户记录是否正确的基本方法，如果借贷方合计数不相等，则可以肯定账务处理有错误，应进一步检查原因，如果借贷方合计数相等，则说明账务处理基本正确，但不能肯定完全正确，因为有些会计处理不会影响平衡关系。例如：某些业务重记、漏记、借贷方向记反或者记错账户名等，试算结果也会表现为平衡。因此，为保证会计记录的正确性，还应采取其他方法对会计资料进行定期或者不定期的核对。

【边做边学 2－9】假定上述广成电子公司对 6 月初有关账户余额如下所示，要求结合以上【例 2－1】—【例 2－8】6 月份所发生的经济业务对会计处理进行试算平衡，以判断会计处理是否正确，该公司 6 月份的期初余额如下表所示：

资产	余额方向	金额	负债及所有者权益	余额方向	金额
库存现金	借	1 000	短期借款	贷	50 000
银行存款	借	80 000	应付账款	贷	25 000
应收账款	借	20 000	应交税金	贷	16 000
原材料	借	60 000	长期借款	贷	70 000
库存商品	借	40 000	实收资本	贷	150 000
固定资产	借	150 000	资本公积	贷	40 000
合计		351 000	合计		351 000

利用"T"字型账户记录并登记各账户期初余额和本期发生额，得出试算平衡表如下：

表 2—6 　　　　　　　　　　　　　　　试算平衡表

账户名称	期初余额		本期发生额		期末余额	
	借方	贷方	借方	贷方	借方	贷方
库存现金	1 000		8 000		9 000	
银行存款	80 000		100 000	43 500	136 500	
应收账款	20 000				20 000	
原材料	60 000		45 000		105 000	
库存商品	40 000				40 000	
固定资产	150 000		40 000		190 000	
短期借款		50 000		120 000		170 000
应付账款		25 000	24 500	30 000		30 500
应交税费		16 000	16 000			
长期借款		70 000				70 000
实收资本		150 000		40 000		190 000
资本公积		40 000				40 000
合计	351 000	351 000	233 500	233 500	500 500	500 500

【知识链接】

不能通过试算平衡表发现错误的有：

（1）一笔经济业务的纪录全部被漏记或者重记；

（2）一笔经济业务的借贷双方，在编制会计分录时，金额上发生同样的错误；

（3）在编制会计分录时一笔经济业务应借应贷的账户互相颠倒或误用了账户名称；

（4）会计分录的借贷双方或一方，在过入总分类账时误记了账户；

（5）借方或贷方的各项金额偶然一多一少，恰好相互抵消。

基本训练

◆知识题

一、填空题

1. 借贷记账法的记账规则是_____。

2. 会计分录的三要素是_____、_____、_____。

3. 试算平衡的方法有_____、_____。

4. 会计分录有_____、_____。

二、单项选择题

1. 会计科目是对（　　）的具体内容进行分类核算的项目。

　　A. 经济业务　　　　B. 会计主体　　　　C. 会计对象　　　　D. 会计要素

2. 下列属于成本类科目的是（　　）。

　　A. 待摊费用　　　　B. 预提费用　　　　C. 制造费用　　　　D. 管理费用

3. 下列属于损益类的科目是（　　）。

　　A. 待处理财产损溢　　　　　　　　B. 本年利润

　　C. 生产成本　　　　　　　　　　　D. 所得税费用

4. 下列属于明细分类科目的是（　　）。

　　A. 营业费用　　　　　　　　　　　B. 其他应收款

　　C. 盈余公积　　　　　　　　　　　D. 差旅费

5. 以下选项中（　　）不属于会计科目设置时应当遵循的基本原则。

　　A. 实用性原则　　　　　　　　　　B. 相关性原则

　　C. 合法性原则　　　　　　　　　　D. 重要性原则

三、多项选择题

1. 下列属于资产类账户的是（　　）。

　　A. 短期投资　　　　　　　　　　　B. 短期借款

　　C. 库存商品　　　　　　　　　　　D. 应付职工薪酬

　　E. 坏账准备

2. 会计科目按其所提供核算指标的详细程度的不同，分为（　　）科目。

　　A. 明细分类　　　　　　　　　　　B. 总分类

    C. 损益类   D. 成本类

  3. 会计科目的设置原则包括（   ）。

    A. 实用性   B. 相关性   C. 合法性   D. 一致性

  4. 下列说法，正确的有（   ）。

    A. 会计科目不仅表明了本身的核算内容，也决定了其自身的结构

    B. 会计科目的名称也就是账户的名称

    C. 会计科目和账户所反映的经济内容是相同的

    D. 账户是分类核算经济业务的工具

  5. 会计账户一般应包括（   ）。

    A. 账户名称   B. 日期

    C. 摘要   D. 凭证号数

    E. 增加额、减少额、余额

四、判断题

  1. 为了满足会计核算质量的要求，会计科目的设置越多越好。（   ）

  2. 账户上期的期末余额转入本期即为本期的期初余额。（   ）

  3. 所有账户的左边均记录增加额，右边均记录减少额。（   ）

  4. 会计科目与账户反映的经济内容一致，账户是会计科目的结构，会计科目是账户的名称。（   ）

  5. 对于任何一个账户来说，"期末余额＝期初余额＋本期增加额－本期减少额"都成立。（   ）

  6. 会计科目和会计账户的口径一致，性质相同，都具有一定的格式和结构，所以在实际工作中对会计科目和账户不加严格区分。（   ）

  7. 复式记账法就是借贷记账法。（   ）

  8. 账户的结构就是指账户的名称及左右两方。（   ）

  9. 只要试算平衡就说明账簿记录一定正确。（   ）

  10. 费用类账户的结构与资产类账户的结构基本一样。（   ）

五、思考题

  1. 复式记账法的定义及特点是什么？

  2. 试述借贷记账法下的账户结构及特点。

  3. 为什么说试算平衡不能绝对保证经济业务会计记录的"绝对正确"？

  4. 什么是会计分录，会计分录的要素有哪些？

六、技能题

  根据各类账户的结构要求，将下表中问号处的数据补齐。

账户名称	期初余额	本期借方发生额	本期贷方发生额	期末余额
应收账款	20 000	56 000	40 000	?
短期借款	60 000	?	30 000	50 000
原材料	60 000	?	130 000	88 000
生产成本	?	230 000	210 000	60 000
库存商品	10 000	180 000	150 000	?
应付账款	70 000	?	40 000	6 000
应交税费	20 000	45 000	?	20 000
主营业务收入		?	650 000	
税金及附加		?	23 000	
管理费用		36 800	?	
财务费用		20 000	?	

七、实训任务

1. 兴业公司 2019 年 6 月 1 日资产、负债、所有者权益的状况如下。要求：开设账户，并登记期初余额。

单位：元

项目	金额	项目	金额
固定资产	450 000	原材料	26 000
应交税费	2 000	应收账款	2 900
银行存款	18 000	实收资本	482 000
应付账款	4 000	库存现金	100
库存商品	6 000	短期借款	20 000
生产成本	48 000	其他应收款	200

该公司 10 月份发生下列经济业务。

（1）从银行存款中提取现金 300 元。

（2）采购员张伟预借的差旅费 300 元，以现金支付。

（3）以银行存款交纳上月欠交税费 2 000 元。

（4）从松山公司购入材料 8 000 元，货款尚未支付。

（5）向银行取得短期借款 30 000 元。

（6）华兴公司投入新设备一台，公允价值 35 000 元。

（7）以银行存款归还松山公司货款。

（8）生产车间领用材料 16 000 元，全部投入产品生产。

（9）收到美达公司还来上月所欠货款 2 900 元，存入银行。

（10）以银行存款归还银行短期借款 9 000 元。

2. 实训题目：练习借贷记账法下分录的编制。

资料：

1. 从银行提取现金 10 000 元作为公司零星备用。

2. 以银行存款支付前欠货款 30 000 元。

3. 以现金 2 000 元购买办公用品。

4. 销售产品一批，价款 50 000 元，增值税率为价款的 13%，货款已经通过银行存款进行支付。

5. 以现金 8 000 元支付工人工资。

实训要求：根据以上资料，编制业务分录。

项目三 会计账簿的设置

▶ 职业情境

作为一名会计人员，要想处理好务财务问题，必须要能看懂账簿，了解账簿的基础知识。小李是一家电器公司的会计人员，每天要处理相当多的会计事务，对于会计账簿的建立及会计账簿的账页的登记有时她总是容易搞混，这导致她工作的效率比较低，小李如何才能提高自己的业务水平？

▶ 学习目标

通过学习，应该达到如下目标：

◆理论目标：学习和掌握会计账簿的概念、种类和基本内容，并能运用账簿理论知识进行相关的认知活动。

◆实务目标：能运用会计账簿中各种账页的格式、启用以及登记规则，实现"会计及会计职业认知"操作中的相关技能活动。

◆案例目标：运用本模块中的相关理论与实务知识研究相关案例，培养与提高学生在一定的情境下掌握明细账和日记账的设置、登记方法，能结合本模块所学内容，分析企业相关会计账簿设置的规则。

◆实训目标：根据实训任务，在了解和把握本实训所涉及的相关技能点的基础上，通过社会实践活动及亲身体验会计账户的建立、明细账的设置，对账与更正错账的方法，掌握《实训报告》的准备、撰写、讨论与交流等有质量、有效率的实践活动，培养学生的专业能力，强化"自我学习""发现问题""解决问题""自主创新"等职业核心能力。

◎ 先导案例

王先生应聘一家外国公司的会计，发现这家公司有几个与其他公司不一样的地方：一是公司的所有账簿都使用活页账，理由是这样便于改错；二是公司的来往账都是采用抽单核对的方法，直接用往来会计凭证控制，不再记账；三是在记账时发生了错误允许使用涂改液，但是强调必须由责任人签字；四是经理要求王先生在登记现金总账的同时也要负责出纳工作。经过不到 3 个月的试用期，尽管这家公司的报酬高出其他类似公司，王先生还是决定辞职。

问题：他应不应该辞职，为什么？

分析提示：

1. 现金、银行存款日记账必须要采用订本式账簿，而记录内容比较复杂的财产明细账，如固定资产卡片则需使用卡片式账簿，除此之外的明细账可以使用活页式账簿，该公司所有账簿都采用活页账显然不够规范。

2. 会计账簿具有重要意义，记录在会计凭证上的信息是分散、不系统的。为了把分散在会计凭证中的大量核算资料加以集中归类反映，为经营管理提供系统、完整的核算资料，并为编报会计报表提供依据，就必须设置和登记账簿。设置和登记账簿是会计核算的专门方法之一。所以，对于会计凭证必须要登记入账，不可单凭会计凭证控制。

3. 如果发现账簿记录有错误，应按规定的方法进行更正，不得涂改、挖补或用涂改液消除字迹。更正错误的方法有划线更正法、红字更正法及补充登记法。显然，案例中的公司允许使用涂改液的做法是错误的。

4. 由于现金和银行存款是企业重要的资产，同时又是非常容易出问题，所以为了加强内部控制必须坚持内部牵制原则，实行钱、账分管，出纳人员不得负责登记现金日记账和银行存款日记账以外的任何账簿。出纳人员登记现金日记账和银行存款日记账后，应将各种收付款凭证交由会计人员据以登记总分类账及有关的明细分类账。

综上所述，该公司的会计内部制度明显存在一系列问题，王方先生对此将面临比较大的职业风险，如果处在该职位应该选择辞职。

知识橱窗

一、会计账簿概述

（一）会计账簿的概念及组成内容

会计账簿是由具有一定格式、相互联系的账页所组成，用来序时、分类地全面记录一个企业、单位经济业务事项的会计簿籍。填制会计凭证后之所以还要设置和登记账簿，是由于二者虽然都是用来记录经济业务，但二者具有的作用不同。在会计核算中，对每一项经济业务，都必须取得和填制会计凭证，因而会计凭证数量很多，又很分散，而且每张凭证只能记载个别经济业务的内容，所提供的资料是零星的，不能全面、连续、系统地反映和监督一个经济单位在一定时期内某一类和全部经济业务活动情况，且不便于日后查阅。因此，为了给经济管理提供系统的会计核算资料，各单位都必须在凭证的基础上设置和运用登记账簿的方法，把分散在会计凭证上的大量核算资料，加以集中和归类整理，生成有用的会计信息，从而为编制会计报表、进行会计分析以及审计提供主要依据。

启用会计账簿时，应当在账簿封面上写明单位名称和账簿名称，并在账簿扉页上附启用表。启用订本式账簿，应当从第一页到最后一页顺序编定页数，不得跳页、缺号。使用活页式账页，应当按账户顺序编号，并须定期装订成册；装订后再按实际使用的账页顺序编定页码，另加目录，记明每个账户的名称和页次。

各单位均应按照会计核算的基本要求和会计规范的有关规定，结合本单位经济业务的特点和经营管理的需要，设置必要的账簿，并认真做好记账工作。

各种账簿的形式和格式多种多样，但均应具备下列组成内容。

1. 封面：主要标明账簿的名称，如总分类帐簿、现金日记账、银行存款日记账。

2. 扉页：标明会计账簿的使用信息，如科目索引、账簿启用和经管人员一览表等。

3. 账页：账簿用来记录经济业务事项的载体，其格式反映经济业务内容的不同而有所差别。但其内容应当包括：账户的名称，以及科目、二级或明细科目；登记账簿的日期栏；记账凭证的种类和号数栏；摘要栏，所记录经济业务内容的简要说明；金额栏，记录经济业务的增减变动和余额；总页次和分户页次栏。

二、会计账簿的分类

（一）按用途分类

1. 序时账簿

又称日记账，是按照经济业务发生或完成时间的先后顺序逐日逐笔进行登记的账簿。序时账簿是会计部门按照收到会计凭证号码的先后顺序进行登记的。在会计工作发展的早期，就要求必须将每天发生的经济业务逐日登记，以便记录当天业务发生的金额。因而习惯地称序时账簿为日记账。序时账簿按其记录内容的不同，又分为普通日记账和特种日记账两种。

2. 分类账簿

对全部经济业务事项按照会计要素的具体类别而设置的分类账户进行登记的账簿。分类账簿按其提供核算指标的详细程度不同，又分为总分类账和明细分类账。总分类账，简称总账，是根据总分类科目开设账户，用来登记全部经济业务，进行总分类核算，提供总括核算资料的分类账簿。明细分类账，简称明细账，是根据明细分类科目开设账户，用来登记某一类经济业务，进行明细分类核算，提供明细核算资料的分类账簿。

3. 备查账簿

对某些在序时账簿和分类账簿等主要账簿中都不予登记或登记不够详细的经济业务事项进行补充登记时使用的账簿。如设置租入固定资产登记簿、代销商品登记簿等。

（二）按账页格式分类

1. 两栏式帐簿

只有借方和贷方两个基本金额的账簿（各种收入、费用类账户都可以采用两栏式帐簿）。

2. 三栏式帐簿

设有借方、贷方和余额三个基本栏目的账簿（日记账、总分类账、资本、债权、债务明细帐）。

3. 多栏式帐簿

在账簿的两个基本栏目及借方和贷方按需要分设若干专栏的账簿（收入、费用明细帐）。

4. 数量金额式账簿

借方、贷方和金额三个栏目内都分设数量、单价和金额三小栏，借以反映财产物资的实物数量和价值量（原材料、库存商品、产成品等明细帐通常采用数量金额式账簿）。

5. 横线登记式账簿

在同一张帐页的同一行，记录某一项经济业务从发生到结束的相关内容。

（三）按外形特征分类

1. 订本账

订本式账簿，简称订本账，是在启用前将编有顺序页码的一定数量账页装订成册的账簿。这种账簿，一般适用于重要的和具有统驭性的总分类账、现金日记账和银行存款日记账。

优点：可以避免账页散失，防止账页被抽换，比较安全。

缺点：同一账簿在同一时间只能由一人登记，这样不便于记账人员分工记账。

（总分类账、现金日记账和银行存款日记账应采用订本帐形式）

2. 活页账

活页式账簿，简称活页账，是将一定数量的账页置于活页夹内，可根据记账内容的变化而随时增加或减少部分账页的账簿。活页账一般适用于明细分类账。优点：可以根据实际需要增添账页，不会浪费账页，使用灵活，并且便于同时分工记账。缺点：账页容易散失和被抽换。

3. 卡片账

卡片式账簿，简称卡片账，是将一定数量的卡片式账页存放于专设的卡片箱中，账页可以根据需要随时增添的账簿。卡片账一般适用低值易耗品、固定资产等的明细核算（在我国一般只对固定资产明细帐采用卡片账形式）。

三、会计账簿的账页格式

会计账簿的账页格式主要有三种形式，三栏式、数量金额式和多栏式。

（一）三栏式账页

三栏式明细分类账页的格式与三栏式总分类账簿的格式基本相同，设有"借、贷、余"三个基本栏次，但一般不设置反映对应科目的栏次。三栏式明细分类账是由会计人员根据审核无误的记账凭证或原始凭证，按经济业务发生的时间先后顺序逐日逐笔进行登记。

它适用于需要反映金额核算的会计账户，如反映应收账款、应付账款、其他应收款、其他应付款、营业外收入、营业外支出、主营业务收入、其他业务收入、其他业务支出、营业外收入、营业外支出、应付工资、应付福利费、在建工程、短期借款、长期借款、投资类科目、投资收益、预收账款、预付账款、税金及附加、实收资本、资本公积、本年利润、利润分配、所得税等科目账户的详细情况的明细分类账。

（二）数量金额式账簿

数量金额式账页这种账页的借方、贷方和余额三个栏目内，都分设数量、单价和金额三小栏，借以反映财产物资的实物数量和价值量。它是指采用数量和金额双重记录的账页。原材料账户、库存商品账户固定资产账户等一般采用数量金额式格式。

数量金额式帐页在"收入""发出""结存"三大栏内分别设置"数量""单价""金额"三小栏，一般适用于既要进行金额核算又要进行实物数量核算的各项财产物资。如原材料、库存商品等。

（三）多栏式账页

多栏式账页是根据经济业务特点和经营管理的要求，在某一总分类账项下，对属于同一级科目或二级科目的明细科目设置若干栏目，用以在同一张帐页上集中反映各有关明细科目或明细项目的详细资料。它主要适应于费用、成本、收入和利润等科目的明细核算。

由于各种多栏式明细账所记录的经济业务内容不同，所需要核算的指标也不同，因此，栏目的设置也不尽相同。

四、会计账簿的设置方法

新建单位和原有单位在年度开始时，会计人员都应当按照国家统一会计制度的规定和会计业务的需要设置会计账簿。会计账簿包括总账、明细账、日记账和其他辅助性账簿。每一项会计事项，一方面要记入有关的总账，另一方面要记入该总账所属的明细账。

总账的形式，法规未作统一规定，可以采用"三栏式"的订本账或者活页账，也可以采用棋盘式总账，还可以采用具有期初余额、本期发生额和期末余额的科目汇总表代替总账，但只有本期发生额的科目汇总表不能代替总账。各单位可以根据实际情况自行选择总账。明细账可以有多种形式，如订本式、活页式、三栏式、多栏式等。各单位可以自行选择。日记账是一种特殊的明细账，如现金日记账和银行存款日记账，为了加强现金和银行存款的管理，手工记账、现金日记账和银行存款日记账必须采用订本式账簿，不得用银行对账单或者其他方法代替日记账。

实行会计电算化的单位，用计算机打印的会计账簿必须连续编号，经审核无误后装订成册，并由记账人员和会计机构负责人、会计主管人员签字或者盖章，以防止账页的散失及被抽换，保证会计资料的完整。

（一）库存现金、银行存款日记账的建立

1. 库存现金日记账的建立和登记方法

（1）现金日记账的格式。现金日记账是用来核算和监督库存现金每天的收入、支出和结存情况的账簿，其格式有三栏式（表2-7）和多栏式（表2-8）两种。无论采用三栏式还是多栏式现金日记账，都必须使用订本账。

表2-7　　　　　　　　　　现金日记账（三栏式）

第1页

2019年		凭证		摘要	对应科目	收入	支出	结余
月	日	字	号					
1	1			上年结转				1 000

表2—8　　　　　　　　　　　　　现金日记账（多栏式）

年		凭证		摘要	收入					支出						结余
月	日	字	号		对应贷方科目			合计	过账	对应借方科目			合计	过账		
					银行存款	其他应收款	应收账款			银行存款	其他应付款	应付职工薪酬				

（2）现金日记账的登记方法。现金日记账由出纳人员根据同现金收付有关的记账凭证，按时间顺序逐日逐笔进行登记，并根据"上日余额＋本日收入－本日支出＝本日余额"的公式，逐日结出现金余额，与库存现金实存数核对，以检查每日现金收付是否有误。

借、贷方分设的多栏式现金日记账的登记方法是：先根据有关现金收入业务的记账凭证登记现金收入日记账，根据有关现金支出业务的记账凭证登记现金支出日记账，每日营业终了，根据现金支出日记账结计的支出合计数，一笔转入现金收入日记账的"支出合计"栏中，并结出当日余额。

2. 银行存款日记账的建立和登记方法

银行存款日记账（表2—9）是用来核算和监督银行存款每日的收入、支出和结余情况的账簿。银行存款日记账应按企业在银行开立的账户和币种分别设置，每个银行账户设置一本日记账。

银行存款日记账的格式和登记方法与现金日记账相同。

表2—9　　　　　　　　　　　　银行存款日记账（三栏式）

第1页

种类：　　　　　　　　　开户银行：　　　　　　　　账号：

2019年		凭证		摘要	结算凭证		对应科目	收入	支出	结余
月	日	字	号		种类	号数				
1	1			上年结转						15 000

3. 启用库存现金、银行存款日记账

出纳员启用库存现金、银行存款日记账时，应详细填列账簿扉页的"账簿启用表"的内容，包括单位名称、账簿名称、启用日期、账簿册数、账簿编号、账簿页数等。填列完毕后，由出纳人员在"账簿启用表"的"经管人员"一栏内签名和盖章，再交由会计机构负责人（会计主管人员）审核后签名盖章，最后加盖单位公章和法人名章。签名盖章后由出纳人员在"账簿启用表"的"印花税黏贴栏"内黏贴印花税票，并划票完税

（二）总分类账的建立和登记方法

1. 总分类账的设置

总分类账是按照总分类账户分类登记以提供总括会计信息的账簿。它是由会计人员负责建立和登记的，其账页是按照总分类科目开设的，要按照总分类科目的编码顺序分设账户。总分类账最常用的格式为三栏式，设置借方、贷方和余额三个基本金额栏目。总分类账一般采用订本式，账页格式一般采用三栏式，也可以采用多栏式账格式化，具体适用情况如下：

三栏式账页（如表2—10—表2—11）所示：

表2—10　　　　　　　　　　总分类账（设对应科目栏）

会计科目：××××　　　　　　　　　　　　　　　　　　总第　　页分第　　页

2019年		凭证		摘要	对应科目	借方	贷方	借或贷	结余
月	日	字	号						
1	1			上年结转				贷	10 000

表2—11　　　　　　　　　　总分类账（设对应科目栏）

会计科目：××××　　　　　　　　　　　　　　　　　　总第　　页分第　　页

2019年		凭证		摘要	借方	贷方	借或贷	结余
月	日	字	号					
1	1			上年结转			贷	10 000

多栏式账页如表2—12所示。在总分类账户设置较少的单位，总分类账簿的账页格式也可以采用多栏式，即把全部总分类账户集中设置在一张账页上，按总分类账户分设专栏，设置了多少总分类账户就需要相应设置多少专栏。这种格式的总分类账兼有序时账和

分类账的作用，实际上是序时账与分类账结合的联合账簿，又称为日记账。

表 2-12　　　　　　　　　　　多栏式总分类账（日记总账）

年		凭证		摘要	发生额	科目1		科目2		科目3		科目4		（略）	
月	日	字	号			借	贷	借	贷	借	贷	借	贷	借	贷
×	1			期初余额											
	31														

2. 总分类账的登记方法

总分类账可以根据记账凭证逐笔登记，也可以根据经过汇总的科目汇总表或汇总记账凭证等登记。如果总分类账户没有期初余额，比如损益类账户，则不必进行期初余额的登记，在账页第一行直接登记发生额。开设总分类账后，将每一个总分类账户的期初余额登记在第一张账页上，并按照账户的性质选择余额方向，具体填写方法参看表 2-10 所示，在总账的扉页的账户目录中，按照在总账中开设的总分类账户顺序填写账户名及启用页号，如表 2-13 所示。

表 2-13　　　　　　　　　　　　账户目录

账页起页	总账科目	明细科目	账页起页	总账科目	明细科目
1	库存现金				
4	银行存款				
8	应收账款				
11	其他应收款				

（三）明细分类账的设置和登记方法

1. 明细分类账的设置

明细分类账是根据二级账户或明细账户开设账页，分类、连续地登记经济业务以提供明细核算资料的账簿，其格式有三栏式、多栏式、数量金额式和横线登记式（或称平行式）等多种。

（1）三栏式明细分类账表 2-14。三栏式明细分类账是设有借方、贷方和余额三个栏目，用以分类核算各项经济业务，提供详细核算资料的账簿，其格式与三栏式总账格式相同，适用于只进行金额核算的账户。

表 2-14

三栏式明细分类账

应收账款明细分类账

会计科目或编号：应收账款 　　　　　　　　　　　　　　　　　　总第　　页

子目、户名或编号：鑫金公司 　　　　　　　　　　　　　　　　　分第　　页

2019 年		凭证		摘要	借方	贷方	借或贷	结余
月	日	字	号					
1	1			上年结转			贷	40 000

　　（2）多栏式明细分类账。多栏式明细分类账是将属于同一个总账科目的各个明细科目合并在一张账页上进行登记，适用于成本费用类科目的明细核算。多栏明细账明细分类账按其多栏设置方法的不同，又可分为借方多栏（表 2-15）、贷方多栏（表 2-16）和借贷方均多栏（表 2-17）的三种格式。

表 2-15

借方多栏式明细分类账

生产成本明细账

一级科目编号及名称生产成本 　　　　　　　　　　　　　　　　　总第　　页

二级科目编号及名称果酱蛋糕 　　　　　　　　　　　　　　　　　分第　　页

2019 年		凭证		摘要	借方					贷方	余额
月	日	字	号		直接材料	直接人工	制造费用		合计		
				期初余额							

表 2-16 贷方多栏式明细分类账

主营业务收明细账

一级科目编号及名称主营业务成本 　　　　　　　　　　　　　　　总第　　页

二级科目编号及名称 　　　　　　　　　　　　　　　　　　　　　　分第　　页

2019 年		凭证		摘要	借方	借方					余额
月	日	字	号			果酱蛋糕	吐丝蛋糕	椰果蛋糕	坚果蛋粒	合计	
				期初余额							

表 2－17　　　　　　　　借贷方多栏式明细分类账
应交增值税收明细账

总第　　页分第　　页

年		凭证		摘要	借方			贷方			借或贷	余额
月	日	字	号		进项税额	已交税金	合计	销项税额	进项税额转出	合计		

（3）数量金额式明细分类账。数量金额式明细分类账其借方（收入）、贷方（发出）和余额（结存）都分别设有数量、单价和金额三个专栏，适用于既要进行金额核算又要进行数量核算的账户。

（4）横线登记式明细分类账。横线登记式明细分类账是采用横线登记，即将每一相关的业务登记在一行，从而可依据每一行各个栏目的登记是否齐全来判断该项业务的进展情况。该明细分类账适用于登记材料采购业务、应收票据和一次性备用金业务。

　　2. 明细分类账的登记方法

不同类型经济业务的明细分类账可根据管理需要，依据记账凭证、原始凭证或汇总原始凭证逐日逐笔或定期汇总登记。固定资产、债权、债务等明细账应逐日逐笔登记；库存商品、原材料、产成品收发明细账以及收入、费用明细账可以逐笔登记，也可定期汇总登记。

基本训练

◆知识题

一、填空题

1. 账簿按用途分，可分为_____、_____和_____。
2. 明细账的格式一般有_____、_____和_____。
3. 银行存款日记账的格式一般有_____和_____。
4. 明细分类账的登记方法可根据管理需要，依据_____、_____或_____逐日逐笔或者定期汇总登记。

二、思考题

1. 什么是会计账簿？
2. 如何对账簿进行分类？
3. 明细分类账如何进行登记？

三、技能题

请结合某一公司的经济业务，进行会计账簿的登记。

模块三　日常业务处理

项目一　筹资业务的核算

▶ 职业情境

张小蒙是一名大学生，他决定利用寒假期间勤工俭学，开办一家提供图书借阅服务的"蒙蒙图书租赁公司"，他拿出自己的积蓄 2 000 元租赁了两间办公室，又邀约了同学刘立行加入"蒙蒙图书租赁公司"。刘立行以自己收藏的 10 000 多册图书入股。此外，张小蒙所在"公司"又向某金融机构申请了一笔为期 2 个月的小额贷款 5 000 元。

课堂讨论：

此案例说明了什么？

你从此案例得到了什么启发？

▶ 学习目标

通过学习，应该达到如下目标：

◆ **理论目标：**

1. 了解工业企业的生产经营过程及资金运动过程。

2. 熟悉工业企业资金运动过程中需要设置的主要账户及设置要求，明确主要会计账户的经济内容与核算要点。

3. 掌握工业企业生产经营过程各阶段的主要经济业务核算方法。

◆ **实务目标：**

1. 审核工业企业资金运动过程的各项经济业务的原始凭证，编制会计分录。

2. 计算企业的营业利润、利润总额和净利润。

◆ **案例目标：**

1. 了解工业企业生产经营活动的特点。

2. 根据不同的经济业务，开设并应用各种会计账户。

3. 运用借贷记账法对各经济业务进行会计账务处理。

◆ **实训目标：** 根据实训任务，在了解和把握本实训所涉及的相关技能点的基础上，通过亲身体验，培养学生填制和审核凭证、登记各类账簿、计算企业当期损益的能力。

▶ 先导案例

工商总局：修改公司法进一步降低了公司设立门槛

新华社北京 12 月 28 日电十二届全国人大常委会第六次会议 28 日审议通过了关于修

改公司法的决定。国家工商行政管理总局当日在接受记者书面采访时表示，公司法的修改进一步降低了公司设立门槛，减轻了投资者负担，便利了公司准入，对于激励社会投资热情，鼓励创新创业，增强经济发展的内生动力，具有十分重要的意义。

这次公司法修改主要涉及三个方面：一是将注册资本实缴登记制改为认缴登记制；二是放宽了注册资本登记条件；三是简化了登记事项和登记文件。

工商总局表示，对公司法的修改，为工商部门推进注册资本登记制度改革提供了法制基础和保障。下一步，工商总局将抓紧研究提出修改公司登记管理条例等行政法规的建议，按程序报国务院审定，与全国人大常委会修改公司法的决定同步实施；积极构建市场主体信用信息公示体系，将企业登记备案、年度报告、资质资格等通过市场主体信用信息系统予以公示；完善文书格式规范和登记管理信息化系统，切实让注册资本登记改革这项利国利民的举措"落地生根"。

（资料来源：中央政府门户网站 www.gov.cn）

案例里提到的新公司法，共修改了12处，修改的内容于2014年3月1日起施行。根据2014最新公司法的规定，除对公司注册资本最低限额有另行规定的以外，取消了有限责任公司、一人有限责任公司、股份有限公司最低注册资本分别应达3万元、10万元、500万元的限制；不再限制公司设立时股东（发起人）的首次出资比例以及货币出资比例，降低了公司设立门槛。

知识橱窗

【知识链接】

不同企业的经济业务各有特点，其生产经营业务流程也有所不同，本教材主要介绍了企业的资金筹集、设备购置、材料采购、产品生产、商品销售和利润分配等经济业务。

企业从各个渠道筹集生产经营所需资金进入生产经营准备过程，主要使用货币资金购置机器设备等固定资产，购买原材料等为生产产品做好物资准备，随后进入生产过程。产品的生产过程也是成本和费用的发生过程，从其变化过程看，原材料等劳动对象通过加工转化为产成品；从价值形态看，生产过程中发生的各种耗费形成企业的生产费用，使用厂房、机器设备等劳动资源形成折旧费用等，这些耗费的总和形成了产品的生产成本。销售过程是产品价值的实现过程，在销售过程中，企业通过销售产品并办理结算等，收回货款或者形成债权。各项收入抵偿各项成本、费用之后的差额，形成企业的利润，完成一次资金循环。

利润分配后，一部分资金退出企业，一部分资金以留存收益等形式继续参与企业的资金流转。

针对企业生产经营过程中发生的上述经济业务，账务处理的主要内容如下：

（1）筹集业务的核算

（2）供应过程业务的核算

（3）生产业务的核算

（4）销售业务的核算

（5）利润形成与分配业务的核算

一、筹资业务的核算

工业企业在生产经营过程中，企业的资金会随着生产经营活动的开展不断的发生变化，资金占用的形态依次从货币资金转化到储备资金、生产资金、成品资金再回到货币资金，从而完成一次资金运动循环。企业需要对资金运动过程发生的各项经济业务进行核算和记录。

资金筹集是资金循环的起点，是企业进行生产经营活动的前提，是工业企业资金运动过程的起点。企业筹集资金的渠道主要是两个，一个是吸收投资者投入资本，形成所有者权益，一般指实收资本；一个是向债权人借入资金，形成企业的负债，如短期借款、长期借款。

（一）投入资本业务的核算

1. 需要设置的账户

（1）实收资本。所有者权益类账户，用来反映和监督企业实收资本的增减变动情况及其结果，用来核算按照企业章程或合同、协议的约定投资者投入企业的法定资本的。

其贷方反映企业实际收到投资者作为资本投入的资金数额，借方反映实收资本的减少额，期末余额在贷方，表示企业期末实有的资本数额（即期末投资者的实际投资数额）。该账户可按投资者的名称进行明细分类核算。

股份有限公司的实收资本的核算，应将"实收资本"账户改为"股本"账户。

（2）资本公积。所有者权益类账户，用来核算企业收到投资者出资额超过其在注册资本或股本中所占的份额的部分。直接计入所有者权益的利得和损失也可通过本账户核算。其贷方登记因资本溢价等原因而增加的资本公积，借方登记因转为实收资本等而减少的资本公积；余额在贷方，表示期末资本公积的余额。

（3）银行存款。资产类账户，用来核算和监督企业存放在银行和其他金融机构的货币资金。借方登记银行存款的增加额，贷方登记银行存款的减少额；余额在借方，表示企业银行存款的结存数额。

（4）库存现金。资产类账户，用来核算存放在企业的库存现金。借方登记企业收到的现金，贷方登记企业支出的现金；余额在借方，表示企业持有的库存现金。

（5）固定资产。资产类账户，用来核算使用期限在一年以上且与生产经营有关的房屋、建筑物、机器设备等以及单位价值在2 000元以上且使用期限超过2年的非生产经营用设备的价值。借方登记增加的固定资产原始价值；贷方登记减少的固定资产原始价值；余额在借方，表示期末结存的固定资产原始价值。

（6）无形资产。资产类账户，用来核算企业持有的无形资产成本，包括专利权、非专利技术、商标权、著作权、土地使用权等。借方登记无形资产的增加额，贷方登记无形资产的减少额；余额在借方，表示期末无形资产的账面原值。

【同步思考 3－1】

在接受投资过程中，企业的资产、负债、所有者权益发生了怎样变化？会计等式：资产＝负债＋所有者权益是否能保持平衡？

思考要点：资产是货币资金的占用形态，负债、所有者权益是货币资金的来源渠道，等式依然平衡。

【边做边学 3－1－1】 松山公司于 2019 年 6 月 1 日收到大华公司以转账支票方式投入的资本 500 000 元。

借：银行存款　　　　　　　　　　　　　　　　　　　500 000

　　贷：实收资本——大华公司　　　　　　　　　　　　　　　500 000

【边做边学 3－1－2】 松山公司于 2019 年 6 月 7 日收到华美投资公司投入全新车床一台，价值 200 000 元，交付使用。

借：固定资产——车床　　　　　　　　　　　　　　　200 000

　　贷：实收资本——华美公司　　　　　　　　　　　　　　　200 000

【边做边学 3－1－3】 松山股份有限公司发行股票 1 000 万股，票面金额每股 10 元，注册资本为 1 亿元，溢价 5 元出售，出资总额 1.5 亿元。会计分录如下：

借：银行存款　　　　　　　　　　　　　　　　150 000 000

　　贷：股本　　　　　　　　　　　　　　　　　　　100 000 000

　　　　资本公积——股本溢价　　　　　　　　　　　　　5 000 000

【边做边学 3－1－4】 将资本公积 40 000 元转增实收资本。

借：资本公积　　　　　　　　　　　　　　　　　　　40 000

　　贷：实收资本　　　　　　　　　　　　　　　　　　　　40 000

二、借入资金的核算

（一）需要设置的账户

（1）长期借款。负债类账户，核算公司向银行或其他金融机构借入的期限在 1 年以上（不含 1 年）的各项借款。其贷方登记借入的长期借款和相应的借款费用，借方登记归还的借款，余额一般在贷方，表示公司尚未偿还的长期借款。该账户按贷款单位设置明细账，并按贷款种类进行明细核算。

（2）短期借款。负债类账户，核算公司向银行或其他金额机构借入的期限在 1 年以下（含 1 年）的各项借款。其贷方和借方分别反映借入和偿还的短期借款本金，余额一般在贷方，表示公司尚未偿还的短期借款的本金。该账户按贷款单位设置明细账，并按贷款种类进行明细核算。

（3）财务费用。损益类账户，核算公司为筹集生产经营所需资金而发生的费用，包括利息支出（减利息收入）、借款手续费等。其借方登记本期发生的各项财务费用，贷方反映期末转入"本年利润"账户的数额。结转后期末无余额。该账户按费用项目设置明细账户，进行明细核算。

（4）应付利息。负债类账户，核算企业按照合同约定应支付的利息，包括吸收存款、分期付息到期还本的长期借款、企业债券等应支付的利息。贷方登记按合同利率计算的应付未付的利息，借方登记事迹支付的利息。期末余额一般在贷方，表示企业应付而未付的利息。该账户可按照存款人或债权人设置明细账户，进行明细核算。

（二）借入资金业务核算任务举例

【边做边学3-1-5】2019年6月，松山公司向银行借入期限4个月的临时借款10 000元，年利率6%，款项已到账。

借：银行存款　　　　　　　　　　　　　　　　　　10 000

　　贷：短期借款　　　　　　　　　　　　　　　　　　10 000

【边做边学3-1-6】松山公司计提2019年6月份的短期借款利息50元。

当月的借款利息为10 000×6%÷12＝50

借：财务费用　　　　　　　　　　　　　　　　　　50

　　贷：应付利息　　　　　　　　　　　　　　　　　　50

【边做边学3-1-7】松山公司支付2019年第四季度短期借款利息150。

借：财务费用　　　　　　　　　　　　　　　　　　50

　　应付利息　　　　　　　　　　　　　　　　　　100

　　贷：银行存款　　　　　　　　　　　　　　　　　　150

【边做边学3-1-8】2019年6月，松山公司向银行借入5年期借款400万元，用于购建厂房，款项已到账。

借：银行存款　　　　　　　　　　　　　　　　　　4 000 000

　　贷：长期借款　　　　　　　　　　　　　　　　　　4 000 000

项目训练

● 理论题

一、单项选择题

1. 所有者权益是企业投资人对企业（　　　）的所有权。
   A. 资产　　　　　　　　　　　B. 负债
   C. 净资产　　　　　　　　　　D. 收入

2. （　　　）不属于企业留存收益。
   A. 法定盈余公积　　　　　　　B. 任意盈余公积
   C. 资本公积　　　　　　　　　D. 未分配利润

3. 投资人投入的资金和债权人投入的资金，投入企业后，形成企业的（　　　）。
   A. 成本　　　　　　　　　　　B. 费用
   C. 资产　　　　　　　　　　　D. 负债

4. "短期借款"账户期初余额为10 000元，本期贷方发生额为8 000元，借方发生额为5 000元，则期末贷方余额为（　　　）。
   A. 13 000　　　　　　　　　　B. 3 000
   C. 7 000　　　　　　　　　　　D. 15 000

5. 企业接受投资者投资时时，应贷记（　　　）。

A. 资本公积   B. 实收资本

C. 营业外收入   D. 盈余公积

二、多项选择题

1. 引起资产和所有者权益同进增加的经济业是(　　)。

A. 企业收到国家投入货币资金存入银行

B. 企业收到投资企业投入的机器一台

C. 企业提取盈余公积

D. 企业接受外单位捐赠机器一台

2. 工业企业的资金运动具体表现为 (　　)。

A. 资金的投入   B. 资金的循环与周转

C. 资金的退出   D. 资金的上交

3. 在工业经营过程的资金循环与周转过程中,其经营资金的主要变化方式是(　　)。

A. 货币资金形态转化为储备资金形态

B. 储备资金形态转化为生产资金形态

C. 生产资金形态转化为成品资金形态

D. 成品资金形态转化为货币资金形态

4. (　　) 属于资产与所有者权益同时增加的经济业务。

A. 向某企业投资汽车一辆,价值 20 万元

B. 接受某企业投入的货币资金 100 万元,存入银行

C. 接受某企业的设备投资,价值 200 万元

D. 向银行借款 8 万元,直接偿还前欠某单位的购货款

5. 下列各项应计入企业财务费用的有(　　)。

A. 生产经营期间发生的利息支出

B. 金融机构手续费

C. 筹建期间发生的利息支出

D. 建造固定资产期间发生的利息支出

三、判断题

1. 所有者权益是企业投资人对企业净资产的所有权,其金额取决于资产与负债两要素计量的大小共同决定。(　　)

2. 当企业投资者投入的资本高于其注册资本时,应当将超出部分记入"营业外收入"账户。(　　)

3. 假定企业有一笔闲置资金存入银行,月末获得利息收入 350 元,该利息收入应当计入营业外收入。(　　)

4. 2019 年 1 月 1 日,大华公司负债总额为 40 万元,所有者权益总额为 60 万元。1 月份该公司销售产品一批,取得价款 10 万元存 A 银行(不考虑增值税),其成本为 7 万元。不考虑其他因素,则 2019 年 1 月 31 日,该公司资产总额为 110 万元。(　　)

5. 实收资本代表一个企业的实力,是创办企业的"本钱",它反映企业所有者投入企业的外部资金来源。(　　)

四、技能题

完成以下经济业务的分录编制：

1. 大华公司 11 月 1 日收到投资者张利方投入本企业资金 200 000 元，将款项存入银行。

2. 大华公司 11 月 2 日向银行借入期限为 5 个月借款 200 000 元，年利率 6％。

3. 大华公司 11 月 31 日预提本月短期借款利息。

4. 大华公司 12 月 1 日收到国家投入资金 500 000 元，将款项存入银行

5. 大华公司 12 月 2 日归还 10 月份借入的款项 10 000 元，并支付利息 620 元。

6. 大华公司 12 月 4 日向银行借入期限 5 年的借款 300 000 元用于固定资产建设，年利率 6％。

7. 大华公司 12 月 31 日计提上述长期借款利息（符合资本化条件）。

8. 大华公司 12 月 31 日，华泰公司将本企业 7 成新的机器投资给本公司，该机器原价 10 000 元，已提折旧 2 800 元，评估作价 6 750 元。

五、实训任务

1. 根据原始凭证编制记账凭证

原始凭证 1－1－1

中国工商银行结算收费单

利息支付通知

2019 年 1 月 3 日

传票号：58739485	
付款人：松山有限公司	收款人：中国工商银行韶关分行
付款账户：3554356348	利息金额大写：（人民币）壹仟伍佰元整
利息金额小写：RMB1 500.00	计息期间：20190901－20191231
摘要：结息	利率：0.300 0

2. 根据原始凭证编制记账凭证

原始凭证 1－2－1

中国工商银行短期借款合同

合同单位：

中国工商银行西安市支行（以下简称贷款方）

长江有限责任公司（以下简称借款方）

为明确各自责任，严守合同，特签订本合同，双方共同信守。

一、贷款种类：工业企业流动资金借贷

二、借款金额：伍拾万元整。

三、借款用途：采购原材料。

四、借款利率：月利率为千分之六，按季结息付息，最后还本。

五、借款期限：借款自二〇一八年元月二十一日到二〇一八年九月二十一日止。

六、还款资金来源主营业务收入。

七、还款方式：转账

八、违约责任：（略）

本合同经双方签字后生效，贷款本息全部偿付后失效。

本合同一式二份，代款方、借款方各执一份，合同副本四份，报送有关单位各留存一份。

贷款方：中国工商银行西安市支行　　　　借款方：长江有限责任公司

法人代表：袁　凯　　　　　　　　　　　法人代表：王鹏飞

2019 年 1 月 21 日

原始凭证 1－2－2

中国工商银行借款借据（收账通知）

借款企业名称：长江有限责任公司　　　　　　　　2019 年 1 月 21 日　　NO.3006

贷款种类	流动资金借款	贷款账号	151	存款账号		1510220209022106678									
借款金额	人民币（大写）伍拾万元整					亿	千	百	十	万	千	百	十	元	角	分
								¥	5	0	0	0	0	0	0	0	0

借款用途：流动资金周转

约定还款期：8 个月　　　　期限 2019 年　元月 21 日　于 2019 年　9 月 21 日到期

上列借款已批准发放，转放你单位存款账户。	单位分录： （借） 　　（贷）
此致单位 （银行签章）	主管　汲铮　　　会计　刘炳明 复核　谢聪利　　记账　唐辉 2019 年 1 月 21 日

3. 根据原始凭证编制记账凭证

原始凭证 1－3－2

股东会决议

松山有限责任公司股东于 2019 年 1 月 25 日在公司会议室召开了股东会全体会议。本次股东会会议于 2019 年 1 月 3 日通知全体股东到会参加会议，符合《公司法》及公司章程的有关规定。

出席会议的股东合计持有公司 100% 的股权，会议合法有效，由公司王鹏飞主持。会议就公司下一步经营发展事宜，全体股东一致同意如下决议：

1. 将法定盈余公积金 100 000 元转增资本金

松山有限责任公司

2019 年 1 月 28 日

项目二 供应过程业务的核算

▶ 学习目标

通过学习，应该达到如下目标：

◆ **理论目标：**

1. 了解工业企业的生产经营过程及资金运动过程；

2. 熟悉工业企业资金运动过程中需要设置的主要账户及设置要求，明确主要会计账户的经济内容与核算要点；

3. 掌握工业企业生产经营过程各阶段的主要经济业务核算方法。

◆ **实务目标：**

1. 审核工业企业资金运动过程的各项经济业务的原始凭证，编制会计分录；

2. 计算企业的营业利润、利润总额和净利润。

◆ **案例目标：**

1. 了解工业企业生产经营活动的特点；

2. 根据不同的经济业务，开设并应用各种会计账户；

3. 运用借贷记账法对各经济业务进行会计账务处理。

◆ **实训目标：**

根据实训任务，在了解和把握本实训所涉及的相关技能点的基础上，通过亲身体验，培养学生填制和审核凭证、登记各类账簿，计算企业当期损益的能力。

先导案例

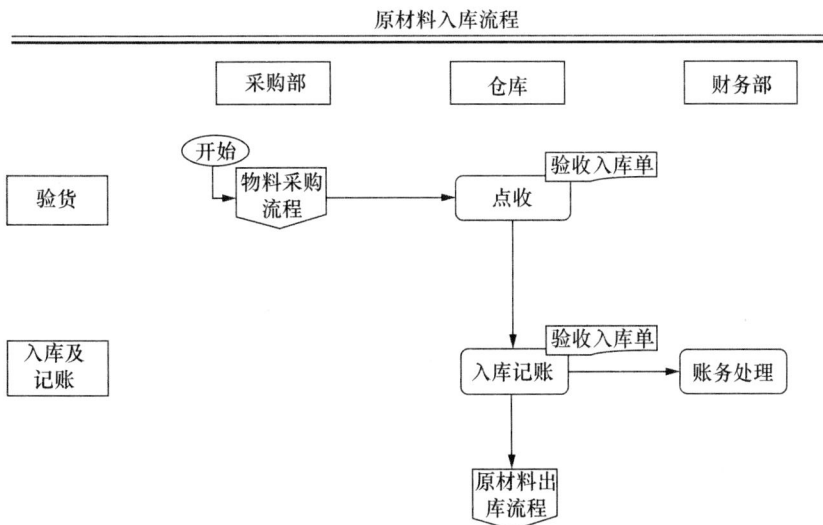

原材料入库流程

案例里的流程图表明企业的仓库根据采购人员送达的验收入库单点收货物，核对无误后仓库按指定区域储放。同时办理记账手续，将相关票据传递至财务部门。

以上流程图说明供应过程是企业着手生产经营前的重要前提，是根据生产经营活动的需要以货币资金购买或赊购各种材料物资，及时验收入库保证生产经营需要。

知识概窗

一、供应过程的主要核算内容

供应过程是企业生产经营活动的准备阶段，在供应过程中，企业要购置生产材料，包括厂房、生产设备、原材料等，资金形态由货币资金形态转化为储备资金形态，企业一方面要根据供应计划和合同的规定及时购置生产材料，并验收入库，保证生产需要；另一方面应按经济合同和结算制度的规定支付货款及采购费用。企业要有计划地采购生产材料，力求既满足生产商的需要，又避免过多储备从而造成资金的浪费。

【同步思考 3-2】

在供应过程中，货币资金转换成为了固定资产、原材料等财产物资，会计等式的平衡关系是否受到了影响？

思考要点：固定资产、原材料属于资产，资产内部发生一增一减，会计等式的平衡关系没有受到影响。

（一）供应过程主要业务核算涉及的主要账户

1. 在途物资

资产类账户，用来核算企业采用实际成本法进行材料日常核算时，材料已采购但尚未到达或验收入库的材料采购成本。借方登记购入材料物资的买价和采购费用，贷方登记已验收入库材料物资的实际成本，期末借方余额表示已经付款单尚未验收入库在途材料物资的实际成本。本账户按材料品种、规格设置明细账。

2. 材料采购

资产类账户，用来核算企业采用计划成本法进行材料日常核算时，企业购入材料、商品等的采购成本。借方登记购入材料物资的买价和采购费用，贷方登记已验收入库材料物资的实际成本，期末借方余额表示已经付款但尚未验收入库的在途材料物资的实际成本。本账户按材料品种、规格设置明细账。

3. 原材料

资产类账户，用来核算企业库存的各种材料（包括原料及主要材料、辅助材料、外购半成品、修理用配件、燃料等）的计划成本或实际成本。借方登记入库的各种材料的实际成本，贷方登记生产领用或其他原因减少的材料实际成本，期末余额在借方，表示结存的实际材料成本。本账户按材料品种、规格设置明细账，具体反映各种材料的库存和增减变动情况。

4. 周转材料

资产类账户，用来核算企业能够多次使用、逐渐转移价值仍保持原有形态，不确认为固定资产的材料，如包装物和低值易耗品。借方登记购入、自制、委托外单位加工完成并验收入库的周转材料的款项，贷方登记领用或发出等原因减少的周转材料款项，期末余额在借方表示库存的周转材料成本。

5. 预付账款

资产类账户，用来核算企业按照购货合同规定预付给供应单位的款项。借方登记按照合同规定预付给供应单位的货款和补付的款项，贷方登记收到所购货物的货款和退回多付的款项，期末余额在借方表示企业预付的款项，期末余额在贷方表示企业尚未补付的款项。本账户可按供货单位、承包工程单位设置明细账户。

6. 固定资产

资产类账户，用来核算企业持有的固定资产的原价。借方登记企业购买或以其他方式得到的固定资产价值，包括买价以及在购买时或其他方式取得时支付的有关税金，如关税、运费等。贷方登记企业通过出售、转出、盘亏等方式减少的固定资产价值，期末余额在借方表示企业所拥有的固定资产的原价。本账户可按固定资产的类别、型号等进行明细核算。

7. 应付账款

负债类账户，用来核算企业因购买材料、商品和接受劳务供应等而应付给供应单位的款项。贷方登记因购买材料、商品和接受劳务等而应付未付的款项，借方登记已经支付或已经开出承兑商业汇票抵付的应付款项，期末余额在贷方，表示欠其他单位的款项数额。本科目可按债权单位和个人设置明细账户。

8. 应付票据

负债类账户，用来核算企业因购买材料、商品和接受劳务供应等支出、承兑的商业汇票（包括商业承兑汇票和银行承兑汇票）贷方登记企业已经开出、承兑的汇票或以承兑汇票抵付的货款，借方登记票据到期支付或转让等方式减少的款项，期末余额在贷方，表示尚未到期或尚未支付的商业汇票的票面余额。本账户按收款人的姓名和收款单位设置明细账户。

9. 应交税费

负债类账户，用来核算企业按照税法规定计算应纳的各种税费，包括增值税、消费税、所得税、资源税、土地增值税、城市维护建设税、房产税、土地使用税、教育费附加等。本账户应当按照应交税费的税种进行明细核算。贷方登记企业应该交纳的各种税金，借方登记企业实际交纳的各种税金，期末余额在借方，表示预交或多交的税金，或期末留抵的增值税额等，期末余额在贷方，表示应交而未交的各种税金。本账户按税种设置明细账户。

二、材料物资采购成本的计算

（一）一般构成材料物资采购成本的项目：

（1）买价（供应单位发票价格）；

（2）运杂费（包括运输、装卸、保险、包装、仓储等费用）；

（3）运输途中合理损耗；

（4）入库前的挑选整理费（包括挑选过程中的工资、损耗、下脚废料的价值等）；

（5）购入物资应负担的税金及其他费用。

（二）材料物资采购成本的计算方法

将采购材料物资过程中所发生的买价和采购费用按一定种类的材料物资进价归集和分配，确定该材料物资的实际成本。

【边做边学3-2-1】入甲、乙、丙三种材料各项支出如下表所示，采用实际成本进行材料核算，材料款和运杂费以转账支票付讫，材料已验收入库。

材料	重量	买价	运杂费
甲	4 000 千克	32 000 元	
乙	2 000 千克	8 000 元	合计 2 200 元
丙	5 000 千克	50 000 元	

分析提示：

分摊间接费用——按材料重量分摊运杂费

甲材料应负担运杂费为：$\dfrac{2\,200}{4\,000+2\,000+5\,000} \times 4\,000 = 800$（元）

乙材料应负担运杂费为：$\dfrac{2\,200}{4\,000+2\,000+5\,000} \times 2\,000 = 400$（元）

丙材料应负担运杂费为：$\dfrac{2\,200}{4\,000+2\,000+5\,000} \times 5\,000 = 1\,000$（元）

借：在途物资——甲　　　　　　　　　　　　　　　　32000
　　　在途物资——乙　　　　　　　　　　　　　　　　8 000
　　　在途物资——丙　　　　　　　　　　　　　　　　50 000
　　　贷：银行存款　　　　　　　　　　　　　　　　　　90 000
借：在途物资——甲　　　　　　　　　　　　　　　　800
　　　在途物资——乙　　　　　　　　　　　　　　　　400
　　　在途物资——丙　　　　　　　　　　　　　　　　1 000
　　　贷：银行存款　　　　　　　　　　　　　　　　　　2 200
借：原材料——甲　　　　　　　　　　　　　　　　　32 800
　　　原材料——乙　　　　　　　　　　　　　　　　　8 400

原材料—丙		51 000
贷：在途物资—甲		32 800
在途物资—乙		8 400
在途物资—丙		51 000

【边做边学 3—2—2】2019 年 4 月 15 日，松山公司（一般纳税人）从三宏公司购入乙材料 1 000 千克，每千克 20 元，增值税进项税额 2 600 元。材料尚在运输途中，全部款项以转账支票付讫。采用实际成本进行材料核算。

借：在途物资—乙材料		20 000
应交税费—应交增值税（进项税额）		2 600
贷：银行存款		22 600

2019 年 3 月 30 日，上述乙材料到达企业并验收入库，结转入库乙材料采购成本。

借：原材料—乙材料		20 000
贷：在途物资—乙材料		20 000

【边做边学 3—2—3】2019 年 4 月 12 日，松山公司（一般纳税人）从三宏公司购入甲材料 2000 千克，每千克 5 元，增值税进项税额 1300 元。甲材料到达企业并验收入库。

借：原材料—甲材料		10 000
应交税费—应交增值税（进项税额）		1 300
贷：应付账款—三宏公司		11 300

假设：2019 年 4 月 18 日，长江公司开出转账支票支付上述购料款 11 300 元。会计部门根据转账支票存根，应编制如下会计分录：

借：应付账款—三宏公司		11 300
贷：银行存款		11 300

三、固定资产的核算

企业购入不需要安装的固定资产，按应计入固定资产成本的金额，借记"固定资产"科目，贷记"银行存款"等科目。其中，应计入固定资产成本的金额包括实际支付的价款、相关税费以及为固定资产达到预定可使用状态 前所发生的可归属于该项资产的运输费。装卸费和专业人员服务费等。若企业为增值税一般纳税人，则企业购进机器设备等固定资产的进项税 额不纳入固定资产成本核算，可以在销项税额中抵扣。企业购入需要安装的固定资产，先记入"在建工程"科目，达到预定可 使用状态时再转入科目。

【边做边学 3—3—4】2019 年 4 月 19 日，松山公司公司（一般纳税人）购入一台不需要安装即可投入使用的 设备，取得的增值税专用发票上注明的设备价款为 500 000 元，增值税税额 为 65 000 元，款项以银行存款支付。

借：固定资产		500 000
应交税费—应交增值税（进项税额）		65 000
贷：银行存款		565 000

项目训练

● 理论题

一、单项选择题

1. 预付账款是企业的（　　　）账户。

    A. 资产　　　　　　　　　　　　B. 负责

    C. 收入　　　　　　　　　　　　D. 费用

2. 供应过程是工业企业再生产活动所经历的（　　　）。

    A. 最后一阶段　　　　　　　　　B. 第一个阶段

    C. 第三个阶段　　　　　　　　　D. 第二个阶段

3. 对一般纳税人企业，不构成材料采购成本的是（　　　）。

    A. 材料买价　　　　　　　　　　B. 进项税额

    C. 运杂费用　　　　　　　　　　D. 其他采购成本

4. 商业汇票按（　　　）的不同，分为商业承兑汇票和银行承兑汇票。

    A. 收款人　　　　　　　　　　　B. 承兑人

    C. 付款人　　　　　　　　　　　D. 被背书人

5. 实际成本核算法下，已运达企业，尚未验收入库的外购材料应计入（　　　）。

    A. 原材料　　　　　　　　　　　B. 材料采购

    C. 在途物资　　　　　　　　　　D. 材料成本差异

二、多项选择题

1. 下列各项中，属于外购材料采购成本的有（　　　）。

    A. 材料买价　　　　　　　　　　B. 运输费

    C. 采购人员差旅费　　　　　　　D. 运输途中合理损耗

    E. 入库前整理挑选费

2. 天河公司是小规模纳税人购入存货，其入账价值包括（　　　）。

    A. 买价　　　　　　　　　　　　B. 运杂费

    C. 途中保险费　　　　　　　　　D. 增值税

3. 松山公司偿还应付账款 24 300 元，其中以现金偿还 300 元，以银行存款偿还 24 000 元。分录涉及的科目及金额有（　　　）。

    A. 应付账款 24 600 元　　　　　　B. 库存现金 300 元

    C. 应付账款 24 300 元　　　　　　D. 银行存款 24 000 元

4. 一般纳税企业应交增值税明细账应该设置的专栏有（　　　）。

    A. 销项税额　　　　　　　　　　B. 进项税额

    C. 出口退税　　　　　　　　　　D. 进项税额转出

5. 一般纳税人企业的"在途物资"账户借方不能记录采购过程中发生的（　　　）。

    A. 采购材料的采购成本

    B. 采购人员的工资

    C. 采购材料的进项税额

    D. 采购人员的差旅费

三、判断题

1. 企业应付租入包装物的租金，应在"应付账款"账户中核算。（   ）

2. 预付款项情况不多的企业，可以不设置"预付账款"科目，而直接通过"应付账款"科目核算。（   ）

3. 企业预付货款时，应记入"预付账款"账户的借方。（   ）

4. 材料采购成本由买价加采购费用组成，主营业务成本由产品生产成本加销售费用组成。（   ）

5. "材料采购"账户的借方余额表示在途材料价值。（   ）

◆技能题

完成以下经济业务的分录编制：

1. 12 月 2 日，向乐天工厂购入甲材料 2 000 千克，每千克 50 元，共计 100 000 元，运杂费 5 000 元，支付增值税 13 000 元．全部款项以银行存款支付，材料尚未入库。

2. 12 月 4 日，上述材料运到，验收入库。

3. 12 月 5 日，向星星工厂购入乙材料 500 千克，每千克 10 元，共计 5 000 元，运杂费 500 元，增值税 650 元，全部款项尚未支付，材料尚未达到。

4. 12 月 7 日，上述材料运到，验收入库。

5. 12 月 10 日，以银行存款 6 150 元偿还前欠星星工厂款项。

6. 12 月 10 日，向南华工厂购入甲材料 1 000 千克，每千克 55 元，共计买价 55 000 元，增值税 7 150 元；乙材料 300 千克，每千克 8 元，共计 2 400 元，增值税 312 元。两种材料运杂费共计 1 300 元。材料已验收入库，开出商业承兑汇票。（运杂费按材料重量比例分配）

7. 12 月 30 日，票据到期，松山公司以银行存款支付上述货款。

●实训任务

1. 根据原始凭证编制记账凭证。

原始凭证 2－1－1

增值税专用发票

开票日期：2019 年 10 月 19 日   No.056987512

购货单位	名称	松山公司			纳税人登记号						56849725894125689							
	地址、电话	广东省韶关市			开户银行及账号						工商银行韶关支行 3234235334							

商品或劳务名	计量单位	数量	单价	金额							税率 %	税额						
				拾	万	千	百	拾	元	角	分		拾	万	千	百	拾	元	角	分

商品或劳务名	计量单位	数量	单价	金额 拾万千百拾元角分	税率%	税额 拾万千百拾元角分
A 材料	公斤	24	50	￥ 1 2 0 0 0 0	13	￥ 1 5 6 0 0
合计				￥ 1 2 0 0 0 0		￥ 1 5 6 0 0
价税合计（大写）	壹仟叁佰伍拾陆元整				￥：1356.00	

销货单位	名称	城南物资公司	纳税人登记号	2589632125468951
	地址、电话	南岸区××路 52 号	开户银行及账号	工商银行南岸区支行 323453453

第二联 发票联 购货方记账

原始凭证 2－1－2

运费垫支凭证

购货单位：广东松山   2019 年 6 月 4 日   No.

品名	规格	计量单位	运费	单价	金额 拾万千百拾元角分	运单号
甲材料		吨	50		￥ 5 0 0 0	0892
合计金额（大写）：					￥ 5 0 0 0	

单位盖章：   收款人：   制票人：

第二联 报销联

原始凭证 2－1－3

收 料 单

收料部门：A 仓库   2019 年 6 月 4 日   编号：020

材料编号	材料名称及规格	计量单位	数量		价格	
			应收	实收	单价	金额
01－14#	角钢 20×20×3	公斤	24	24	50.00	1 200.00
运费						50.00
	备注：				合计	1 250.00

记账：（印）   审批人：（印）   领料人：（印）   发料人：（印）

原始凭证 2—1—4

<u>中国工商银行现金支票存根</u>

支票号码：

签发日期：2019 年 6 月 4 日

| 收款人：城南物资公司 |
| 金额：1 406.00 |
| 用途：货款 |
| 备注： |

单位主管：　　会计：

2. 根据原始凭证编制记账凭证。

原始凭证 2—2—1

2100052342　上海市增值税专用发票 No. 5310692580

发 票 联

开票日期：2019 年 6 月 10 日

购货	名 称：松山公司		密码	
	纳税人识别号：1000200300400500			

货物或应税劳务的名称	规格型号	单位	数量	单价	金额	税率	税额
TZ 型合金粉		千克	23 100	30	693 000.00	13%	90 090.00

价税合计(大写)	柒佰捌拾叁万零玖拾元整	￥783 090.00

销货	名 称：上 海 黄 河 公 司		备	
	纳税人识别号：190078456138441			

收款人：　　复核：袁立　　开票人：李静利　　销货单位（章）

原始凭证 2—2—2

2100052342　　上海市增值税专用发票　　No. 5310692580

抵　扣　联

开票日期：2019年6 月 11

购货单位	名　　称：松 山 公 司 纳税人识别号：1000200300400500 地 址、电 话：广东省韶关市0751-83933123 开户行及账号：工行雁翔路营业部　998895819	密码区	

货物或应税劳务的名称	规格型号	单 位	数量	单价	金额	税率	税额
TZ 型合金粉		千克	23 100	30	693 000.00	13%	90 900.00
合计							

价税合计(大写)	柒佰捌拾叁万零玖拾元整	￥783 090.00

销货单位	名　　称：上 海 黄 河 公 司 纳税人识别号：190078456138441 地 址、电 话：上海南京路 89177456 开户行及账号：工行南京路营业部 02165973186	备注	销货单位（章）

收款人：　　　复核：袁立　　　开票人：李静利

原始凭证 2—2—3

收 料 单

收料部门：A 仓库　　　　　　2019 年 11 月 4 日　　　　　　编号：020

材料编号	材料名称及规格	计量单位	数量		价格	
			应收	实收	单价	金额
01—14#	TZ 型合金粉	千克	23 100	23 100	30.00	693 000
运费						
备注：					合计	693 000

记账：（印）　　　审批人：（印）　　　领料人：（印）　　　发料人：（印）

3. 根据原始凭证编制记账凭证。

原始凭证 2－3－2

343549433　　　　　　　湖南省增值税专用发票

抵扣联　　　　　　　　　　开票日期：2019年6月23日

购货单位	名　　称：松山有限责任公司					密码区		
	纳税人识别号：357948645954545							
	地址电话：广东省韶关0751—5433578							
	开户行及账号：工商银行韶关支行 23443984							
货物或应税劳务名称	规格型号	单位	数量	单价	金额	税率	税额	
甲材料 乙材料	型号	千克 千克	500 200	20.00 50.00	10 000.00 10 000.00	13% 13%	1 300 1 300	
合　计					20 000.00		2 600.00	
价税合计（大写）　贰万贰仟陆佰元整						（小写）￥22 600.00		
销货单位	名称：泰商有限责任公司			备注				
	纳税人识别号：439754592054985							
	地址、电话：湖南省长沙市032—345234							
	开户行及账号：工商银行长沙支行 84729234							

收款人：　　　　复核：　　　　开票人：程平　　　　　　销售单位：（章）

343549433　　　　　　　湖南省增值税专用发票

发票联　　　　　　　　　　开票日期：2019年6月23日

购货单位	名　　称：松山有限责任公司					密码区		
	纳税人识别号：357948645954545							
	地址电话：广东省韶关0751—5433578							
	开户行及账号：工商银行韶关支行 23443984							
货物或应税劳务名称	规格型号	单位	数量	单价	金额	税率	税额	
甲材料 乙材料	型号	千克 千克	500 200	20.00 50.00	10 000.00 10 000.00	13% 13%	1 300 1 300	
合　计					20 000.00		2 600.00	
价税合计（大写）　贰万贰仟陆佰元整						（小写）￥22 600.00		
销货单位	名称：泰商有限责任公司			备注				
	纳税人识别号：439754592054985							
	地址、电话：湖南省长沙市032—345234							
	开户行及账号：工商银行长沙支行 84729234							

收款人：　　　　复核：　　　　开票人：程平　　　　　　销售单位：（章）

项目三　生产过程业务的核算

▶ 职业情境

　　某工厂同时生产 A 产品、B 产品的一车间归集了生产过程中发生的各项料、工、费，其中含有 A 产品和 B 产品共同消耗的丙材料，那么月末怎么核算和分配丙材料？月末一车间的发生的制造费用又该怎么核算和分配到 A 产品和 B 产品成本中？

▶ 学习目标

　　通过学习，应该达到如下目标：

　　◆理论目标：

　　1. 了解工业企业的生产加工过程；

　　2. 熟悉生产加工过程中需要设置的主要账户及设置要求，明确主要会计账户的经济内容与核算要点；

　　3. 掌握生产成本分配的核算方法。

　　◆实务目标：

　　1. 填制和审核生产过程的各项经济业务的原始凭证，编制会计分录；

　　2. 计算企业的完工产品成本。

　　◆案例目标：

　　1. 了解工业企业生产活动的特点；

　　2. 根据不同的企业类型，选择不同的成本计算方法；

　　3. 运用借贷记账法对各经济业务进行会计账务处理。

　　◆实训目标：根据实训任务，在了解和把握本实训所涉及的相关技能点的基础上，通过亲身体验，培养学生填制和审核凭证、登记各类账簿，填制完工产品成本计算单。

先导案例

多措并举　重点攻关

　　在邯钢公司日前公布的"1—5 月份 35 项对标指标完成情况"中，CSP 工序能耗排名行业第一。4、5 月份工序能耗连续创出 29.83 公斤标煤/吨、29.72 公斤标煤/吨的历史最好水平，6 月份工序能耗为 30.90 公斤标煤/吨，继续保持行业领先。"先锋号"竞赛开展以来，连铸连轧厂进一步加大攻关力度，采取多项措施进一步降低工序能耗。降煤气是降能耗的"重头戏"，为降低煤气消耗，该厂成立了煤气节能攻关组，以连铸和轧钢两个区域为重点开展攻关。在连铸区域加强割枪使用点、烤包点火煤气使用点等 20 多个煤气使用点分析检查，制定具体煤气降耗措施，落实到班组、个人。同时，加大连拉炉数攻关力度，提高连浇炉数，减少中间包使用量，达到节约煤气的目的。在轧钢区域，以加热炉为重点，加强炉辊耐材检查，及时更换耐材脱落炉辊，加强小炉顶与大炉顶密封、炉辊孔的密封检查，发现损坏及时处理，完善炉辊孔密封方式，提升二线炉炉辊孔密封效果等。技术人员优化工艺参数，合理控制炉温，同时实行检修降温保温措施，降低空炉时的煤气消耗等，减少热损失，提高热效率，降低能耗。

在抓好降低煤气消耗同时，积极采取措施降低水、电等消耗。确保 SVC 系统运转率，降低无功损耗，降低电耗。减少 1 台层流泵组，在保证系统使用要求的前提下减少系统的溢流量，各班组在正常浇次间 C02.C03 各停 1 台泵，停时 1.5～4 小时之间的浇次，C02.C03 各保留 1 台泵组，停时在 4 小时以上和检修期间，C 系统泵组全停，进一步降低水耗。该厂还对厂房照明实行限时开启，降低电耗。

（资料来源：河北钢铁集团网站 http：//www.hebgtjt.com/showNews.jsp？id＝4982）

资料里的邯钢深入挖掘降低成本的有效措施，从煤气、水、电灯多方面降低企业能耗，节约了产品的生产成本，提高了企业的竞争力。

知识橱窗

一、生产过程的主要核算内容

产品的生产过程是劳动者利用劳动资料，对劳动对象进行加工或改制，使其具有某种新的使用价值、能够满足人们某种需要的商品产品的过程。产品生产过程的核算，主要包括以下 5 个方面的内容：

（1）生产领用原料及主要材料、辅助材料和燃料等；

（2）分厂、车间发生的职工工资费用和职工福利费；

（3）分厂、车间发生的固定资产的折旧费和修理费；

（4）生产过程中发生的其他费用（如各种待摊费用等）；

（5）计算和结转完工产品成本。

当然，产品生产过程的核算还包括其他许多内容，尤其是产品成本的计算还包括许多复杂的成本计算程序和方法。

（一）生产过程主要业务核算涉及的主要账户

1. 生产成本

该账户属成本类账户，主要用来核算和监督企业在产品生产过程中所发生的各项生产费用，包括生产各种产成品、自制半成品、提供劳务、自制材料、自制工具及自制设备等所发生的各项费用。该账户借方登记增加数，表示当期实际发生的各项生产费用，贷方登记减少数，表示完工产品已转出的实际成本数额。期末余额在借方，表示尚未完工的在产品生产费用，该账户需按产品种类、规格分别设置明细账户，进行明细核算。

2. 制造费用

该账户属成本类账户，主要用来核算和监督企业为生产产品和提供劳务而发生的各项间接费用，在产品生产或提供劳务过程中不能直接记入"生产成本"的各种间接费用，即企业制造部门（车间、分厂）为管理和组织生产而发生的各项费用。账户借方登记增加数，表示本期发生的全部制造费用，如车间管理人员的工资、车间房屋折旧、工具修理费、照明费，以及其他不能直接记入产品成本的费用，如机器设备折旧费等；贷方登记减少数，表示企业按一定标准分配记入"生产成本"账户借方并由各种产品负担的制造费用数额。该账户期末结转后一般无余额，该账户应按不同部门和成本项目设置明细账户，进行明细分类核算。

3. 管理费用

该账户属损益类账户，主要用于核算和监督企业行政管理部门为组织和管理生产经营活动而发生的各项费用，包括行政管理部门人员的工资及福利费、办公费、折旧费、工会经费、职工教育经费、业务招待费、房产税、土地使用税、印花税、劳动保险费等等。账户借方登记增加数，表示本期发生的各项管理费用；贷方登记减少数，表示期末转入"本年利润"账户的管理费用，结转后应无余额。该账户需按费用项目进行明细分类核算。

4. 应付职工薪酬

该账户属负债类账户，主要用来核算和监督企业应付职工工资总额，包括各种工资、奖金和津贴等。账户借方登记减少额，表示本月实际支付给职工的全部工资数额；贷方登记增加额，表示本月应付给职工的全部工资数额。该账户一般无余额。如果贷方有余额，表明本月应付工资大于实发工资，其差额为应付未付的工资；如为借方余额，表明本月实发工资大于应付工资，其差额为多支付的工资。

【同步思考3-3】

职工薪酬是不是仅指发放给员工的货币性福利？

思考要点：职工薪酬是指企业为获得职工提供的服务而给予各种形式的报酬以及其他相关支出，包括职工在职期间和离职后提供给职工的全部货币性薪酬和非货币性福利。

5. 累计折旧

资产类的备抵调整账户，用来核算固定资产因磨损而减少的价值。其登记方向与一般资产账户相反，贷方登记按期计提的固定资产累计折旧；借方登记处置固定资产时，累计折旧的注销减少；期末余额在贷方，表示现有固定资产已提累计折旧额。

6. 库存商品

该账户属于资产类账户。用来核算企业库存的各种商品的实际成本（或进价）或计划成本（或售价），包括库存产成品、外购商品、存放在门市部准备出手的商品、发出展览的商品以及寄存在外的商品等。账户借借方表示增加，贷方表示减少，余额反映企业期末库存商品的实际成本（或进价）或计划成本（或售价）。

（二）生产过程中主要业务的核算

产品生产过程业务核算主要是：领用材料、投入生产，结算职工工资及福利费，支付各种管理费用，结转产品制造费用，结转完工产品生产成本等。

【同步案例】

【案例3-3-1】领用材料18600元，其中车间一般消耗6600元，其中A产品领用30400元，B产品领用19200元。

```
借：制造费用                          6600
    生产成本—直接材料—A              30400
           —直接材料—B              19200
    贷：原材料                               56200
```

（三）产品制造成本计算

（一）构成产品制造成本的项目

1. 直接材料。

2. 直接人工。

3. 制造费用。

（二）产品制造成本的计算方法

1. 归集和分配制造费用——将产品制造过程中所发生的各项制造费用按产品品种或类别进行归集和分配。分配标准有：按生产工人工资或按机器工时、按直接原材料成本、按直接总成本，等等。

计算公式为：

$$\frac{制造费用总额}{各生产工人工资总额} \cdot \frac{该产品生产}{工人工资} + \frac{各该产品应负}{担制造费用}$$

【边做边学 3－3－2】某企业发生以下费用：

（1）车间耗用材料 5 000 元。

（2）车间管理人员工资 1 600 元。

（3）车间管理人员福利费 224 元。

（4）车间使用的固定资产折旧费 8 000 元。

（5）车间修理费 3 676 元。

合计 18 500 元。假设按生产工人工资为分配标准，其中 A 产品工人工资 14 000 元，B 产品工人工资 6 000 元。

则 A 产品应负担的制造费用为：

$$\frac{18\ 500}{14\ 000 + 600} \times 14\ 000 = 12\ 950（元）$$

B 产品应负担的制造费用为：

$$\frac{18\ 500}{14\ 000 + 6\ 000} \times 6\ 000 = 5\ 550（元）$$

2. 计算产品制造成本。

（1）计算总成本和单位成本——产品制造成本的计算方法很多，这里主要介绍一般的最简单的方法。其计算公式为：

直接材料＋直接工人＋制造费用＝总成本

总成本÷完工产品数量＝单位成本

【边学边做 3－3－3】A 企业工资汇总如下：生产甲产品工人工资为 15960 元，生产乙产品工人工资为 6840 元，车间管理人员工资为 3000 元，专设销售机构人员工资为 34000 元，厂部行政管理人员工资为 6000 元。

```
借：生产成本 —A                    15960
          —B                     6840
    制造费用                       3000
    管理费用                       6000
    销售费用                      34000
    贷：应付职工薪酬                       65800
```

【边做边学 3－3－4】假设 A，B 产品各成本项目数据已知，填制产品成本明细账如下。A 产品本已完工，B 产品本月尚未完工。

"生产成本"明细分类账

产品品种或类别：A产品

年		凭证号码	摘要	借方（成本项目）				贷方	借或贷	余额
月	日			直接材料	直接人工	制造费用	合计			
		6	生产耗用材料	30 400			30 400		借	30 400
		7	分配工资及福利费		15 960		15 960		借	46 360
		17	分配制造费用			12 950	12 950		借	59 310
		18	结转完工产品生产成本					59 310	平	—
			本期发生额和余额	30 400	15 960	12 950	59 310		平	—

"生产成本"明细分类账

产品品种或类别：B产品

年		凭证号码	摘要	借方（成本项目）				贷方	借或贷	余额
月	日			直接材料	直接人工	制造费用	合计			
		6	生产耗用材料	19 200			19 200		借	19 200
		7	分配工资及福利费		6 840		6 840		借	26 040
		17	分配制造费用			5 550	5 550		借	31 590
			本期发生额和余额	19 200	6 840	5 550	31 590		借	31 590

（3）编制产品制造成本计算表如下：

产品生产成本计算表

成本项目	A产品	
	总成本（100台）	单位成本
直接材料	30 400.00	304.00
直接人工	15 960.00	159.60
制造费用	12 950.00	129.50
产品生产成本	59 310.00	593.10

上任务A产品完工入库100台，B产品未完工，为此：

A产品总成本为：

30 400＋15 960＋12 950＝59 310（元）

A产品单位成本为：

59 310÷100＝593.10（元）

B产品未完工的在产品成本为：

19 200＋6 840＋5 550＝31 590（元）

借：库存商口—A   59310

    贷：生产成本—A   59310

项目训练

●理论题

一、单项选择

1. 月末对"制造费用"进行分配并结转，应转入( )账户。
   - A. 管理费用
   - B. 主营业务成本
   - C. 生产成本
   - D. 销售费用

2. 下列费用中，不应计入产品成本的费用的是( )。
   - A. 制造费用
   - B. 直接材料
   - C. 直接人工
   - D. 管理费用

3. "制造费用"账户按照会计要素分类属于( )。
   - A. 成本类账户
   - B. 资产类账户
   - C. 损益类账户
   - D. 负债类账户

4. 企业为职工垫付医药费，从该职工的工资扣回时，应计入( )。
   - A. 借记"应付福利费"
   - B. 贷记"应付福利费"
   - C. 借记"应付职工薪酬"
   - D. 贷记"应付职工薪酬"

5. 企业计提坏账准备，应贷记的科目是( )。
   - A. 管理费用
   - B. 营业外支出
   - C. 资产减值损失
   - D. 坏账准备

二、多项选择题

1. 管理费用包括下列内容( )。
   - A. 厂部办公费
   - B. 职工报销医药费
   - C. 厂部固定资产折旧费
   - D. 非常损失

2. 根据《企业会计制度》的规定，下列各项中，应计入企业产品成本的有( )。
   - A. 生产工人的工资
   - B. 车间管理人员的工资
   - C. 企业行政管理人员的工资
   - D. 在建工程人员的工资

3. 下列费用应计入制造费用的有 ( )。
   - A. 车间设备折旧费
   - B. 车间管理人员的工资
   - C. 车间机物料消耗
   - D. 车间办公费

4. 松山公司月末结转本月制造费用 27 800 元，根据甲、乙产品的生产工时比例分配制造费用，甲、乙产品的生产工时分别为 30 000 小时和 20 000 小时，应编制会计分录( )。

   - A. 借：生产成本——甲产品　　　　　　　　　　　　16 680
     　　　贷：制造费用　　　　　　　　　　　　　　　　　　　16 680
   - B. 借：生产成本——甲产品　　　　　　　　　　　　11 120

      贷：制造费用   11 120

  C. 借：生产成本——乙产品   11 120

      贷：制造费用   11 120

  D. 借：生产成本——乙产品   16 680

      贷：制造费用   16 680

5. 计提应付职工薪酬时，可能涉及的科目有（　　　）。

  A. 制造费用   B. 销售费用

  C. 在建工程   D. 应付职工薪酬

三、判断题

1. 企业为职工缴纳的基本养老保险、补充养老保险，以及为职工购买的商业养老保险，均属于企业提供的职工薪酬。（　　　）

2. 因解除与职工的劳动关系给予的补偿，不属于职工薪酬的范围。（　　　）

3. 生产车间使用的固定资产，所计提的折旧应计入生产成本。（　　　）

4. "累计折旧"账户属于资产类账户，其期末余额在借方。（　　　）

5. 车间的办公用品费用属于管理费用。（　　　）

四、技能题

完成以下经济业务的分录编制：

1. 12 月 2 日，以现金 300 元购买办公用品，其中行政部门领用 200 元，生产车间领用 100 元。

2. 12 月 25 日，松山工厂耗用材料如下表：

用途	甲材料	乙材料	合计
生产 A 产品	35 000	5 000	40 000
生产 B 产品	54 000	2 000	56 000
车间耗用	6 000	500	6 500
厂部管理部门耗用	7 500	1 000	8 500
合计	102 500	8 500	111 000

3. 12 月 26 日，从银行提取现金 120 000 元，以备发放职工工资。

4. 12 月 26 日，以现金发放本月职工工资 120 000 元。

5. 根据工时和考勤记录计算的本月职工工资如下：

生产 A 产品的生产工人工资   72 000 元

生产 B 产品的生产工人工资   23 000 元

生产车间管理人员工资   9 500 元

行政部门管理人员工资   15 500 元

合计   120 000 元

6. 12 月 26 日，按应付工资总额的 14% 提取职工福利费。

7. 计提本月固定资产折旧 29 720 元，其中生产车间 17 720 元，行政部门 12 000 元。

8. 按产品生产工人工资总额比例分配本月制造费用。

五、实训任务

1. 根据原始凭证编制记帐凭证。

原始凭证 3－2－1

领　料　单

领料部门：B 车间

用途：生产乙产品用　　　　　　　　2019 年 6 月 1 日　　　　　　　　编号：023

材料编号	材料名称及规格	计量单位	数量		价格	
			请领	实发	单价	金额
01－14#	角钢 20×20×3	公斤	100	100	3.00	300.00
		备注：			合计	

第二联　记账联

记账：（印）　　　审批人：（印）　　　领料人：（印）　　　发料人：（印）

2. 根据原始凭证编制记帐凭证

原始凭证 3－2－1

领　料　单

领料部门：A 车间

用途：生产甲产品用　　　　　　　　2019 年 6 月 1 日　　　　　　　　编号：001

材料编号	材料名称及规格	计量单位	数量		价格	
			请领	实发	单价	金额
01－15#	圆钢 20×20×3	公斤	24	24	50.00	1 200.00
		备注：				

第二联　记账联

记账：（印）　　　审批人：（印）　　　领料人：（印）　　　发料人：（印）

3. 根据原始凭证编制记账凭证

原始凭证 3—3—2

材料发出汇总表

附领料单 25 份　　　　　　　　　　　2019 年 6 月 30 日　　　　　　　　　　单位：元

用途	甲材料		乙材料		材料耗用合计（元）
	数量（千克）	金额（元）	数量（千克）	金额（元）	
甲产品耗用	3 000	4 500	2 500	5 000	9 500
乙产品耗用	2 500	3 750	2 000	4 000	7 750
小计	5 500	8 250	4 500	9 000	17 250
车间一般耗用	900	1 350	600	1 200	2 550
管理部门耗用	700	1 050	500	1 000	2 050
合计	7 100	10 650	5 600	11 200	21 850

会计主管：　　　　　审核：　　　　　　制单：

项目四　销售过程业务的核算

▶ **职业情境**

　　某工厂为了制造该厂的产品，而耗用材料、人工费、间接费用等，同时为了更好提高销量，还做广告宣传和产品展览宣传，那么构成该厂产品的销售成本有哪些？怎么来核算和记录这些业务呢？

▶ **学习目标**

　　通过学习，应该达到如下目标：

◆**理论目标：**

　　1. 了解工业企业的销售过程业务流程；

　　2. 熟悉销售过程中需要设置的主要账户及设置要求，明确主要会计账户的经济内容与核算要点；

　　3. 掌握销售过程的主要经济业务核算方法。

◆**实务目标：**填制和审核销售过程的各项经济业务的原始凭证，编制会计分录。

◆**案例目标：**

　　1. 了解工业企业销售过程的特点；

　　2. 根据不同的经济业务，开设并应用各种会计账户；

　　3. 运用借贷记账法对各经济业务进行会计账务处理。

◆**实训目标：**根据实训任务，在了解和把握本实训所涉及的相关技能点的基础上，通过亲身体验，培养学生填制和审核凭证、登记各类账簿的能力。

先导案例

　　店铺关门现象非个案——淮海路中段出现空铺潮

　　据上海商报讯，欧洲快时尚品牌C&&A在中国的首家旗舰店——C&&A淮海路店已于2019年2月8日正式关门停业。曾几何时，闻名遐迩的淮海路出现了空铺潮。业内人士表示，过高的租金或是这一带目前遭遇"空铺潮"的原因之一。据记者调查显示，淮海中段街铺平均租金范围在35～65元/平方米/天，而淮海路周边商场的平均租金在44.2元/平方米/天。

　　（资料来源：http://www.shbiz.com.cn/Item/227811.aspx 上海商报，略有删减。）

知识橱窗

一、销售过程的主要核算内容

　　销售过程是产品进入流通阶段，也是企业的生产耗费通过市场取得补偿并实现利润的阶段。也就是说，产品销售过程是通过对企业生产产品的销售，收回货款来实现企业产品价值的过程。在产品销售过程中，企业一方面要按照合同向购货方发货；另一方面与购买单位办理结算，收回货款和增值税销项税额，确认收入的实现和计算应缴纳的相关税额，结转产品销售成本；支付产品的广告费、展览费、运输费、保险费、装卸费等销售费用；确定产品销售利润。上述业务便构成了企业产品销售过程业务核算的主要内容。

（一）销售过程主要业务核算涉及的主要账户

1. 主营业务收入账户

该账户属于损益类账户，是用来核算和监督企业销售产品或提供劳务所取得收入的账户。借方登记发生销售退回和销售折让时，应冲减的本期产品收入和期末转入"本年利润"账户的本期产品销售收入；贷方登记企业已经实现的产品销售收入。期末结转后无余额。该账户需按产品类别设置明细账并进行明细核算。

2. 主营业务成本

该账户属于损益类账户，主要用来核算和监督企业已销售产品的生产成本的计算和结转情况。账户借方登记从"库存商品"账户结转的本期已销售产品的生产成本数额；贷方登记期末转入"本年利润"账户的已销售产品的生产成本，结转后无余额。该账户需按产品类别设置明细账户并进行明细分类核算。

3. 税金及附加

该账户属于损益类账户，主要用来核算和监督应由销售产品和提供劳务等负担的各种销售税金（如营业税、消费税、城市维护建设税等）和教育费附加。账户借方登记按规定标准计算出的应负担的销售税金及附加；贷方登记期末转入"本年利润"账户的产品销售税金及附加，结转后无余额。该账户应按产品类别设置明细账户并进行明细分类核算。

4. 销售费用

该账户属于损益类账户，用来核算和监督企业在产品销售过程中所发生的各种销售费用，如包装费、运输费、保险费、装卸搬运费以及广告费，等等。账户借方登记企业本期发生的各种销售费用数额，贷方登记期末结转至"本年利润"账户的数额，期末结转后无余额。该账户需按费用项目进行明细分类核算。

5. 应收账款

该账户属于资产类账户，主要用来核算和监督企业因销售产品向购买单位收取货款的结算情况。账户借方登记由于销售产品而发生的应收账款，贷方登记已收回的应收账款。期末余额在借方，表示尚未收回的应收账款数额。该账户按购买单位设置明细账户，进行明细分类核算。

6. 预收账款

该账户属于负债类账户。企业有时会发生预收购买单位货款的业务，这时需设置"预收账款"账户，用来核算和监督企业预收货款的发生及偿付情况。因此，该账户借方登记用产品或劳务抵偿的预收货款数额，贷方登记已收到的预付货款数额。期末余额在贷方，表示尚未用产品或劳务偿付的预收账款数额。该账户需按购买单位设置明细账并进行明细分类核算。

7. 应收票据

该账户属于资产类账户。该账户用来核算和监督购货单位开出的商业汇票的结算情况。账户借方登记企业收到购货单位开出的票据数额，贷方登记收到到期购货单位购货款项数额。期末账户如有余额，一般在借方，表示尚未到期票据的应收款项。企业为详细了解应收票据的结算情况，在实务中，应设置"到期应收票据备查簿"，逐笔登记每笔应收票据的详细相关信息。

8. 销售费用

销售费用是指企业销售商品和材料、提供劳务的过程中发生的各种费用，包括保险费、包装费、展览费和广告费、商品维修费、预计产品质量保证损失费、运输费、装卸费等，为销售本企业商品而专设的销售机构（含销售网点、售后服务网点等）的职工薪酬、业务费、折旧费，以及企业发生的 与专设销售机构相关的固定资产修理费用等后续支出。

【知识链接 3-1】

期间费用是指企业日常活动中不能直接归属某个特定成本核算对象的，在发生时应直接计入当期损益的各种费用。期间费用包括管理费用、财务费用和销售费用。

（二）销售过程主要业务的核算

【边做边学 3-4-1】 向中智公司销售 A 产品 100 件，单价 150 元，增值税率 13%，货已发出，收到支票送存银行。

借：银行存款	16 950	
贷：主营业务收入		15 000
应交税费——应交增值税（销项税额）		1 950

【边做边学 3-4-2】 向中天公司销售 B 产品 50 件，单价 200 元，增值税率 13%，货已发出，收到商业承兑汇票。

借：应收票据—商业承兑汇票	11 300	
贷：主营业务收入		10 000
应交税费—应交增值税（销项税额）		1 300

【边做边学 3-4-3】 向罗天商场发出 C 产品 20 台，每台单价为 1 000 元，增值税率为 13%，货款原已预收。

借：预收账款—罗天商场	22 600	
贷：主营业务收入		20 000
应交税费——应交增值税（销项税额）		2 600

【边做边学 3-4-4】 结转已售产品生产成本，其中销售 A 产品 100 件，单位成本为 80 元；销售 B 产品 50 件，单位成本为 120 元；销售 C 产品 20 台，单位成本 800 元。

借：主营业务成本——A 产品	8 000	
——B 产品	6 000	
——C 产品	16 000	
贷：库存商品——A 产品		8 000
——B 产品		6 000
——C 产品		16 000

【边做边学 3-4-5】 光明公司按照税法规定计算出本月应交城市维护建设税为 1 300 元，教育费附加 1 000 元。

借：税金及附加	2 300	
贷：应交税费——应交城市维护建设税		1 300
——应交教育费附加		1 000

项目训练

● 理论题

一、单项选择题

1. 设置"预收账款"科目的企业,在收到购货单位补付货款时,应作的会计分录是（　　　　）。

    A. 借：预收账款　　　　　　　　　　B. 借：银行存款

        贷：银行存款　　　　　　　　　　　　贷：预收账款

    C. 借：预收账款　　　　　　　　　　D. 借：银行存款

        贷：原材料　　　　　　　　　　　　　贷：原材料

2. 预付账款不多的企业,可以将预付的货款直接借记（　　　　）。

    A. 银行存款　　　　　　　　　　　　B. 预收账款

    C. 应付账款　　　　　　　　　　　　D. 应收账款

3. 收入的入账金额一般是按销售产品的（　　　　）确认。

    A. 售价　　　　　　　　　　　　　　B. 进价

    C. 销售产品成本　　　　　　　　　　D. 销售产品的制造成本

4. 企业在销售产品的过程中,办理托收承付的银行手续费应计入（　　　　）。

    A. 销售费用　　　　　　　　　　　　B. 财务费用

    C. 管理费用　　　　　　　　　　　　D. 生产成本

5. 下列各项中,应计入销售费用的是（　　　　）。

    A. 差旅费　　　　　　　　　　　　　B. 广告费

    C. 采购费用　　　　　　　　　　　　D. 非常损失

二、多项选择题

1. 松山公司是一般纳税人,销售商品一批,产品售价 200 万元,该批产品成本为 150 万元,货款已经收到,增值税税率为 13％。以下会计分录正确的有（　　　　）。

    A. 借：银行存款　　　　　　　　　　　　　　　　　　2260 000

        贷：主营业务收入　　　　　　　　　　　　　　　　2 000 000

        应交税费——应交增值税（销项税额）　　　　　　260 000

    B. 借：应收账款　　　　　　　　　　　　　　　　　　2 260 000

        贷：主营业务收入　　　　　　　　　　　　　　　　2 000 000

        应交税费——应交增值税（销项税额）　　　　　　260 000

    C. 借：主营业务成本　　　　　　　　　　　　　　　　1 500 000

        贷：库存商品　　　　　　　　　　　　　　　　　　1 500 000

    D. 借：库存商品　　　　　　　　　　　　　　　　　　1 500 000

        贷：主营业务成本　　　　　　　　　　　　　　　　1 500 000

2. 以银行存款支付应由本公司负担的销售产品运输费 2 000 元,下列账务处理中错误有( )。

A. 借：管理费用　　2 000
　　贷：银行存款　　　　2 000

B. 借：销售费用　　2 000
　　贷：银行存款　　　　2 000

C. 借：财务费用　　2 000
　　贷：银行存款　　　　2 000

D. 借：制造费用　　2 000
　　贷：银行存款　　　　2 000

3. 下列属于期间费用的是( )。

A. 销售费用　　　　　　　　B. 管理费用

C. 财务费用　　　　　　　　D. 制造费用

4. 在商品销售过程中，应设置的主要账户有( )。

A. 主营业务收入　　　　　　B. 销售费用

C. 其他业务收入　　　　　　D. 制造费用

5. 企业销售商品的业务可能借记的账户有 ( ) 账户。

A. 银行存款　　　　　　　　B. 预收账款

C. 应交税费——应交增值税　　D. 应收账款

三、判断题

1. 在现销产品交易方式下，权责发生制和收付实现制下的会计处理时一致的。( )

2. 结转已销售产品的生产成本，应借记"库存商品"账户，贷记"主营业务成本"账户。( )

3. 库存商品明细账一般按生产车间设置。( )

4. 收入的确认应以款项是否收到为标准。( )

5. 企业因销售材料而取得的收入应记入"其他业务收入"的贷方。( )

四、技能题

完成以下经济业务的分录编制：

1. 12月2日，销售大兴工厂A产品500件，单价200元，增值税率13%，价税款共计113 000元，收到支票一张并办妥入账手续。

2. 12月4日，以银行存款支付广告费2 000元。

3. 12月6日，向南海工厂销售B产品1 000件，单价150元，增值税率13%，价税款共计169 500元，价税款尚未收到。

4. 12月12日，收到南海工厂前欠货款175 500元，当即存入银行。

5. 12月20日，以银行存款支付产品销售展览费1 000元。

6. 12月26日，以银行存款缴纳本月增值税8 700元。

7. 12月30日，结转本月已售产品生产成本，A产品每件130元，B产品100元。

五、实训任务

1. 根据原始凭证编制记帐凭证

原始凭证4—1—1

4200123343 　　　　　　广东省增值税专用发票　　　　　No.33458943

记账联

开票日期：2019 年 8 月 3 日

购货单位	名称：海田体育器材有限公司 纳税人识别号：2323847843 地址、电话：湖北省武汉市 027－32433 开户行及账号：工商银行汉阳支行 43298738479				密码区			

货物或应税劳务名	规格型号	单位	数量	单位	金额	税率	税额
乒乓球台		副	20	1 000.00	20 000.00	13％	2 600.00
篮球架		对	20	3 000.00	60 000.00	13％	7 800.00
合 计			40		80 000.00		10 400.00

价税合计（大写）	玖万零肆佰元整	（小写）¥90 400.00

销货单位	名　　称：松山有限责任公司 纳税人识别号：357948645954545 地址、电话：广东省韶关市 0751－5433578 开户行及账号：工商银行韶关支行 23443984	备注

收款人：　　　　复核：　　　　开票人：杨扬　　　　销货单位（章）

2. 根据原始凭证编制记账凭证

原始凭证 4－2－1

42001233445 　　　　　　广东省增值税专用发票　　　　　No.33458954

记账联

开票日期：2019 年 8 月 23 日

购货单位	名称：绍武有限公司 纳税人识别号：2323847843 地址、电话：广东省湛江 0759－234533 开户行及账号：工商银行湛江支行 43298738345				密码区			

货物或应税劳务名	规格型号	单位	数量	单位	金额	税率	税额
A 产品		件	200	500.00	100 000.00	13％	13 000.00
B 产品		件	100	800.00	80 000.00	13％	10 400.00
合 计			40		180 000.00		23 400.00

价税合计（大写）	贰拾万零叁仟肆佰元整	（小写）¥203 400.00

销货单位	名　　称：松山有限责任公司 纳税人识别号：357948645954545 地址、电话：广东省韶关市 0751—5433578 开户行及账号：工商银行韶关支行 23443984	备注

收款人：李天　　　　复核：　　　　开票人：杨扬　　　　销货单位（章）

原始凭证 4－2－2

中国工商银行进账单（收款通知）

2019 年 8 月 23 日

收款人	全　　称	松山有限责任公司	付款人	全　　称	绍武有限公司
	账　　户	23443984		账　　户	43298738345
	开户银行	工商银行韶关支行		开户银行	工商银行湛江支行

人民币（大写）贰拾万零捌仟捌佰元整	千	百	十	万	千	百	十	元	角	分
			2	0	8	8	0	0	0	0

票据种类	转账支票	收款人开户行盖章
票据张数	壹	

3. 根据原始凭证编制记账凭证

原始凭证 4－3－2

松山公司产品销售成本计算表

2019 年 8 月 31 日

产品名称	销售数量	单位成本	金额	备注
乒乓球台	20	800.00	16 000.00	
篮球架	20	2 800.00	56 000.00	
A 产品	200	350.00	70 000.00	
B 产品	100	600.00	60 000.00	
合计	340		202 000.00	

制表人：陆飞　　　主管

项目五 利润形成与分配的核算

▶ 职业情境

利润是企业在一定会计期间的经营成果，就其构成内容来看，既可以通过生产经营活动而获得，也可以投资活动而获得，也可以是直接计入当期利润的利得和损失等。那么怎么来核算和记录这些业务呢？

▶ 学习目标

通过学习，应该达到如下目标：

◆理论目标：

1. 了解工业企业的利润形成与分配过程。

2. 熟悉工业企业利润形成与分配过程中需要设置的主要账户及设置要求，明确主要会计账户的经济内容与核算要点。

3. 掌握工业企业利润形成与分配过程的主要经济业务核算方法。

◆实务目标：

1. 审核工业企业利润形成与分配过程的各项经济业务的原始凭证，编制会计分录；

2. 计算企业的营业利润、利润总额和净利润。

◆案例目标：

1. 了解工业企业利润形成与分配过程的特点；

2. 根据不同的经济业务，开设并应用各种会计账户；

3. 运用借贷记账法对各经济业务进行会计账务处理。

◆实训目标：根据实训任务，在了解和把握本实训所涉及的相关技能点的基础上，通过亲身体验，培养学生填制和审核凭证、登记各类账簿，计算企业当期损益的能力。

先导案例

南华公司 2019 年 6 月底计算出营业利润为 123 000 元，营业外支出为 3 000 元。求 12 月份的所得税和净利润。

课堂讨论：

1. 写出所得税的税率是多少，怎样求得所得税？

2. 怎样计算净利润？

知识橱窗

财务成果是指企业在一定会计期间从事经济活动所取得的经营成果，它是企业一定会计期间的收入与费用相抵后的余额。财务成果的表现形式有利润和亏损两种。当收入大于费用时，其差额表现为利润；反之，当收入小于费用时，其差额为亏损。财务成果是企业经营活动效率与经济效益的综合体现，是衡量企业经营成果和经济效益的综合尺度，因而，财务成果指标是一个非常重要的指标。

一、利润形成过程相关业务的核算

（一）利润的计算

利润是指企业在一定期间的经营成果。利润包括收入减去费用后的净额、直接计入当期利润的利得和损失等。利润包括三个层次：

1. 营业利润＝营业收入－营业成本－税金及附加－销售费用－管理费用－财务费用－资产减值损失＋公允价值变动收益（－公允价值变动收益）＋投资收益（－公允价值变动收益）

2. 利润总额＝营业利润＋营业外收入－营业外支出

3. 净利润＝利润总额－所得税费用

（二）需要设置的账户

1. 本年利润

所有者权益类账户，用来核算企业实现的净利润或发生的净亏损。

贷方登记期末各收益类账户的转入数额，分录如下：

借：主营业务收入

其他业务收入

投资收益

营业外收入

贷：本年利润

借方登记期末各费用或支出类账户的转入数额。分录如下：

借：本年利润

贷：主营业务成本

税金及附加

其他业务成本

销售费用

管理费用

财务费用

资产减值损失

营业外支出

所得税费用

本账户若为贷方余额，表示利润；如为借方余额，表示亏损。年度终了，企业应将"本年利润"账户的累计余额转入"利润分配－未分配利润"账户，结转后"本年利润"账户应无余额。

净利润结转：

借：本年利润

贷：利润分配——未分配利润

净亏损结转：

借：利润分配——未分配利润

　　贷：本年利润

2. 投资收益

损益类账户，用来核算对外投资取得的收益或发生的损失。贷方登记取得的投资收入；借方登记发生的投资损失和期末默许转入"本年利润"科目的数额，结转后本科目无余额。本科目应按投资的种类设置明细账。

3. 营业外收入

损益类账户，用来核算企业发生的各项营业外收入。取得时记入贷方；期末，该科目的余额应全部转入"本年利润"科目，记入借方，结转后应无余额。该科目按照营业外收入的具体项目设置明细账，进行明细核算。

4. 营业外支出

损益类账户，用来核算企业发生的与生产经营无直接关系的各项支出。发生支出时记入借方；期末，该科目的余额应全部转入"本年利润"科目，记入贷方，结转后应无余额。该科目按照营业外支出的具体项目设置明细账，进行明细核算。

5. 所得税费用

损益类账户，用来核算企业按规定从本期损益中减去的所得税。借方登记企业按税法规定的应纳税所得计算的应纳所得税额；贷方登记企业会计期末转入"本年利润"账户的所得税额，结转后账户应无余额。该科目一般不设置明细账。

(三) 利润形成过程相关业务的核算举例

【边做边学 3-5-1】 2019 年 6 月 3 日，松山公司从华光公司投资利润 20 000 元，已存入银行。

借：银行存款　　　　　　　　　　　　　　　　　　　　20 000

　　贷：投资收益　　　　　　　　　　　　　　　　　　　　20 000

【边做边学 3-5-2】 2019 年 6 月 5 日，松山公司收到罚款收入 500 元，存入银行。

借：银行存款　　　　　　　　　　　　　　　　　　　　500

　　贷：营业外收入　　　　　　　　　　　　　　　　　　　500

【边做边学 3-5-3】 2019 年 6 月末，结转松山公司有关损益类科目的余额表如下表。

单位：元

账户名称	借方余额	账户名称	贷方余额
主营业务成本	550 000	主营业务收入	850 000
其他业务成本	3 500	其他业务收入	5 000
税金及附加	4 500	投资收益	20 000
销售费用	3 700	营业外收入	500
管理费用	8 800		
财务费用	2 500		
营业外支出	300		

合计	573 300	合计	875 500

结转收入类账户时，其会计分录为：

借：主营业务收入 850 000

其他业务收入 5 000

投资收益 20 000

营业外收入 500

贷：本年利润 875 500

结转支出类账户时，会计分录为：

借：本年利润 573 300

贷：主营业务成本 550 000

其他业务成本 3 500

税金及附加 4 500

销售费用 3 700

管理费用 8 800

财务费用 2 500

营业外支出 300

【边做边学 3—5—4】松山公司计算并结转 2019 年 6 月应交所得税。

本月利润总额＝875 500－573 300＝302 200（元）

应交所得税＝302 200×25％＝75 550（元）

计提应交所得税，其会计分录为：

借：所得税费用 75 550

贷：应交税费——应交所得税 75 550

结转所得税费用时，其会计分录为：

借：本年利润 75 550

贷：所得税费用 75 550

(四) 利润分配过程相关业务的核算

1. 利润分配的顺序

根据《中华人民共和国公司法》的规定，企业对实现的净利润一般按照以下顺序进行分配：

(1) 弥补以前年度亏损。以前年度的亏损未弥补完的，不能提取法定盈余公积。

(2) 提取法定盈余公积。按照本年实现净利润的一定比例提取。公司制企业按照净利润的 10％提取。企业提取的法定盈余公积累计额达到注册资本的 50％以后，可以不再提取。

(3) 提取任意盈余公积。提取比例经股东会或股东大会决议。

(4) 向投资者分配利润。按照董事会的决议向投资者进行分配。

2. 未分配利润的计算

本期未分配利润＝本期实现的净利润－本期已分配利润

期末未分配利润＝期初未分配利润＋本期未分配利润

其中：本期已分配利润＝提取的盈余公积＋向投资者分配的利润

3. 需要设置的账户

（1）利润分配。所有者权益类账户，用来核算企业利润的分配（或亏损的弥补）和历年分配（或弥补）后的积存余额。

借方登记按规定实际分配的利润数，或年终从"本年利润"账户的贷方转来的全年亏损总额。

①实际分配利润：

借：利润分配——提取法定盈余公积

——提取任意盈余公积

——应付现金股利

贷：盈余公积——法定盈余公积

——任意盈余公积

应付股利

②年终从"本年利润"账户转入

借：利润分配——未分配利润

贷：本年利润

贷方登记年终时从"本年利润"账户借方转来的全年实现的净利润总额。

分录是：

借：本年利润

贷：利润分配——未分配利润

年终贷方余额表示历年积存的未分配利润，如为借方余额，表示历年积存的未弥补亏损。

利润分配应当分别"提取法定盈余公积"、"提取任意盈余公积"、"应付现金股利或利润"、"盈余公积补亏"和"未分配利润"。

（2）盈余公积。所有者权益类科目，用来核算企业从净利润中提取的盈余公积。贷方登记提取的盈余公积数；借方登记使用的盈余公积数；余额在贷方，表示企业的盈余公积结存数。

（3）应付股利。负债类科目，用来核算企业应付给投资者的利润。贷方登记期末计算出的应付股利数；借方登记实际支付给投资者的股利数；余额在贷方，表示企业的盈余公积结存数。

4. 利润分配过程相关业务的核算

【边做边学3－5－5】2019年年终，松山公司按税后利润800 000元的10%提取法定盈余公积。

借：利润分配——提取法定盈余公积　　　　　　　　　　　　80 000

贷：盈余公积——法定盈余公积　　　　　　　　　　　　　　　80 000

【边做边学3－5－6】根据松山公司董事会已通过的利润分配方案，应向投资者分配现金股利 100 000 元。

借：利润分配——应付股利　　　　　　　　　　　　　　100 000

贷：应付股利　　　　　　　　　　　　　　　　　　　　　100 000

【边做边学 3-5-7】2019 年松山公司，将"利润分配"科目中除"未分配利润"以外的其他各明细科目的余额转入"未分配利润"明细科目。

借：利润分配——未分配利润　　　　　　　　　　　　　180 000

贷：利润分配——提取法定盈余公积　　　　　　　　　　　　80 000

　　　　　　——应付股利　　　　　　　　　　　　　　100 000

项目训练

●理论题

一、单项选择题

1. 下列账户中，属于损益类账户的是(　　　)。

A. 本年利润　　　　　　　　　　B. 管理费用

C. 固定资产　　　　　　　　　　D. 应付账款

2. 企业取得的罚款，应计入 (　　　)。

A. 主营业务收入　　　　　　　　B. 营业外收入

C. 其他业务收入　　　　　　　　D. 补贴收入

3. 松山公司 2019 年年初"利润分配——未分配利润"科目的余额在借方，金额为 50 万元，2019 年实现净利润 200 万元，提取盈余公积 20 万元，分配利润 50 万元，则 2019 年末未分配利润的数额为(　　　)万元。

A. 130　　　　　　B. 150　　　　　　C. 80　　　　　　D. 180

4. 某企业税前会计利润为 2 000 万元，其中营业外收入 80 万元，假设不存在纳税调整事项，所得税税率 25%，则应交所得税为 (　　　) 万元。

A. 500　　　　　　B. 520　　　　　　C. 480　　　　　　D. 510

5. 反映利润分配情况的账户是(　　　)。

A. 本年利润　　　　B. 应付利润　　　　C. 应交税费　　　　D. 利润分配

二、多项选择题

1. 下列账户中，期末结转后一定无余额的是(　　　)。

A. 原材料　　　　　　　　　　　B. 长期待摊费用

C. 管理费用　　　　　　　　　　D. 销售费用

E. 财务费用

2. 下列项目中应通过"营业外收入"科目核算的有 (　　　)。

A. 无法支付的应付账款　　　　　B. 接受捐赠

C. 盘盈的固定资产　　　　　　　D. 处置固定资产净收益

3. 下列项目中，通过"营业外支出"科目核算的是(　　　)。

    A. 计提的存货跌价损失   B. 出售无形资产损失

    C. 债务重组损失   D. 非常损失

4. 企业对固定资产清理进行核算时，可能涉及的会计科目有(　　　)。

    A. 累计折旧   B. 固定资产

    C. 营业外收入   D. 营业外支出

5. 与"应交税费"账户贷方产生对应关系的账户一般有(　　　)。

    A. 所得税费用   B. 税金及附加

    C. 本年利润   D. 管理费用

三、判断题

1. 确实无法支付的应付账款，经批准后应转入资本公积。(　　　)

2. 向投资者支付已经宣告分配的现金股利能够导致资产和负债同时增加。(　　　)

3. 年度终了，企业应将"利润分配"科目所属其他明细科目的余额转入本科目"未分配利润"明细科目。(　　　)

4. 所得税是一种费用。(　　　)

5. 营业外收入与支出之间也有一种配比关系。(　　　)

四、技能题

完成以下经济业务的分录编制：

1. 12 月 3 日，因客户违反合同，企业通过索赔，取得了 30 000 元的赔偿费存入银行。

2. 12 月 5 日，以银行存款向地震灾区捐款 5 000 元。

3. 12 月 31 日，结转损益账户。

损益类账户余额表

账户名称	借方金额	贷方金额
主营业务收入		950 000
其他业务收入		20 000
主营业务成本	500 000	
其他业务成本	10 000	
税金及附加	5 000	
投资收益		30 000
销售费用	6 500	
管理费用	18 000	
财务费用	5 500	
营业外收入		35 000
营业外支出	7 000	
合计	552 000	1 035 000

4.12 月 31 日，按利润总额的 25％计算应交所得税。

5.12 月 31 日，将所得税转入"本年利润"账户。

6.12 月 31 日，将净利润转到"利润分配——未分配利润"账户。

7.12 月 31 日，按净利润的 10％计提法定盈余公积。

8.12 月 31 日，按净利润的 20％向投资者分配现金股利。

9.12 月 31 日，将上述有关利润分配明细账户余额转入"利润分配——未分配利润"明细账户。

五、实训任务

松山公司 2019 年 6 月末结账前的余额试算表如下。

松山公司

结账前余额试算表

2019 年 6 月　　　　　　　　　　　　　　　　　　　　　　　　单位：元

账户名称	借方余额	贷方余额
库存现金	500	
银行存款	85 000	
应收账款	45 500	
库存商品	170 000	
固定资产	200 000	
累计折旧		5 000
短期借款		20 000
应付账款		50 000
实收资本		200 000
盈余公积		2 000
利润分配		8 000
本年利润		40 000
主营业务收入		206 000
销售费用	10 000	
管理费用	20 000	
合　计	531 000	531 000

月末，华天公司的会计人员进行了以下经济事项进行了结账处理：

（1）计提本月办公用固定资产折旧 1 000 元。

（2）结转本月已售商品成本，共计 100 000 元。

（3）结转本月的损益类账户至"本年利润"账户。

（4）按 25％的所得税税率计算本月应交所得税。

（5）将本月所得税结转至"本年利润"账户。

（6）结转"本年利润"账户。

要求：根据上述资料，完成下列松山公司 12 月份的结账后试算平衡表的编制。并编制（1）（4）（5）记账凭证。

松山公司

结账后余额试算表

2019 年 6 月　　　　　　　　　　　　　　　　单位：元

账户名称	借方余额	贷方余额
库存现金	500	
银行存款	（1）	
应收账款	（2）	
库存商品	（3）	
固定资产	（4）	
累计折旧		（5）
短期借款		（6）
应付账款		（7）
应交税费		（8）
实收资本		200 000
盈余公积		（9）
利润分配		（10）
合计	（11）	（12）

模块四 会计凭证、会计账簿与账务处理程序

项目一 会计凭证

▶ **职业情境**

小芳从会计专业快毕业了，以过几次面视选拔，她进入一家会计师事务所进行毕业前的实习工作。上班第一天，实习单位的指导老师交给小芳一叠会计原始发票及单据要小芳进行整理，初次接触到这些资料，小芳感觉到为难了，这些原始凭证要如何整理才能符合会计规范及要求呢，原始凭证的会计事务要如何处理成记账凭证规范格式呢？

▶ **学习目标**

通过学习，应该达到如下目标：

◆**理论目标**：学习和掌握会计原始凭证的填制与审核，会计凭证的填制要求与方法；掌握借贷记账法的基本内容，借贷记账法的试算平衡，并能运用相关理论知识进行相关的认知实践活动。

◆**实务目标**：能运用会计凭证认知的理论和相关知识，规范"会计凭证填制、借贷记账法试算平衡"中的相关技能活动。

◆**案例目标**：运用本模块中的相关理论与实务知识研究相关案例，培养与提高学生在一定的情境下进行凭证填制，借贷记账试算平衡等相关会计职业能力，能结合本模块所学内容，培养学生进行基本会计凭证及原始凭证的操作与处理，掌握复式记账法的定义，复式记账的操作规程与格式。

◆**实训目标**：根据实训任务，在了解和把握本实训所涉及的相关技能点的基础上，通过社会实践活动及亲身体验会计凭证填制与会计试算平衡的操作，进行原始凭证及会计凭证操作，掌握复式记账的《实训报告》的准备、撰写、讨论与交流等有质量、有效率的实践活动，培养学生的专业实操能力。

先导案例

如何辨别发票的真假？

普通发票真伪的鉴别：发票监制章是识别发票真伪的重要标志，我国从 1991 年起，全国统一启用新版普通发票"发票监制章"，其形状为椭圆形，规格长轴为 3 厘米，短轴为 2 厘米，边宽 0.1 厘米，内环刻一细线，上环刻制"全国统一发票监制章"字样，下环刻制"××税务局监制"，中间刻制"地税机关所在地的省、市全称或简称"，中间刻制字体为正楷，印色为大红色，用防伪专用油墨套印在发票联票头正中央。使用发票鉴别仪，

可呈桔红色荧光反映。部分省（市）税务机关还用无色荧光油墨在发票联加了防伪暗记，在紫外线照射下呈绿色荧光反应。

目前，普通发票中的发票联一律采用全国统一发票专用水印纸，纸中有菱形水印图案，标致为"SW"（汉语拼音字母税务的缩写）字样，发票联上方椭圆形发票监制章及发票号码采用在紫外线灯光下呈橘红色反映的大红色荧光油墨印刷。

全国统一的有：发票监制章规格，统一为 3 厘米×2 厘米；发票联使用的纸张，防伪水印纸。

发票监制章和发票号码的油墨：防伪油墨。全国不统一的有：规格不完全统一；发票票头设置不一样。

知识橱窗

会计凭证是记录经济业务事项发生或完成情况的书面证明，也是登记账簿的依据。每个企业都必须按一定的程序填制和审核会计凭证，根据审核无误的会计凭证进行账簿登记，如实反映企业的经济业务。会计凭证照编制的程序和用途不同，分为原始凭证和记账凭证。

一、原始凭证的填制与审核

会计凭证是记录经济业务、明确经济责任、按一定格式编制的据以登记会计账簿的书面证明。会计凭证保证记录经济业务的合法性与合理性，保证了会计记录的真实性，加强了经济责任制。会计凭证按其编制程序和用途的不同，分为原始凭证和记账凭证，前者又称单据，是在经济业务最初发生之时即行填制的原始书面证明，如销货发票、款项收据等。后者又称记账凭单，是以审核无误的原始凭证为依据，按照经济业务的事项的内容加以归类，并据以确定会计分录后所填制的会计凭证。它是登入账簿的直接依据，常用的记账凭证有收款凭证、付款凭证、转账凭证等。会计凭证可以记录经济业务的发生和完成情况，为会计核算提供原始依据；可以检查经济业务的真实性、合法性和合理性，为会计监督提供重要依据；可以明确经济责任。为落实岗位责任制提供重要文件；可以反映相关经济利益关系，为维护合法权益提供法律证据；可以监督经济活动，控制经济运行。记帐凭证包括凭证名称、编制凭证的日期及编号、接受凭证单位的名称、经济业务的数量和金额、填制凭证单位的名称和有关人员的签章等。

会计凭证是多种多样的，按其填制的程序和用途的不同，可以分为原始凭证和记账凭证。

（一）原始凭证的定义与分类

原始凭证是记录经济业务已经发生、执行或完成，用以明确经济责任，作为记账依据的最初的书面证明文件。如出差乘坐的车船票、采购材料的发货票、到仓库领料的领料单等，都是原始凭证。原始凭证是在经济业务发生的过程中直接产生的，是经济业务发生的最初证明，在法律上具有证明效力，所以也可叫作"证明凭证"。原始凭证按其取得的来源不同，可以分为自制原始凭证和外来原始凭证两类。

1. 自制原始凭证

自制原始凭证是指在经济业务发生、执行或完成时，由本单位的经办人员自行填制的原始凭证，如收料单、领料单、产品入库单等。自制原始凭证按其填制手续不同，又可分为一次凭证、累计凭证、汇总原始凭证和记账编制凭证四种。

一次凭证。一次凭证，是指只反映一项经济业务，或者同时反映若干项同类性质的经济业务，其填制手续是一次完成的会计凭证。如企业购进材料验收入库，由仓库保管员填制的"收料单"；车间或班组向仓库领用材料时填制的"领料单"；以及报销人员填制的、出纳人员据以付款的"报销凭单"，等等，都是一次凭证。

累计凭证。累计凭证是指在一定期间内，连续多次记载若干不断重复发生的同类经济业务，直到期末，凭证填制手续才算完成，以期末累计数作为记账依据的原始凭证，如工业企业常用的限额领料单等。使用累计凭证，可以简化核算手续；能对材料消耗、成本管理起事先控制作用，是企业进行计划管理的手段之一。

汇总原始凭证。汇总原始凭证是指在会计核算工作中，为简化记账凭证的编制工作，将一定时期内若干份记录同类经济业务的原始凭证按照一定的管理要求汇总编制一张汇总凭证，用以集中反映某项经济业务总括发生情况的会计凭证，如"发料凭证汇总表""收料凭证汇总表""现金收入汇总表"等都是汇总原始凭证。

汇总原始凭证只能将同类内容的经济业务汇总填列在一张汇总凭证中。在一张汇总凭证中，不能将两类或两类以上的经济业务汇总填列。汇总原始凭证在大中型企业中使用得非常广泛，因为它可以简化核算手续，提高核算工作效率；能够使核算资料更为系统化，使核算过程更为条理化；能够直接为管理提供某些综合指标。

记账编制凭证。记账编制凭证是根据账簿记录和经济业务的需要编制的一种自制原始凭证。记账编制凭证是根据账簿记录，把某一项经济业务加以归类、整理而重新编制的一种会计凭证。例如在计算产品成本时，编制的"制造费用分配表"就是根据制造费用明细账记录的数字按费用的用途填制的。

2. 外来原始凭证

外来原始凭证，是指在同外单位发生经济往来关系时，从外单位取得的凭证。外来原始凭证都是一次凭证。如企业购买材料、商品时，从供货单位取得的发货票，就是外来原始凭证。

（二）原始凭证的填制与审核

1. 原始凭证的基本内容及其填制要求经办人员在填制原始凭证时，要对经济业务的内容进行审核，审核无误后才能填制原始凭证；根据经济业务的性质填制相应的凭证，其原始凭证要采用本部门、行业、企业或地区、全国统一规定的标准格式；原始凭证的项目要填写齐全；凭证书写要清楚，凭证上的文字和数字，要用蓝色墨水书写，如有书写错误，应按照规定方法更正或作废，任何凭证不得污染、抹擦、刀刮或挖补；凭证填制要真实地反映经济业务，按规定时间填写；检查有关手续是否完备。

正确填制原始凭证的具体要求如下：发生经济业务时，必须审核其是否符合国家有关法规、制度的要求，经审核无误后，选用与业务相应的原始凭证记录经济业务。用蓝黑墨水或黑墨水填写，禁止使用铅笔。按规定需要书写红字的，可以用红墨水；需要复写的，可使用圆珠笔。属于套写的凭证，一定要写透，不要上面清楚，下面模糊，严禁在应复写的地方不复写或分开复写，前后内容不一致。按原始凭证的基本要求填列，不得遗漏。原始凭证的基本要素是：凭证的名称；填制凭证的日期；填制凭证单位名称或者填制人员姓名；经办人的签名或者盖章；接受凭证单位名称；经济业务内容、数量、单价和金额。其中，受证单位名称，须按名称全称填写清楚；填写日期应年、月、日各项齐全，填制凭证的日期须同办理业务的时间保持一致；填写凭证时，按照凭证已有的项目，应自上而下逐项填写，不得随意增减应填列内容。填制在凭证上的经济业务内容要与实际相符，数字要真实可靠。从外单位取得的原始凭证须盖有填制单位的公章；从个人取得的原始凭证，必须有填制人员的签名或盖章。自制原始凭证必须有经办单位领导或者其指定的人员签名或盖公章。对外开出的原始凭证，必须加盖本单位公章。凭证上的金额栏应按规定填写。如金额应为实物数量与单价的乘积；金额栏的空行就注销；合计金额前面应加写人民币符号"￥"；凡填有大写小写金额的凭证，大写小写金额必须相符。购买实物的原始凭证，必须有验收证明；支付款项的原始凭证，必须有收款单位和收款人的收款证明。填制凭证时，应按照原始凭证的连续编号依次使用，不得漏号或跳号。填制在凭证中的摘要应简明扼要，字迹要清楚，易于辨认。原始凭证填制出现错误，不得涂改和挖补，应由开出单位重开或者按规定方法更正，如注销凭证错误并加盖经办单位图章或将错误凭证作废另行开具正确凭证，在更正处应加盖开出单位的公章等。一式几联的发票收据，必须用双面复写纸套写，并连续编号。作废时应加盖"作废"戳记，连同存根一起保存，不得撕毁。发生销货退回的，还必须有退货验收证明；退货时，必须取得对方的收款收据或者汇款银行的凭证，不能用退货发票代替收据。职工因公出差借款凭证，必须附在记账凭证后面。收回借款时，应当另开收据。

2. 原始凭证的审核内容。对填制的原始凭证要进行全面的审核。审核原始凭证是会计机构会计人员结合日常财务工作进行会计监督的基本形式。

原始凭证的审核内容主要包括三个方面：审核原始凭证的真实性，是指原始凭证上反映的应当是经济业务的本来面目，不得掩盖、歪曲和颠倒真实情况。审核原始凭证的基本内容——凭证的名称、接受凭证单位的名称、填制凭证的日期、经济业务的内容、总金额、填制单位和填制人员及有关人员的公章和签名、凭证的附件和凭证的编号等，是否真实和正确。主要审核经济业务双方当事单位和当事人的真实性、经济业务发生的时间、地点、填制凭证的日期的真实性、经济业务内容的真实性、经济业务的"量"的真实性，以及重点审核单价、金额的真实性。

凡有下列情况之一者不能作为正确的会计凭证：

（1）未写接受单位名称或名称不符；

（2）数量和金额计算不正确；

（3）有关责任人员未签字或未盖章；

（4）凭证联次不符；

（5）有污染、抹擦、刀刮和挖补痕迹。

审核原始凭证的完整性。所谓完整，是指原始凭证应具备的要素要完整，手续要齐全。审核时要检查原始凭证必备的要素是否都填写了。

例如，发货票上要有供货单位的财务公章、税务专用章、本联发货票用途、发货票的编号等。要素不完整的原始凭证，原则上应退回重填。特殊情况下，需有旁证并经领导批准才能报账。

审核原始凭证的手续是否齐全，主要包括：双方经办人是否签字或盖章；需要旁证的原始凭证，旁证不齐也应视为手续不齐全。

例如，不需入库的物品，发货票上应有使用证明人的签名；需要另外登记的原始凭证，需经登记以后再到会计部门报账；需经领导签名批准的原始凭证，要有领导人亲笔签名。手续不齐全的原始凭证，应退回补办手续后再予以受理。

审核原始凭证的合法性。所谓合法性，是指要按会计法规、会计制度（包括本单位制定的正在使用的会计制度和计划预算）办事。在实际工作中，要审核经济业务的发生是否符合相关政策和法规。违法的原始凭证主要有三种情况：明显的假发票、假车票；虽是真实的但制度规定不允许报销的；虽能报销，但制度对报销的比例或金额有明显限制的，超过比例和限额的不能报销。

凡有下列情况之一者不能作为合法的会计凭证：

（1）多计或少计收入、支出、费用、成本；

（2）擅自扩大开支范围，提高开支标准；

（3）不按国家规定的资金渠道和用途使用资金，或挪用资金进行基本建设；

（4）巧立名目，虚报冒领，滥发奖金、津贴、加班费、防护用品、福利费或实物，违反规定借出公款、公物；

（5）套取现金，签发空头支票；

（6）不按国家规定的标准、比例提取费用（或专用基金）；

（7）私分公共财物和资金；

（8）擅自动用公款、公物请客送礼；

（9）不经有关单位批准，购买、自制属于国家控制购买的商品。

3. 审核原始凭证应注意的问题

从外单位取得的原始凭证必须盖有填制单位的公章（一般盖财务专用公章），没有公章的原始凭证不能作为报账的依据。有些特殊的原始凭证，出于习惯和使用单位认为不易伪造，可不加盖公章。但这些凭证一般具有固定的特殊的公认的标志，如车船票、飞机票等。

从个人处取得的原始凭证应有填制人员的签名或盖章。为了稳妥起见，还应在原始凭证上填制原始凭证的个人的经营地点或居住地点。自制原始凭证同样具有法律效力，虽不一定加盖公章，但一定要有完整的签审手续。经办人、负责人、审核人、签领人一定要签名或盖章；经办单位负责人所指定的人员的签名或盖章也视为有效。对外开出的原始凭证，必须加盖本单位的公章，一般用财务专用章。不盖公章的原始凭证是无效凭证。购买实物的原始凭证，必须有实物收货说明；支付款项的原始凭证，必须有收款单位或收款人的收款证明，付款人不能自己证明自己确实付出了款项。一式几联的原始凭证，必须用双面复写纸复写，并连续编号。因填写错误或其他原因而作废，应加盖"作废"戳记，整份保存，不得缺联。复印的原始凭证一般不能作为凭证的依据。已经销售的物品被退回，实物要验收入库或另作处理，退还款时，要先填制退货发票。用现金结算退款时，要取得对方的收款收据；以银行存款退还的，以银行结算凭证联作为证明，不得以退货发票代替对方的收据。职工因公借款，应填写正式借据作为凭证的附件。这种借据因为要作为记账的凭证，不能退还给借款者，职工用报销的差旅费冲销或退还原借款时，由出纳人员另开收据或用借款结算联一类单据作为证明，并向借款人说明不退借据的原因。经过行政机关批准的经济业务，批文是不可缺少的原始凭证。年终，如果需要将批文抽出另行保管时，应当复印一分作为附件替换正式批文。

4. 原始凭证中容易出现的错误与舞弊

内容记载含糊不清，或故意掩盖事情真相，进行贪污作弊。

单位抬头不是本单位。

数量、单位与金额不符。

无收款单位签章。

开具阴阳发票，进行贪污作弊。

在整理和黏贴原始凭证过程中作弊。

例如：利用单位原始凭证粘贴、整理不规范的弱点，在进行黏贴、整理时，采用移花接木的手法，故意将个别原始凭证抽出，等以后再重复报销；或在汇总原始凭证金额时，故意多汇或少汇，达到贪污其差额的目的。

模仿领导笔迹签字冒领。

涂改原始凭证上的时间、数量、单位、金额，或添加内容和金额。

5. 有问题原始凭证的处理

在审核原始凭证的过程中，会计人员应认真执行《中华人民共和国会计法》所赋予的职责、权限，坚持制度，坚持原则。对违反国家规定的收支，超过计划、预算或者超过规定标准的各项支出，违反制度规定的预付款项，非法出售材料、物资，任意出借、变卖、报废和处理财产物资以及不按国家关于成本开支范围和费用划分的规定乱挤乱摊生产成本的凭证，都应拒收。对于内容不完全、不完备、数字有差错的凭证，应予以退回，要求经办人补办手续或进行更正。对于伪造或涂改凭证等弄虚作假、严重违法的原始凭证，在拒绝办理的同时，应当予以扣留，并及时向单位主管或上级主管报告，请求查明原因，追究当事人的责任。

二、记账凭证

记账凭证又称记账凭单，或分录凭单，是指财会部门根据审核确认无误的原始凭证或原始凭证汇总表编制、记载经济业务的简要内容，确认会计分录，作为记账直接依据的一种会计凭证。记账凭证种类甚多，格式不一，但其主要作用都在于对原始凭证进行分类、整理，按照复式记账的要求，运用会计科目，编制会计分录，据以登记账簿。记帐凭证是会计人员根据审核无误的原始凭证按照经济业务事项的内容加以归类，并据以确定会计分录后所填制的会计凭证，它是登记账簿的直接依据。在实际工作中，为了便于登记账簿，需要将来自不同的单位、种类繁多、数量庞大、格式大小不一的原始凭证加以归类、整理，填制具有统一格式的记账凭证，确定会计分录并将相关的原始凭证附在记账凭证后面。

（一）记账凭证的分类

1. 记账凭证按其使用范围，分为专用记账凭证和通用记账凭证两类

（1）专用凭证：指专门用来反映某类经济业务的记账凭证，又可分为三种格式和五种格式两种类型。

三种格式的记账凭证按其所记录的经济业务与现金和银行存款的收付有无关系具体可分为收款凭证、付款凭证和转账凭证。

（1）收款凭证：用于记录库存现金和银行存款收款业务的会计凭证。它是根据有关现金和银行存款收入业务的原始凭证填制，是登记现金日记账、银行存款日记账以及有关明细账和总账等账簿的依据，也是出纳人员收讫款项的依据。

（2）付款凭证：用于记录库存现金和银行存款付款业务的会计凭证。它是根据有关现金和银行存款支付业务的原始凭证填制，是登记现金日记账、银行存款日记账以及有关明细账和总账等账簿的依据，也是出纳人员付讫款项的依据。

（3）转账凭证：用于记录不涉及库存现金和银行存款业务的会计凭证。它是根据有关转账业务的原始凭证填制。转账凭证是登记总分类账及有关明细分类账的依据。

收款凭证一般用红色，付款凭证一般用蓝色，转账凭证一般用黑色。

五种格式的记账凭证具体可分为库存现金收款凭证、库存现金付款凭证、银行存款收款凭证、银行存款付款凭证、转账凭证。它适用货币资金收付业务很多，而且收款与付款业务分设库存现金收入日记账、库存现金支出日记账、银行存款收入日记账、银行存款支出日记账的会计主体。

（2）通用记账凭证：指反映各类经济业务共同使用的统一格式的记账凭证。

在经济业务比较简单的经济单位，为了简化凭证可以使用通用记账凭证，记录所发生的各种经济业务。记账凭证按其填列方式不同，分为复式凭证、单式凭证、汇总记账凭证。

复式记账凭证：又叫多科目凭证，是指在每一张记账凭证上填列一笔会计分录的全部账户名称，按反映经济业务的全貌要求编制的一种记账凭证，也是将每一笔经济业务事项所涉及的全部会计科目及其发生额均在同一张记账凭证中反映的一种凭证。优点是可以集中反映一项经济业务的科目对应关系，便于了解有关经济业务的全貌减少凭证数量节约纸张，填写方便，附件集中，便于记账凭证的分析和审核等。缺点在于不便于分工记账，同时不便于汇总计算每一个会计科目的发生额。在实际工作，一般都采用复式记账凭证。

单式记账凭证：又叫单科目记账凭证，是按一项经济业务所涉及的每个会计账户单独填制一张记账凭证，每一张记账凭证中只填写一个会计账户。每一张记账凭证只填列经济业务事项所涉及的一个会计科目及其金额的记账凭证。为单独反映每项经济业务涉及的会计账户及对应关系，单式记账凭证又分为借项记账凭证和贷项记账凭证。

汇总记账凭证：对一定时期内反映经济业务内容相同的若干张原始凭证按照一定标准综合填制的记账凭证。

2. 记账凭证按其用途可以分为分录凭证、汇总凭证、累计凭证和联合凭证

（1）分录凭证：它是指直接根据审核无误的原始凭证一次填制完成的记账凭证。我们平时说的收款凭证、付款凭证、转账凭证，均属于此种凭证，该凭证上载明经济业务所涉及的会计账户、记账方向和金额。

（2）汇总凭证和累计凭证：它是指根据分录凭证按照不同的方法加以汇总，根据登记总分类帐的一种记账凭证。汇总记账凭证包括"汇总收款凭证"、"汇总付款凭证"及"汇总转账凭证"等。累计凭证是指将所有的记账凭证汇总而成的记账凭证，如"科目汇总表"等。

（3）联合凭证：它是指既有原始凭证或原始凭证汇总表的内容，同时又有记账凭证内容的一种凭证。例如，在自制的原始凭证上同时印上对应科目，用来代替记账凭证，这样就形成了联合凭证，它可以作为记账的依据。

（二）记账凭证的基本内容

1. 记账凭证的名称及填制单位名称；

2. 填制记账凭证的日期；

3. 记账凭证的编号；

4. 经济业务事项的内容摘要；

5. 经济业务事项所涉及的会计科目及其记账方向；

6. 经济业务事项的金额；

7. 记账标记；

8. 所附原始凭证张数；

9. 会计主管、记账、审核、出纳、制单等有关人员的签章。

（三）记账的编制要求

记账凭证各项内容必须完整。必须以审核无误的原始凭证为依据。记账凭证应连续编号。一笔经济业务需要填制两张以上记账凭证的，可以采用分数编号法编号。记账凭证的书写应清楚、规范，相关要求同原始凭证。记账凭证可以根据每一张原始凭证填制，或根据若干张同类原始凭证汇总编制，也可以根据原始凭证汇总表填制。但不得将不同内容和类别的原始凭证汇总填制在一张记账凭证上。记账凭证上，必须有填制人员、审核人员、记账人员和会计主管的签名或盖章。对于发生的收款和付款业务必须坚持先审核后办理的原则，出纳人员要在有关收款凭证和付款凭证上签章，以明确经济责任。对已办妥的收款凭证或付款凭证及所附的原始凭证，出纳要当即加盖"收讫"或"付讫"戳记，以避免重收重付或漏收漏付发生。除结账和更正错误的记账凭证可以不附原始凭证外，其他记账凭证必须附有原始凭证。

【知识链接】

（1）所附原始凭证张数的计算，一般以所附原始凭证自然张数为准。

（2）一张原始凭证如涉及几张记账凭证的，可以把原始凭证附在一张主要的记账凭证后面，并在其他记账凭证上注明附有该原始凭证的编号或附上该原始凭证的复印件。

（3）一张原始凭证所列的支出需要由几个单位共同负担时，应当由保存该原始凭证的单位开具原始凭证分割单给其他应负担的单位。原始凭证分割单必须具备原始凭证的基本内容。

（4）填制记账凭证时若发生错误应当重新填制。已登记入账的记账凭证在当年内发现填写错误时，可以用红字填写一张与原内容相同的记账凭证，在摘要栏注明"注销某月某日某号凭证"字样，同时再用蓝字重新填制一张正确的记账凭证，注明"订正某月某日某号凭证"字样。如果会计科目没有错误，只是金额错误，也可将正确数字与错误数字之间的差额，另编一张调整的记账凭证，调增金额用蓝字、调减金额用红字。发现以前年度记账凭证有错误的，应当用蓝字填制一张更正的记账凭证。

（5）记账凭证填制完成经济业务事项后，如有空行，应当自金额栏最后一笔金额数字下的空行处至合计数上的空行处划线注销。

（1）收款凭证的编制要求。收款凭证左上角的"借方科目"按收款的性质填写"现金"或"银行存款"；日期填写的是编制本凭证的日期；右上角填写编制收款凭证的顺序号；"摘要"填写对所记录的经济业务的简要说明；"贷方科目"填写与收入现金或银行存款相对应的会计科目；"记账"是指该凭证已登记账簿的标记，防止经济业务事项重记或漏记；"金额"是指该项经济业务事项的发生额；该凭证右边"附件××张"是指本记账凭证所附原始凭证的张数；最下边分别由有关人员签章，以明确经济责任。

（2）付款凭证的编制要求。付款凭证的编制方法与收款凭证基本相同，只是左上角由"借方科目"换为"贷方科目"，凭证中间的"贷方科目"换为"借方科目"。

对于涉及"现金"和"银行存款"之间的经济业务，为避免重复一般只编制付款凭证，不编收款凭证。

（3）转账凭证的编制要求。转账凭证将经济业务事项中所涉及全部会计科目，按照先借后贷的顺序记入"会计科目"栏中的"一级科目"和"二级及明细科目"，并按应借、应贷方向分别记入"借方金额"或"贷方金额"栏。其他项目的填列与收、付款凭证相同。

（四）会计凭证填制要求

1. 基本要求

（1）审核无误。即在对原始凭证审核无误的基础上填制记账凭证。这是内部牵制制度的一个重要环节。

（2）内容完整。即记账凭证应该包括的内容都要具备。应该注意的是：以自制的原始凭证或者原始凭证汇总表代替记账凭证使用的，也必须具备记账凭证所应有的内容；记账凭证的日期，一般为编制记账凭证当天的日期，按权责发生制原则计算收益、分配费用、结转成本利润等调整分录和结账分录的记账凭证，虽然需要到下月才能编制，仍应填写当月月末的日期，以便在当月的账内进行登记。

（3）分类正确。即根据经济业务的内容，正确区别不同类型的原始凭证，正确应用会计科目。在此基础上，记账凭证可以根据每一张原始凭证填制，或者根据若干张同类原始凭证汇总编制，也可以根据原始凭证汇总表填制；但不得将不同内容和类别的原始凭证汇总填制在一张记账凭证上。

（4）连续编号。即记账凭证应当连续编号。这有利于分清会计事项处理的先后顺序，便于记账凭证与会计账簿之间的核对，确保记账凭证的完整。

2. 具体要求

（1）除结账和更正错误，记账凭证必须附有原始凭证并注明所附原始凭证的张数。所附原始凭证张数的计算，一般以原始凭证的自然张数为准。与记账凭证中的经济业务记录有关的每一张证据，都应当作为原始凭证的附件。如果记账凭证中附有原始凭证汇总表，则应该把所附的原始凭证和原始凭证汇总表的张数一起计入附件的张数之内。但报销差旅费等的零散票券，可以粘贴在一张纸上，作为一张原始凭证。一张原始凭证如涉及几张记账凭证的，可以将该原始凭证附在一张主要的记账凭证后面，在其他记账凭证上注明该主要记账凭证的编号或者附上该原始凭证的复印件。

（2）一张原始凭证所列的支出需要由两个以上的单位共同负担时，应当由保存该原始凭证的单位开给其他应负担单位原始凭证分割单。原始凭证分割单必须具备原始凭证的基本内容，包括凭证的名称、填制凭证的日期、填制凭证单位的名称或填制人的姓名、经办人员的签名或盖章、接受凭证单位的名称、经济业务内容、数量、单价、金额和费用的分担情况等。

（3）记账凭证编号的方法有多种，可以按现金收付、银行存款收付和转账业务三类分别编号，也可以按现金收入、现金支出、银行存款收入、银行存款支出和转账五类进行编号，或者将转账业务按照具体内容再分成几类编号。各单位应当根据本单位业务繁简程度、人员多寡和分工情况来选择便于记账、查账、内部稽核、简单严密的编号方法。无论采用哪一种编号方法，都应该按月顺序编号，即每月都从 1 号编起，顺序编至月末。一笔经济业务需要填制两张或者两张以上记账凭证的，可以采用分数编号法编号，如 1 号会计事项分录需要填制三张记账凭证，就可以编成 1（1/3），1（2/3），1（3/3）号。

（4）填制记账凭证时如果发生错误，应当重新填制。已经登记入账的记账凭证在当年内发现错误的，可以用红字注销法进行更正。在会计科目应用上没有错误，只是金额错误的情况下，也可以按正确数字同错误数字之间的差额，另编一张调整记账凭证。发现以前年度的记账凭证有错误时，应当用蓝字填制一张更正的记账凭证。

（5）实行会计电算化的单位，其机制记账凭证应当符合对记账凭证的一般要求，并应认真审核，做到会计科目使用正确，数字准确无误。打印出来的机制记账凭证上，要加盖制单人员、审核人员、记账人员和会计主管人员印章或者签字，以明确责任。

（6）记账凭证填制完经济业务事项后，如有空行，应当在金额栏自最后一笔金额数字下的空行处至合计数上的空行处划线注销。

（7）正确编制会计分录并保证借贷平衡。必须根据国家统一会计制度的规定和经济业务的内容，正确使用会计科目和编制会计分录，记账凭证借、贷方的金额必须相等，合计数必须计算正确。

（8）摘要应与原始凭证内容一致，能正确反映经济业务的主要内容，表述简短精练。

应能使阅读的人通过摘要就能了解该项经济业务的性质、特征，判断出会计分录的正确与否，一般不必再去翻阅原始凭证或询问有关人员。

（9）只涉及现金和银行存款之间收入或付出的经济业务，应以付款业务为主，只填制付款凭证，不填制收款凭证，以免重复。

（五）会计专用记账凭证的填制

1. 收款凭证的填制

收款凭证根据现金和银行存款收款业务的原始凭证填制。凡是涉及增加现金或者银行存款账户的金额的，都必须填制收款凭证。收款凭证左上方的"借方科目（或账户）"，应填写"现金"或"银行存款"；右上方应填写凭证编号。收款凭证的编号一般按"现收×号"和"银收×号"分类，业务量少的单位也可不分"现收"与"银收"、而按收款业务发生的先后顺序统一编号，如"收字×号"。"摘要"栏内填写经济业务的内容梗概；"贷方科目（或账户）"栏内填写与"现金"或"银行存款"科目相对应的总账（一级）科目及其所属明细（二级）科目；"金额"栏内填写实际收到的现金或银行存款数额；"记账符号"栏供记账员在根据收款凭证登记有关账簿以后做记号用，表示该项金额已经记入有关账户，避免重记或漏记。

2. 付款凭证的填制

付款凭证根据现金和银行存款付款业务的原始凭证填制。凡是涉及减少现金或者银行存款账户的金额的，都必须填制付款凭证。付款凭证的填制方法和要求与收款凭证基本相同，不同的只是在付款凭证的左上方应填列贷方科目（或账户），因为现金和银行存款的减少应记账户的贷方；付款凭证的对应科目为"借方科目（或账户）"，需填写与现金或银行存款支出业务有关的总账（一级）科目和明细（二级）科目。

对于只涉及"现金"与"银行存款"这两个账户的业务，如从银行存款中提取现金或以现金存入银行等，只需填制付款凭证，不再填制收款凭证，以免重复记账。

3. 转账凭证的填制

转账凭证根据不涉及现金和银行存款收付的转账业务的原始凭证填制。凡是不涉及现金和银行存款增加或减少的业务，都必须填制转账凭证。转账业务没有固定的账户对应关系，因此在转账凭证中，要按"借方科目（或账户）"和"贷方科目（或账户）"分别填列有关总账（一级）科目和明细（二级）科目。借方科目的金额与贷方科目的金额都在同一行的"金额"栏内填列。

（六）汇总记账凭证的填制

1. 汇总收款凭证的填制

汇总收款凭证根据现金或银行存款的收款凭证，按现金或银行存款科目的借方分别设置，并按贷方科目加以归类汇总，定期（5天或10天）填列一次，每月编制一张。月份终了，计算出汇总收款凭证的合计数后，分别登记现金或银行存款总账的借方，以及各个对应账户的贷方。

2. 汇总付款凭证的填制

汇总付款凭证根据现金或银行存款的付款凭证，按现金或银行存款科目的贷方分别设置，并按借方科目加以归类汇总，定期（5 天或 10 天）填列一次，每月编制一张。月份终了，计算出汇总付款凭证的合计数后，分别登记现金或银行存款总账的贷方，以及各个对应账户的借方。

3. 汇总转账凭证的填制

汇总转账凭证根据转账凭证按每个科目的贷方分别设置，并按对应的借方科目归类汇总，定期（5 天或 10 天）填列一次，每月编制一张。月份终了，计算出汇总转账凭证的合计数后，分别登记各有关总账的贷方或借方。

4. 记账凭证汇总表的填制

根据记账凭证逐笔登记总账，如果工作量很大，可以先填制记账凭证汇总表，然后根据记账凭证汇总表再来登记总账。填制方法一般如下：

（1）填写记账凭证汇总表的日期、编号和会计科目名称。汇总表的编号一般按年顺序编列，汇总表上会计科目名称的排列应与总账科目的序号保持一致；

（2）将需要汇总的记账凭证，按照相同的会计科目名称进行归类；

（3）将相同会计科目的本期借方发生额和贷方发生额分别加总，求出合计金额；

（4）将每一会计科目的合计金额填入汇总表的相关栏目；

（5）结计汇总表的本期借方发生额和本期贷方发生额合计，双方合计数应相等。

【小知识】

为了正确登记账簿和监督经济业务，除了编制记账凭证的人员应当认真负责、正确填制、加强自审以外，同时还应建立专人审核制度。如前所述，记账凭证是根据审核后的合法的原始凭证填制的。因此，记账凭证的审核，除了要对原始凭证进行复审外，还应注意以下几点。

1. 合规性审核

审核记账凭证是否附有原始凭证，原始凭证是否齐全，内容是否合法，记账凭证的所记录的经济业务与所附原始凭证所反映的经济业务是否相符。

2. 技术性审核

审核记账凭证的应借、应贷科目是否正确，账户对应关系是否清晰，所使用的会计科目及其核算内容是否符合会计制度的规定，金额计算是否准确。摘要是否填写清楚、项目填写是否齐全、如日期、凭证编号、二级和明细会计科目、附件张数以及有关人员签章等。在审核过程中，如果发现差错，应查明原因，按规定办法及时处理和更正。只有经过审核无误的记账凭证，才能据以登记账簿。对会计凭证进行审核，是保证会计信息质量，发挥会计监督的重要手段。这是一项政策性很强的工作，要做好会计凭证的审核工作、正确发挥会计的监督作用，会计人员应当做到：既要熟悉和掌握国家政策、法令、规章制度和计划、预算的有关规定，又要熟悉和了解本单位的经营情况。这样，才能明辨是非，确定哪些经济业务是合理、合法的；哪些经济业务是不合理、不合法的。会计人员应自觉地执行政策，遵守制度，正确处理各种经济关系。

记账凭证的附件就是所附的原始凭证，填制记账凭证所依据的原始凭证必须附在相应的记账凭证后面，并在记账凭证上标明所附原始凭证的张数。根据财政部《会计基础工作规范》第五十一条规定，对附件应当区别不同情况进行处理。

可以不附原始凭证的是：结账的记账凭证；更正错误的记账凭证。

一张原始凭证只对应一张记账凭证的：将原始凭证直接附在记账凭证后面。

一张原始凭证涉及几张记账凭证的，有两种方法可以使用：

第一种方法，将原始凭证附在一张主要的记账凭证后面。然后在其他记账凭证上注明附有该原始凭证的记账凭证的编号，便于查找。

第二种方法，将原始凭证附在一张主要的记账凭证后面，然后在其他记账凭证后面附该原始凭证的复印件。

一张原始凭证所列支的费用需要几个单位共同负担的：该原始凭证由本单位保留。附在本单位的有关记账凭证后面，给共同负担费用的其他单位开出原始凭证分割单，供其结算使用。原始凭证分割单必须具备原始凭证所要求的基本内容，包括：凭证名称、填制凭证日期、填制凭证单位名称或者填制人的姓名、经办人的签名或盖章、接受凭证单位名称、经济业务的内容、数量、单价、金额和费用分摊情况。

项目训练

◆知识题

一、单项选择题

1. 下列记账凭证与原始凭证区别，错误的是（　　　）。

A. 原始凭证应由经办人员填制，而记账凭证由本单位出纳填制

B. 原始凭证根据发生或完成的经济业务填制，而记账凭证则根据审核后的原始凭证填制

C. 原始凭证仅用以记录、证明经济业务已经发生或完成，而记账凭证则依据会计科目对已经发生或完成的经济业务进行归类、整理编制

D. 原始凭证是记账凭证的附件，是填制记账凭证的依据，而记账凭证是登记账簿的直接依据

2. 下列各项中，不属于原始凭证的基本内容的是（　　　）。

A. 接受凭证单位名称

B. 交易或事项的内容、数量、单价和金额

C. 经办人员签名或盖章

D. 应记会计科目名称和记账方向

3. 将现金送存银行，一般应根据有关原始凭证填制（　　　）凭证。

A. 现金收款　　　　　　　　　　B. 银行存款收款

C. 现金付款　　　　　　　　　　D. 银行存款付款

4. 关于记账凭证填制的基本要求，不正确的是（　　　）。

A. 记账凭证各项内容必须完整

B. 记账凭证应连续编号

C. 可以将不同内容和类别的原始凭证汇总填制在一张记账凭证上

D. 如果当年内发现记账凭证只是金额错误，可以以差额另编一张调整的记账凭证，调增金额用蓝字，调减金额用红字

5. 出纳人员在办理收款或付款后，为免重收重付，（　　）。

　　A. 应在原始凭证上加盖"收讫"或"付讫"戳记

　　B. 由收款人员或付款人员在备查簿上签名

　　C. 由出纳人员在备查簿登记

　　D. 由出纳人员在凭证上划线注销

6. 下列内容属于记账凭证必须具备而原始凭证不具备的是（　　）。

　　A. 填制日期　　　　　　　　　　B. 经济业务内容

　　C. 会计科目　　　　　　　　　　D. 金额

二、多项选择题

1. 原始凭证按其填列方法不同分为（　　）。

　　A. 一次凭证　　　　　　　　　　B. 累计凭证

　　C. 汇总原始凭证　　　　　　　　D. 转账凭证

2. 按照记账凭证的审核要求，下列内容中属于记账凭证审核内容的是（　　）。

　　A. 内容是否真实　　　　　　　　B. 凭证所列事项是否符合有关的计划和预算

　　C. 凭证项目是否填写齐全　　　　D. 凭证的金额与所附原始凭证的金额是否一致

3. 下列各项中，可以作为记账凭证编制依据的有（　　）。

　　A. 若干张同类原始凭证　　　　　B. 每一张原始凭证

　　C. 付款凭证　　　　　　　　　　D. 原始凭证汇总表

4. 关于记账凭证下列说法正确的是（　　）。

　　A. 收款凭证是指用于记录现金和银行存款收款业务的记账凭证

　　B. 收款凭证分为现金收款凭证和银行存款收款凭证两种

　　C. 从银行提取库存现金的业务应该编制现金收款凭证

　　D. 从银行提取库存现金的业务应该编制银行存款付款凭证

5. 下列人员中，应在记账凭证上签章的有（　　）。

　　A. 单位负责人　　　　　　　　　B. 会计主管人员

　　C. 记账人员　　　　　　　　　　D. 填制凭证人员

6. 记账凭证按照填列方式不同，可以分为（　　）。

　　A. 专用记账凭证　　　　　　　　B. 通用记账凭证

　　C. 复式记账凭证　　　　　　　　D. 单式记账凭证

三、判断题

1. 原始凭证必须按规定格式和内容逐项填写齐全，同时必须由经办部门和经办人员

签字盖章。（　　）

2. 原始凭证可以由非财务部门和人员填写，但记账凭证只能由财务部门和人员填写。（　　）

3. 付款凭证左上角"借方科目"处应填写"现金"或"银行存款"科目。（　　）

4. 所有的记账凭证都应附有原始凭证。（　　）

5. 原始凭证有时也是登记账簿的依据。（　　）

6. 各种凭证若填写错误，不得随意涂改、刮擦、挖补。（　　）

四、技能题

请结合某公司的会计经济业务，填制记账凭证。

项目二　账务处理程序

▶️ 职业情境

2019年9月，小王从某高校会计专业毕业后应聘到华兴公司承担财务工作。该公司为新设立的公司，有职工150人，公司规模较小，业务量不大。小王负责为公司建账，他应该为该公司选择哪种账务处理程序？

▶️ 学习目标

通过学习，应该达到如下目标：

◆**理论目标**：理解账务处理程序的概念，掌握记账凭证账务处理程序、科目汇总表账务处理程序、汇总记账凭证账务处理程序登记总分类账的方法、特点和适用范围。

◆**实务目标**：能运用账务处理程序科学地把会计核算工作组织起来，使之有条不紊地进行，以便更好地发挥会计工作的作用。

◆**案例目标**：运用账务处理程序的相关理论与实务知识研究相关案例，掌握根据企业的经济业务情况以及财会人员的配备情况和水平，建立合理、适用的账务处理程序的能力，以及判别企业所选账务处理程序与其经营情况是否匹配的能力。

◆**实训目标**：根据实训任务，结合凭证的填制知识，编制记账凭证、科目汇总表及汇总记账凭证，思考三种登记总账依据之间的不同以及相应的登记总账方式的不同，以熟悉账务处理流程。

🔘 先导案例

小丽开了一家服装店。3月1日，小丽利用自己的积蓄租了一套租赁期为两年的店铺，每月租金500元，先预付3 000元，同时，借来现金20 000元。

服务公司3月份发生以下业务：

（1）支付广告费200元。

（2）现款购入置衣铁架及镜子，共计500元。

（3）现款购入服装数件，总成本1 000元。

（4）聘请店员一名，月末支付其工资2 000元。

（5）卖出衣服数件，共收到现金3 000元。

课堂讨论：

1. 服装店的经济业务会导致哪些会计要素发生变动？

2. 请帮小丽设计一套合理的、能够完整记录店铺经济业务的账务处理程序。

3. 判断小丽本月的经营是否有盈利。

知识概窗

一、账务处理程序概述

在实际工作中，各个单位的业务性质、规模大小各不相同，因此需要设置的凭证和账簿的格式、种类以及与之相适应的记账凭证和方法也就不完全相同。为了使会计工作有条不紊地进行，确保正确、及时、完整地提供各种会计信息，各单位应根据自身的经济业务的性质、特点、规模大小以及财会人员的配备情况和水平，建立合理、适用的账务处理程序。

（一）账务处理程序的概念

所谓账务处理程序，也称会计核算组织程序或会计核算形式，是指会计凭证、会计账簿、会计报表相结合的方式，即从原始凭证的整理、汇总，记账凭证的填制、汇总，日记账、明细分类账、总分类账的登记，到最后编制会计报表的步骤和方法。会计凭证、会计账簿、会计报表之间的结合方式的不同，就形成了不同的账务处理程序。

（二）账务处理程序的种类

我国各单位采用的账务处理程序一般有：记账凭证账务处理程序、科目汇总表账务处理程序、汇总记账凭证账务处理程序、多栏式日记账账务处理程序和日记总账账务处理程序五种。其中，记账凭证账务处理程序是最基本的一种，其他账务处理程序都是由此发展、演变而来的。各种账务处理程序在填制记账凭证、登记现金日记账和银行存款日记账及登记各种明细分类账这些环节的依据和方法基本相同，主要区别在于登记总分类账的依据和方法。如表4-1所示。

表4-1　　　　　　　　登记总分帐的依据和方法

账务处理程序名称	登记总分类账依据	登记总分类账方式
记账凭证账务处理程序	记账凭证	直接登记
科目汇总表账务处理程序	汇总记账凭证	汇总登记
汇总记账凭证账务处理程序	科目汇总表	
多栏式日记账账务处理程序	多栏式日记账	
日记总账账务处理程序	日记总账	直接登记

在实际工作中，各经济单位可根据实际需要选择其中一种账务处理程序，也可将多种账务处理程序的优点结合起来使用，以满足本单位经营管理的需要。

本书主要介绍三种常用的账务处理程序及其总账的登记方法，即记账凭证账务处理程序、科目汇总表账务处理程序和汇总记账凭证账务处理程序。

二、记账凭证账务处理程序

（一）记账凭证账务处理程序的基本内容

记账凭证账务处理程序是指根据经济业务发生后所填制的各种记账凭证直接逐笔地登记总分类账，并定期编制财务报表的一种账务处理程序。记账凭证账务处理程序是最基本的账务处理程序。

在这种账务处理程序下，记账凭证可采用通用记账凭证，也可分别采用收款凭证、付款凭证和转账凭证。需要设置现金日记账和银行存款日记账，总分类账和明细分类账。现金日记账和银行存款日记账和总分类账均采用三栏式，明细分类账根据需要设置，分别采用三栏式、数量金额式或多栏式。

根据记账凭证逐笔登记的总分类账如表4－2所示。

表 4－2   总分类账

总账科目：银行存款

2019 年		凭证		摘要	借方	贷方	借或贷	余额
月	日	字	号					
4	1			期初余额			借	530 940
	1	收	1	接受投资	200 000		借	730 940
	8	收	2	借入借款	300 000		借	1 030 940
	17	付	1	购入材料		8 200	借	1 022 740
	26	付	2	付广告费		6 000	借	1 016 740
	30			本月合计	500 000	14 200	借	1 016 740

（二）记账凭证账务处理程序的一般编制步骤

记账凭证账务处理程序的一般步骤是：

1. 根据原始凭证编制汇总原始凭证；

2. 根据原始凭证或汇总原始凭证，编制记账凭证；

3. 根据收款凭证、付款凭证逐笔登记现金日记账和银行存款日记账；

4. 根据原始凭证、汇总原始凭证和记账凭证，登记各种明细分类账；

5. 根据记账凭证逐笔登记总分类账；

6. 期末，现金日记账、银行存款日记账和明细分类账的余额同有关总分类账的余额核对相符；

7. 期末，根据总分类账和明细分类账的记录，编制会计报表。

记账凭证账务处理程序的记账程序如图4－1所示。

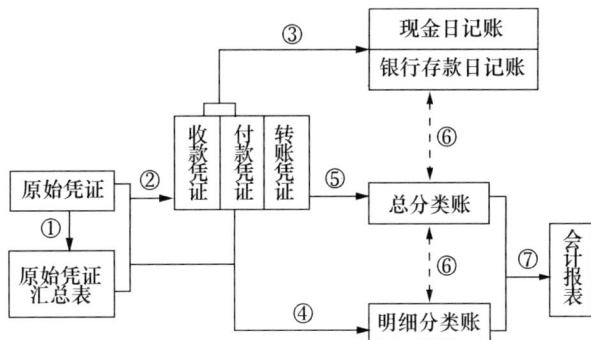

图 4-1　记账凭证账务处理程序流程图

（三）记账凭证账务处理程序的特点、优缺点及适用范围

记账凭证账务处理程序的特点是直接根据记账凭证，逐笔登记总分类账。

这种账务处理程序的优点是账务处理程序简单明了，易于掌握，总分类账可以较详细地反映经济业务的发生情况。其缺点是由于总分类账直接根据记账凭证逐笔登记，若企业的规模较大，经济业务较多，则登记总分类账的工作量就会较大。因此该账务处理程序适用于规模较小、经济业务量较少、需要编制记账凭证不是很多的单位。如果业务量过小，也可以使用通用记账凭证，以避免凭证种类的多样化而造成凭证购买上的过多支出。

三、科目汇总表账务处理程序

（一）科目汇总表账务处理程序的基本内容

科目汇总表账务处理程序又称记账凭证汇总表处理程序，它是根据记账凭证定期编制科目汇总表，再根据科目汇总表登记总分类账的一种账务处理程序。

在科目汇总表账务处理程序下，凭证和账簿的设置与记账凭证核算程序基本相同，只是需要定期根据记账凭证编制科目汇总表这种具有汇总性质的记账凭证作为登记总分类账的依据。

（二）科目汇总表的填制方法

科目汇总表的填制方法是：先将汇总期内各项经济业务所涉及的会计科目填列在科目汇总表的"会计科目"栏内，填列的顺序最好与总分类账上会计科目的顺序相同，以便于登记总分类账；然后，依据汇总期内所有的记账凭证，按照相同的会计科目归类，分别计算各会计科目的借方发生额和贷方发生额，并将其填入科目汇总表的相应栏内；最后，将所有科目的借方发生额加总、所有科目的贷方发生额加总，并核对借、贷方发生额合计数是否相等，以起到试算平衡的作用。试算无误后，据以登记总分类账。

科目汇总表可以每月汇总一次编制一张（如表 4-3），也可视业务量大小分 5 天、10 天、半个月等定期汇总一次（如表 4-4），每月编制一张。为便于编制科目汇总表，所有的记账凭证最好采用单式记账凭证，以便按科目分类汇总，这样便于汇总计算其借贷方发生额，不易出错。

表4—3 科目汇总表（一）

年 月 日

会计科目	总账页数	本期发生额		记账凭证起讫号数	附单据
		借方	贷方		
					张
合计					

会计主管： 会计： 复核： 制表：

表4—4 科目汇总表（二）

年 月 日

会计科目	总账页数	记账凭证起讫号数	1—10 日		11—20 日		21—30 日		附单据
			借方	贷方	借方	贷方	借方	贷方	
									张
合计									

会计主管： 会计： 复核： 制表：

（三）科目汇总表账务处理程序的一般编制步骤

1. 根据原始凭证编制汇总原始凭证；

2. 根据原始凭证或汇总原始凭证，编制记账凭证；

3. 根据收款凭证、付款凭证逐笔登记现金日记账和银行存款日记账；

4. 根据原始凭证、汇总原始凭证和记账凭证，登记各种明细分类账；

5. 根据各种记账凭证编制科目汇总表；

6. 根据科目汇总表登记总分类账；

7. 期末，现金日记账、银行存款日记账和明细分类账的余额同有关分类账的余额核对相符；

8. 期末，根据总分类账和明细分类账的记录，编制会计报表。

（四）科目汇总表账务处理程序的特点、优缺点及适用范围

科目汇总表账务处理程序的特点是根据记账凭证定期编制科目汇总表，再根据科目汇总表登记总分类账。

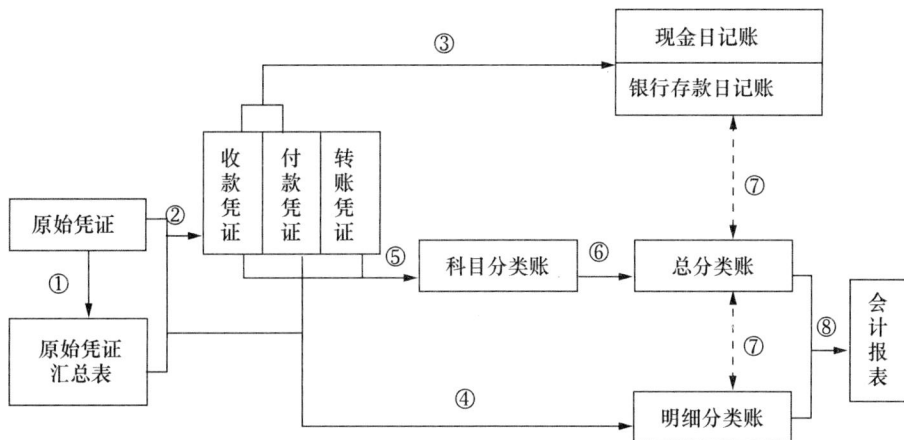

图4-2 科目汇总表账务处理程序流程图

这种账务处理程序的主要优点是：根据定期编制的科目汇总表登记总分类账，可大大地简化总分类账的登记工作；其次，通过科目汇总表的编制，可进行发生额试算平衡，及时发现差错。但由于科目汇总表是定期汇总计算每一账户的借方、贷方发生额，并不考虑账户间的对应关系，因而在科目汇总表和总分类账中，不能明确反映账户的对应关系，不便于了解经济业务的具体内容。因此，其主要适用于规模较大，经济业务量较大的企业。在我国，大部分企业采用的都是科目汇总表账务处理程序。因此，本模块项目三中将举例说明科目汇总表账务处理程序的应用（如图4-2所示）。

【知识链接4-1】

科目汇总表可以看作是一张发生额试算平衡表。科目汇总表汇总了某一个时期内每一个会计科目的借方本期发生额和贷方本期发生额，根据会计等式和复式记账法的记账规则"有借必有贷，借贷必相等"，本期发生额的借方合计数和贷方合计数必然相等。因此编制科目汇总表的过程，可以视作是核对账务处理是否正确的过程。

如果编制科目汇总表的过程中出现了问题，就是账务处理时登记记账凭证或根据记账凭证登记科目汇总表的过程中出现了错误。因此，编制科目汇总表可以及时地发现账务处理的错误。

四、汇总记账凭证账务处理程序

（一）汇总记账凭证账务处理程序的的基本内容

汇总记账凭证账务处理程序是根据原始凭证或汇总原始凭证编制记账凭证，并定期根据记账凭证分类编制汇总收款凭证、汇总付款凭证和汇总转账凭证，再根据汇总记账凭证登记总分类账的一种账务处理程序。

在汇总记账凭证账务处理程序下，凭证和账簿的设置与记账凭证核算程序基本相同，只是需要定期根据记账凭证编制汇总记账凭证，包括汇总收款凭证、汇总付款凭证和汇总转账凭证，这是汇总记账凭证账务处理程序的独特之处。另外，总分类账的账页格式必须增设"对应账户"栏。

（二）汇总记账凭证及其编制方法

汇总记账凭证分为汇总收款凭证、汇总付款凭证和汇总转账凭证三种，其格式如表4－5、表4－6、表4－7所示。它是根据收款凭证、付款凭证和转账凭证定期汇总编制而成，一般5天或10天汇总填制一次，每月编制一张。具体编制方法如下。

1. 汇总收款凭证

汇总收款凭证的借方科目应按"库存现金"和"银行存款"分别设置，按对应的贷方科目分设专栏。根据现金收款凭证和银行存款收款凭证定期汇总填列；月末，结算出汇总收款凭证中各贷方科目的发生额合计数，登记在各贷方科目的总分类账户中，同时，结算出汇总收款凭证的合计数以登记借方科目的总账。汇总收款记账凭证的编制举例如下：

兴业公司2019年6月1－10日发生了6笔库存现金收款业务，在收款凭证上编制的会计分录如下：

（1）借：库存现金　　　　　　　　　　　　　　100

　　　　贷：其他应收款　　　　　　　　　　　　100

（2）借：库存现金　　　　　　　　　　　　　2 000

　　　　贷：其他业务收入　　　　　　　　　　2 000

（3）借：库存现金　　　　　　　　　　　　　1 200

　　　　贷：其他业务收入　　　　　　　　　　1 200

（4）借：库存现金　　　　　　　　　　　　　　260

　　　　贷：其他应收款　　　　　　　　　　　　260

（5）借：库存现金　　　　　　　　　　　　　　400

　　　　贷：应收账款　　　　　　　　　　　　　400

（6）借：库存现金　　　　　　　　　　　　　2 200

　　　　贷：其他业务收入　　　　　　　　　　2 200

按借方科目"库存现金"设置汇总收款凭证，按贷方科目"其他应收款"、"其他业务收入"和"应收账款"进行汇总，可以计算出1—10日这三个贷方科目的发生额分别为：360元、5 400元、400元，填入本月汇总收款凭证的相应栏次，如表4－5所示（11—20日、21—30日为另外两次汇总结果的假定数）。

表4－5　　　　　　　　　　汇总收款凭证

借方科目：库存现金　　　　　　　2019年6月　　　　　　　　　汇收第1号

贷方科目	金额				总账页数	
	1—10日凭证 1号—6号	11—20日凭证 7号—10号	21—30日凭证 11号—15号	合计	借方	贷方
其他应收款	360	240	400	1 000		
其他业务收入	5 400	1 000	200	6 600		
应收账款	400	800	850	2 050		
合计	6 160	2 040	1 450	9 650		

2. 汇总付款凭证

汇总收款凭证的贷方科目应按"库存现金"和"银行存款"分别设置，按对应的借方科目分设专栏。根据现金付款凭证和银行存款付款凭证定期汇总填列；月末，结算出汇总付款凭证中各借方科目的发生额合计数，登记在各贷方科目的总分类账户中，同时，结算出汇总付款凭证的合计数以登记贷方科目的总账。汇总收款记账凭证的编制举例如下：

兴业公司 2019 年 6 月 1—10 日发生了 6 笔银行存款付款业务，在付款凭证上编制的会计分录如下：

（1）	借：应付账款		1 500
	贷：银行存款		1 500
（2）	借：应交税费		3 600
	贷：银行存款		3 600
（3）	借：固定资产		50 000
	贷：银行存款		50 000
（4）	借：短期借款		2 000
	贷：银行存款		2 000
（5）	借：应付账款		10 000
	贷：银行存款		10 000
（6）	借：固定资产		3 200
	贷：银行存款		3 200

按贷方科目"银行存款"设置汇总付款凭证，按借方科目"应付账款、"应交税费"、"固定资产"和"短期借款"进行汇总，可以计算出 1—10 日这四个借方科目的发生额分别为：11 500 元、3 600 元、53 200 元、2 000 元，填入本月汇总付款凭证的相应栏次，如表 4—6 所示（11—20 日、21—30 日为另外两次汇总结果的假定数）。

表 4—6　　　　　　　　　　　汇总付款凭证

贷方科目：银行存款　　　　　　　2019 年 6 月　　　　　　　　　　汇付第 1 号

借方科目	金额				总账 页数	
	1—10 日凭证 1 号—6 号	11—20 日凭证 7 号—10 号	21—30 日凭证 11 号—15 号	合计	借方	贷方
应付账款	11 500	2 500	6 000	20 000		
应交税费	3 600			3 600		
固定资产	53 200			53 200		
短期借款	2 000			2 000		
合计	70 300	2 500	6 000	78 800		

【知识链接 4—2】

涉及收款的业务编制收款凭证，涉及付款的业务编制付款凭证，而现金和银行存款之间的相互划转的业务既涉及收款又涉及付款，为了避免重复记账，这种情况一般只编制付款凭证，不编制收款凭证。即企业将现金存入银行，只编制现金付款凭证；从银行提取现金，只编制银行存款付款凭证。所以，现金和银行存款之间的相互划转的业务只体现在汇总付款凭证中。

3. 汇总转账凭证

汇总转账凭证应根据转账凭证中的每一贷方科目分别设置，按转账凭证相对应的借方科目进行归类汇总。月末，结算出汇总转账凭证的合计数，计入各贷方科目的总分类账户中，以及相对应的借方科目的总账。

由于汇总转账凭证上的科目对应关系是一个贷方科目与一个或几个借方科目相对应的，因此，为了便于汇总转账凭证的编制，要求所有转账凭证尽可能按一个贷方科目与一个或几个借方科目相对应来编制。否则，若编制一个借方科目与几个贷方科目相对应的转账凭证，会给汇总凭证的编制带来不便。

汇总转账记账凭证的编制举例如下。

兴业公司 2019 年 6 月 1—10 日发出材料业务共 6 笔，在转账凭证上编制的会计分录如下：

(1) 借：生产成本		2 500	
贷：原材料			2 500
(2) 借：销售费用		1 500	
贷：原材料			1 500
(3) 借：制造费用		800	
贷：原材料			800
(4) 借：生产成本		3 000	
贷：原材料			3 000
(5) 借：管理费用		400	
贷：原材料			400
(6) 借：制造费用		200	
贷：原材料			200

按贷方科目"原材料"设置汇总转账凭证，按借方科目"生产成本"、"制造费用"、"销售费用"和"管理费用"进行汇总，可以计算出 1—10 日这四个借方科目的发生额分别为：13 500 元、1 000 元、1 500 元、400 元，填入本月汇总转账凭证的相应栏次，如表4—7所示（11—20 日、21—30 日为另外两次汇总结果的假定数）。

表4—7

汇总转账凭证

贷方科目：原材料 2019年6月 汇转第1号

借方科目	金额				总账 页数	
	1—10日凭证 1号—6号	11—20日凭证 7号—10号	21—30日凭证 11号—15号	合计	借方	贷方
生产成本	5 500	2 000	6 000	13 500		
制造费用	1 000			1 000		
销售费用	1 500			1 500		
管理费用	400			400		
合计	8 400	2 000	6 000	16 400		

【同步思考4—1】

为什么按一个借方科目与几个贷方科目相对应来编制转账凭证会给汇总转账凭证的编制带来不便？如果发生了"一借多贷"的经济业务怎么办呢？

【思考要点】

为了方便汇总转账凭证的编制，在日常编制转账凭证时，会计分录的形式最好是一借一贷、一贷多借，不宜一借多贷或多借多贷。这是由于汇总付款凭证是按贷方科目设置的，一借多贷或多借多贷的会计分录会造成在编制汇总转账凭证时，转账凭证会被多次重复使用，容易产生汇总错误，此外，也不能够清晰反映账户之间的对应关系。同理，汇总收款凭证是按借方科目设置的，汇总付款凭证是按贷方科目设置的，因此日常编制收款凭证时，会计分录的形式最好是一借一贷或是一借多贷；编制付款凭证时，最好是一借一贷，一贷多借。

如果发生了"一借多贷"的经济业务，需要将该笔经济业务拆分成几张转账凭证，分解为"一借一贷"的简单会计分录再编制转账凭证。

（三）汇总记账凭证账务处理程序的一般编制步骤

汇总记账凭证账务处理程序的一般步骤如下：

1. 根据原始凭证编制汇总原始凭证；

2. 根据原始凭证或汇总原始凭证，编制记账凭证；

3. 根据收款凭证、付款凭证逐笔登记现金日记账和银行存款日记账；

4. 根据原始凭证、汇总原始凭证和记账凭证，登记各种明细分类账；

5. 根据各种记账凭证编制有关汇总记账凭证；

6. 根据各种汇总记账凭证登记总分类账；

7. 期末，现金日记账、银行存款日记账和明细分类账的余额同有关总分类账的余额核对相符；

8. 期末，根据总分类账和明细分类账的记录，编制会计报表。

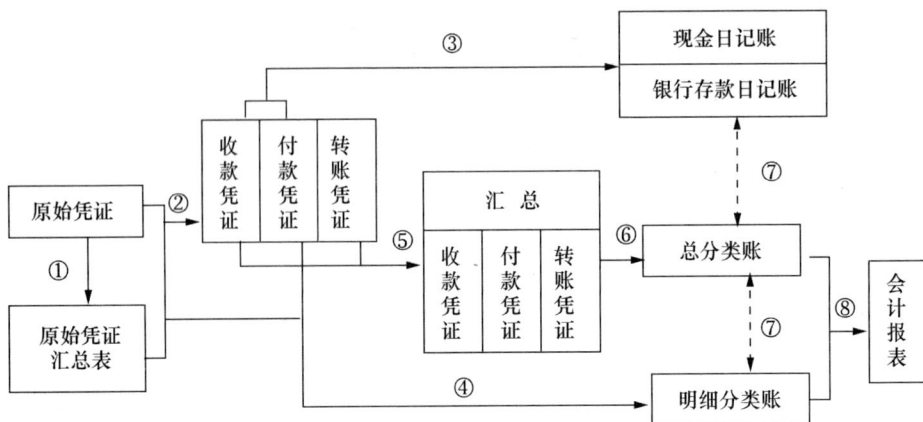

图 4－3   汇总记账凭证账务处理程序流程图

（四）汇总记账凭证账务处理程序的特点、优缺点及适用范围

汇总记账凭证账务处理程序的特点是根据记账凭证定期编制汇总记账凭证，再根据汇总记账凭证登记总分类账。

这种账务处理程序的主要优点是：能通过汇总记账凭证中有关科目的对应关系，了解经济业务的来龙去脉，而且可大大地简化总分类账的登记工作；但由于汇总转账凭证是根据每一账户的贷方而不是按经济业务类型归类汇总的，故不利于会计核算的日常分工。因此，一般适用于规模较大、经济业务较多的企业。

基本训练

◆知识题

一、单项选择题

1. 各种账务处理程序的主要区别是（   ）。

　　A. 凭证及账簿组织不同

　　B. 记账方法不同

　　C. 记账程序不同

　　D. 登记总账的依据和方法不同

2. 记账凭证账务处理程序的显著特点是（   ）。

　　A. 根据记账凭证编制科目汇总表

　　B. 直接根据每一张记账凭证登记总账

　　C. 根据记账凭证编制汇总记账凭证

　　D. 所有经济业务都必须在日记账中进行登记

3. 汇总记账凭证账务处理程序适用于（   ）的单位使用。

　　A. 规模较小、业务量较少

B. 规模较大、业务量较多

C. 规模较大、业务量较少

D. 规模较小、业务量较多

4. 科目汇总表的汇总范围是（　　）。

A. 全部科目的借、贷方发生额和余额

B. 全部科目的借、贷方余额

C. 全部科目的借、贷方发生额

D. 汇总收款凭证、汇总付款凭证、汇总转账凭证的合计数

5. 在各种不同账务处理程序中，不能作为登记总账依据的是（　　）。

A. 记账凭证

B. 汇总记账凭证

C. 汇总原始凭证

D. 科目汇总表

二、多项选择题

1. 关于记账凭证账务处理程序，下列说法中正确的有（　　）。

A. 便于查账、对账

B. 登记总分类账的工作量较大

C. 是最基本的账务处理程序

D. 简单明了，易于理解

2. 科目汇总表账务处理程序的优点有（　　）。

A. 减轻了登记总分类账的工作量

B. 可做到试算平衡

C. 简明易懂、方便易学

D. 便于查对账目

3. 在科目汇总表账务处理程序下，记账凭证是用来（　　）的依据。

A. 登记库存现金日记账

B. 登记总分类账

C. 登记明细分类账

D. 编制科目汇总表

4. 汇总记账凭证账务处理程序的优点有（　　）。

A. 便于会计核算的日常分工

B. 便于了解账户之间的对应关系

C. 减轻了登记总分类账的工作量

D. 便于试算平衡

5. 各种账务处理程序的相同之处表现在（　　）。

A. 根据原始凭证编制汇总原始凭证

B. 根据原始凭证或原始凭证汇总表编制记账凭证

C. 根据各种记账凭证和有关的原始凭证或原始凭证汇总表登记明细账

D. 根据总账和明细账的记录编制财务报表

三、判断题

1. 在不同的账务处理程序中，登记总账的依据相同。（　　）

2. 由于各个企业的业务性质、组织规模、管理上的要求不同，企业应根据自身的特点，选择恰当的账务处理程序。（　　）

3. 科目汇总表不仅可以起到试算平衡的作用，还可以反映账户之间的对应关系。（　　）

4. 汇总记账凭证账务处理程序和科目汇总表账务处理程序都适用于经济业务较多的单位。（　　）

5. 库存现金日记账和银行存款日记账不论在何种账务处理程序下，都是根据收款凭证和付款凭证逐日逐笔顺序登记的。（　　）

四、技能题

请根据广发公司 2019 年 6 月份发生的如下经济业务编制会计分录。

（1）1 日，采购员张伟出差预借差旅费 3 000 元，用现金支付。

（2）1 日，提现金 45 000 元备发工资。

（3）3 日，计算分配本月应付职工薪酬 45 000 元，其中：生产工人工资共 25 000 元，车间管理人员工资共 13 000 元，厂部管理人员工资共 7 000 元。

（4）5 日，收回广州某单位前欠购货款 24 000 元。

（5）6 日，委托银行汇款支付运费 350 元。

（6）17 日，领用钢板 50 千克，单价 100 元，生产甲产品。

（7）18 日，计提本月固定资产折旧共 619 元，其中车间用固定资产折旧 451 元，厂部管理部门用固定折旧 168 元。

（8）20 日，从韶关购进铝板 1 000 千克，单价 50 元，税率是买价的 16%。已收到增值税专用发票，货款尚未支付，材料已入库。

（9）21 日，收到租出包装物押金 600 元。

（10）24 日，张伟出差归来，报销差旅费 2 930 元，返还原借款现金余额 70 元。

（11）25 日，出售甲产品 500 台，单价 90 元，增值税是售价的 16%，款项尚未收到，产品已发出，同时结转发出产品的成本 35 000 元。

（12）26 日，收回某单位前欠货款 52 650 元，存入银行。

（13）26 日，将多余现金 1 200 元存入银行。

（14）29 日，分配本月制造费用，其中：生产部门应分配成本费用 8 000 元，管理部门应分配 1 834 元，销售部门应分配 3 617 元。

（15）30 日，结转已完工产品成本：甲产品，产量 40 台，直接材料 2 000 元，直接人工 600 元，制造费用 200 元，总成本 3 000 元，单位成本 75 元。

（16）31 日，按规定计算应交增值税。

（17）31 日，结转各损益类账户。

（18）31 日，计算企业获得的利润总额，如果盈利，计算所得税费用并结转所得税费用。

五、实训任务

承接技能题的案例，广发公司 2019 年 11 月份有关总分类账户期初余额表如下，请根据有关总分类账户期初余额表及所发生的经济业务，编制记账凭证、科目汇总表及汇总记账凭证。

2019 年 11 月份有关总分类账户期初余额表

资产类账户	余额	负债及所有者权益类账户	余额
库存现金	17 138	短期借款	100 000
银行存款	594 182	应付账款	60 000
应收账款	24 000	应付职工薪酬	45 000
其他应收款	5 600	实收资本	600 000
原材料	65 321	资本公积	50 000
库存商品	53 079	盈余公积	54 320
固定资产	100 000		
无形资产	50 000		
合计	909 320	合计	909 320

项目三　日记账的登记

▶ 职业情境

在日常经济业务中发生或完成时，会计人员根据所产生的原始凭证编制相应的记账凭证，并按照会计核算分工将经济业务内容录入各类账簿。其中，现金日记账和银行存款日记账由出纳人员按经济业务发生的时间顺序逐日逐笔进行登记。

▶ 学习目标

通过学习，应该达到如下目标：

◆**理论目标：** 掌握会计账簿登记的一般规则和日记账的登记方法。

◆**实务目标：** 能够根据收、付款凭证登记现金日记账和银行存款日记账，并保证账簿登记的规范性和正确性。

◆**案例目标：** 运用本项目的相关理论与实务知识研究相关案例，了解出纳岗位的工作内容及流程，分析出纳人员应具备的素质要求，思考并通过实践来登记日记账，掌握出纳人员的职业素质。

◆**实训目标：** 根据实训任务，结合计算器、点钞的熟练操作以及对签发票据、办理结算、报销费用等业务处理流程的熟悉，依据企业的经济业务编制收、付款凭证，再依据审核无误的收、付款凭证登记现金日记账和银行存款日记账。通过训练，培养学生具有出纳人员的专业技能和业务素质。

◉ 先导案例

松山公司 5 月 8 号收到一张四海公司用于支付货款的转账支票 20 000 元，收到技术员张敏出差归来报销差旅费后归还的余额 200 元，以现金支付购置办公用品的价款 500 元。小王作为松山公司的出纳，该如何登记相关的账簿呢？

课堂讨论：

1. 小王应该登记哪些账簿？

2. 小王应该如何进行登记？

3. 把现金和银行存款的变动情况登记到账簿中有何作用？

📖 知识概窗

一、日记账的分类

日记账，又称序时账簿，是按经济业务发生或完成时间的先后顺序逐日逐笔进行登记的账簿。按其记录的内容不同，序时日记账又分为普通日记账和特种日记账。

普通日记账是指用来逐笔记录全部经济业务的序时账簿，即把每天发生的各项经济业务逐日逐笔地登记在日记账中。因经济业务的复杂性，在实际工作中一般很少采用普通日记账，应用较为广泛的是特种日记账。特种日记账是用来逐笔记录某一类经济业务的序时账簿。目前在我国，大多数单位一般只设现金日记账和银行存款日记账。

【知识链接4—3】

会计的发展和社会的经济发展密切联系。宋朝国民经济飞速发展，工商业极度繁荣，因而账簿组织在这一时期里得到很大的发展。"簿记"一词作为我国最早的文字记载亦已见于宋代的文献中。宋代在会计账簿的设置上已有草账、流水日记账、总账之分。其中，草账是序时登记各项经济业务的底本，是流水账和总账的原始依据；流水日记账，是一种分类续时登记各类财务收支变化具体情况的账簿，分类明细记录某一方面的经济业务，也就是现在所说的日记账的雏形；总账，是在各明细账簿的基础上，按国家规定的收支项目归类汇总的账簿。

二、普通日记账的格式与登记

普通日记账是逐日序时登记特种日记账以外的经济业务的账簿。企业若不设置特种日记账，所有的经济业务都记入普通日记账。普通日记账一般只设置借方与贷方两个金额栏，以便分别记入各项经济业务的账户名称及借方和贷方的金额，也称为两栏式日记账。其格式见表4—8。

表4—8　　　　普通日记账　　　　单位：元

2019年		凭证		摘要	会计科目	金额		过账
月	日	字	号			借方	贷方	
6	2	转	1	购入材料，价款未付	在途物资	60 000		
					应交税费	10 200		
					应付账款		70 200	
	15	付	1	偿还前欠款	应付账款	70 200		
					银行存款		70 200	
				…				

采用这种日记账，每天应按照经济业务完成时间的先后顺序，逐笔进行登记。登记时，首先，记入经济业务发生的具体时间，如2019年6月2日，年月一般只在日记账每页的顶端以及发生年月变动的地方填写；其次，在摘要栏里写下经济业务的简要说明；再次，在对应账户栏里记入应借或应贷的账户名称（即会计科目）；最后，将借方金额和贷方金额分别计入两个金额栏内。除了上述登记外，每天还应该根据日记账中应借和应贷的账户名称和金额登记总分类账，需要一笔一笔地单独过账，然后在过账栏内注明"√"符号，表示已经过账。

三、特种日记账的格式与登记

特种日记账是专门用来登记某一类经济业务的日记账，它是普通日记账的进一步发展。常用的特种日记账是现金日记账和银行存款日记账。现金日记账和银行存款日记账的登记，有利于加强货币资金的日常核算和监督，贯彻执行国家规定的货币资金管理制度。为了保证账簿的安全、完整，两种日记账都必须采用订本式账簿。

（一）现金日记账

现金日记账是用来核算和监督库存现金每日的收入、支出和结存状况的账簿。它由出纳人员根据审核无误的现金收款凭证、现金付款凭证和银行存款付款凭证，按经济业务发生时间的先后顺序，逐日逐笔进行登记。

现金日记账大多采用的是"收入"、"支出"、"结余"三栏式的账页格式，也可采用多栏式账页格式。登记时，根据有关记账凭证登记现金日记账中的"年月日"、"凭证字号"、"摘要"和"对方科目"等栏目；根据现金收款凭证和引起现金增加的银行存款的付款凭证（从银行提取现金，只编制银行付款凭证）登记收入金额；根据现金付款凭证登记支出金额。每日终了应计算全日的现金收入、支出合计数，并逐日结出账面余额。其计算公式为：

$$本日余额＝上日余额＋本日收入额－本日支出额$$

结出日余额后，将其与库存现金实存数核对，以检查每日现金收付是否有误。月末，应结出当期"收入"栏和"支出"栏的发生额和期末余额，并与库存现金总账核对，做到日清月结，账实相符。如账实不符，应查明原因。三栏式的现金日记账的格式见表4—9。

表4—9　　　　　　　　　　　现金日记账　　　　　　　　　　　单位：元

2019年		凭证		摘要	对应科目	收入	支出	结余
月	日	字	号					
6	1			期初余额				30 000
	1	付	1	付办公费	管理费用		500	29 500
	1	付	2	提取现金	银行存款	3 000		32 500
	1			本日合计		3 000	500	32 500
	2	收	1	收到罚款	管理费用	1 000		33 500
				...				
	30			本月合计		28 135	25 225	32 910

（二）银行存款日记账

银行存款日记账用来核算和监督银行存款每日的收入、支出和结存情况的账簿。它是由出纳人员根据审核无误的银行存款收款凭证、银行存款付款凭证和现金付款凭证（把现金存入银行，只编制现金付款凭证）按经济业务发生时间的先后顺序，逐日逐笔进行登记的序时账簿。银行存款日记账应按企业在银行开立的账户和币种分别设置，每个银行存款账户设置一本银行存款日记账。

银行存款日记账的结构一般也采用"收入"、"支出"和"结余"三栏式账页格式。银行存款日记账的登记方法与现金日记账的登记方法基本相同。需要说明的是，"结算方式的总类和号数"栏根据每笔银行存款收、付业务所依据的结算方式的种类和号数填写，结算方式的总类有转账支票、现金支票、信汇、电汇、银行汇票和银行本票等，号数则根据结算方式后四位数字填写。和现金日记账一样，每日终了时要结出余额，做到日清，以便检查监督各项收支款项，避免出现透支现象，同时也便于同银行对账单进行核对；月终计算出全月收入、支出的合计数，做到月结。

银行存款日记账的格式见表4—10。

表4—10　　　　　　　　　　　银行存款日记账　　　　　　　　　　单位：元

2019年		凭证		摘要	结算方式		对应科目	收入	支出	结余
月	日	字	号		种类	号数				
6	1			期初余额						30 000
	1	收	1	收回欠款	转支	4012	应收账款	10 000		40 000
	1	付	1	提取现金	现支	2015	库存现金		2 000	38 000
	1			本日合计				10 000	2 000	38 000
	3	付	2	购买材料	转支	4013	材料采购		5 500	32 500
	3			本日合计					5 500	32 500
				…						
	30			本月合计				33 000	18 000	45 000

基本训练

◆知识题

一、单项选择题

1. 在登记账簿时，如果经济业务发生在2019年6月12日，编制记账凭证日期为12月13日，登记账簿的日期为12月18日，则账簿中"日期"栏登记的时间为（　　）。

　　A. 12月12日　　　　　　　　　　B. 12月13日

　　C. 12月18日　　　　　　　　　　D. 12月13日或12月18日均可

2. 下列说法不正确的是（　　）。

　　A. 出纳人员不得负责登记除现金日记账和银行存款日记账以外的任何账簿

　　B. 现金日记账由出纳人员根据现金的收、付款凭证，逐日逐笔顺序登记

　　C. 银行存款日记账应定期或者不定期与开户银行提供的对账单进行核对，每月至少核对三次

　　D. 现金日记账和银行存款日记账，应该定期与会计人员登记的库存现金总账和银行存款总账核对

3. 现金日记账的账簿形式应该是（　　）。

    A. 三栏式活页账簿   B. 多栏式活页账簿

    C. 两栏式订本序时账簿   D. 三栏式订本序时账簿

4. 现金日记账（　　）结出发生额和余额，并与结存现金核对。

    A. 每月   B. 每十五天

    C. 每隔三至五天   D. 每日

5. 现金和银行存款日记账一般采用（　　）账簿。

    A. 活页式   B. 备查登记簿

    C. 卡片式   D. 订本式

二、多项选择题

1. 以下凭证可能在现金日记账的收入栏进行登记的是（　　）。

    A. 库存现金收款凭证   B. 库存现金付款凭证

    C. 银行存款收款凭证   D. 银行存款付款凭证

2. 现金日记账的登记依据有（　　）。

    A. 银行存款收款凭证   B. 现金收款凭证

    C. 现金付款凭证   D. 银行存款付款凭证

3. 银行存款日记账的登记依据有（　　）。

    A. 银行存款收支的原始凭证   B. 银行存款收款凭证

    C. 银行存款付款凭证   D. 现金付款凭证

4. 现金日记账和银行存款日记账（　　）。

    A. 一般采用订本式账簿和三栏式账页

    B. 由出纳人员登记

    C. 根据审核后的收、付款记账凭证登记

    D. 逐日逐笔序时登记

5. 关于银行存款日记账的登记方法，下列说法中正确的是（　　）。

    A. 由会计负责登记

    B. 按时间先后顺序逐日逐笔进行登记

    C. 每日结出存款余额

    D. 月终计算出全月收入、支出的合计数

三、判断题

1. 为了满足内部牵制原则，实行钱、账分管，通常由出纳人员根据收、付款凭证进行现金收支；然后由会计人员登记三栏式现金日记账。（　　）

2. 企业的序时账簿必须采用订本式账簿。（　　）

3. 从银行提取现金的业务应同时根据库存现金收款凭证登记现金日记账和银行存款日记账。（　　）

4. 银行存款日记账与银行对账单余额不一致的主要原因是由于记账错误和未达账项

所造成的。（　　）

5. 现金日记账和银行存款日记账必须定期结出余额。（　　）

四、技能题

松山公司 2019 年 10 月 31 日库存现金为 5 000 元，银行存款 400 000 元，请根据 6 月份发生的如下经济业务，填制收款凭证和付款凭证。

（1）2 日，向银行申请 2 年期借款 200 000 元，存入银行。

（2）5 日，向四海公司购买原材料一批，以银行存款支付货款 60 000 元，增值税税款 7 800 元。

（3）8 日，收回广州某单位前欠购货款 24 000 元。

（4）10 日，以现金支付广告费 800 元。

（5）17 日，出纳员签发现金支票提取现金 1 000 元备用。

（6）22 日，销售产品 100 件，货款共计 380 000 元，增值税税款 60 800 元，购货方以转账支票支付货款。

五、实训任务

承接技能题的案例，根据填制好的收款凭证和付款凭证，登记现金日记账和银行存款日记账。

项目四　明细分类账簿和总分类账簿的登记

职业情境

　　当记载经济事项的原始凭证和记账凭证填制与审核完毕后，下一个工作环节是根据审核无误的原始凭证和记账凭证登记日记账、总账和明细账。现金日记账和银行存款日记账由出纳人员负责登记，明细分类账簿和总分类账簿则应由会计人员来登记。

学习目标

　　通过学习，应该达到如下目标：
　　◆**理论目标**：掌握登记会计账簿的基本要求、明细分类账簿的登记方法、不同类型明细分类账应选择的账簿格式、不同账务处理程序下总分类账的登记方法；理解总分类账与明细分类账的关系，总分类账与明细分类账的平行登记。
　　◆**实务目标**：能够根据审核无误的原始凭证和记账凭证登记各种明细分类账，结合企业具体的账务处理程序选择相应的方法登记总分类账，并通过总分类账和明细分类账的平行登记来进行期末核对，保证明细分类账和总分类账登记的规范性和正确性。
　　◆**案例目标**：运用本项目的相关理论与实务知识研究相关案例，了解企业应该如何正确地设置会计账簿、不依法设置会计账簿应承担的法律责任，以培养良好的会计职业道德素质，并进一步思考正确地设置会计账簿之后该如何正确地进行账簿登记。
　　◆**实训目标**：根据实训任务中企业发生的经济业务，填制记账凭证，并根据审核无误的记账凭证，登记相应地总账及明细账，结合平行登记的要点，对总账和明细账的正确性进行核对，提高登记账簿的能力以及对平行登记的理解。

先导案例

　　某机电制造有限公司为增值税一般纳税人，适用增值税率16%，2019年2月至2019年5月向税务机关申报销售收入6671万元，已纳增值税275万元。2019年6月26日，市稽查局对该机电制造公司开展日常检查，在检查过程中发现该单位有大量下脚料收入没有入账。经深入调查，发现该单位建立了账外现金收支账，收取的部分销售款存在企业另外以公司股东个人名义开立的储蓄存折上，这些收入绝大部份未开票、未申报销售收入。
　　最终，税务机关根据《中华人民共和国增值税暂行条例》的规定，对该公司做出了相应的罚款，并追缴增值税68.51万元，同时依法加收滞纳金。
　　课堂讨论：
　　1.私设会计账簿的行为是否违反相关会计规定？
　　2.企业的哪些行为属于未依法设置会计账簿？
　　3.企业该如何正确地登记会计账簿？

知识橱窗

一、总分类账

总分类账简称总账，是按照总分类账户分类登记以提供全部经济业务总括核算资料的账簿。由于总分类账能全面地、总括地反映和记录企业的经济活动情况和财务收支情况，并为编制会计报表提供数据。因此，任何单位都必须设置总分类账。

（一）总分类账的登记

一个单位一般只设一本总分类账，采用订本式账，按照会计科目的编码顺序分别开设账户，并为每个账户预留若干账页。最常用的格式是三栏式，在账页中设置借方、贷方和余额三个基本金额栏。"借或贷"栏是指账户的余额在借方还是在贷方。

总分类账登记的依据和方法，取决于企业采用的账务处理程序。可以根据记账凭证逐笔登记，也可以根据经过汇总的科目汇总表或汇总记账凭证登记，还可以根据多栏式日记账在月末汇总登记。

三栏式的总分类账格式见表4－11。

表4－11　　　　　　　　　　　　总分类账

总账科目：原材料　　　　　　　　　　　　　　　　　　　　　　　　　单位：元

2019年		凭证		摘要	借方	贷方	借或贷	余额
月	日	种类	号数					
5	1			月初余额			借	120 000
	6			购入	20 000		借	140 000
	10			领用		5 000	借	135 000
				...				
	31			本月合计	40 000	44 000	借	116 000

【知识链接4－4】

在实际工作中，序时账簿和分类账簿还可以结合，既进行序时登记，又进行总分类登记，使一本账簿兼有日记账和分类账的作用，称为"联合账簿"，如将日记账和总分类账结合而成日记总账等。适用于经济业务较简单、总账科目不多的单位。

【同步思考4－2】

既然账务处理流程可以从原始凭证登记至账簿，那能不能根据账簿登记账簿，即根据明细账登记相应的总账呢？

【思考要点】

《中华人民共和国会计法》第十五条："会计账簿登记，必须以经过审核的会计凭证为依据，并符合有关法律、行政法规和国家统一的会计制度的规定。会计账簿包括总账、明细账、日记账和其他辅助性账簿。"这说明不能根据账簿登记账簿。根据明细账登记总账不仅违法，而且也会使企业丧失通过总分类账和明细分类账进行账账核对的内部控制措施。

（二）科目汇总表账务处理程序下登记总账的应用举例

海滨公司采用科目汇总表账务处理程序，按旬汇总记账凭证，根据以下提供的信息，编制上旬的科目汇总表。

2019 年 11 月 30 日部分总分类账户期末余额资料如下。

序号	账户名称	借方金额	序号	账户名称	贷方金额
1	银行存款	530 940	6	实收资本	5 070 000
2	固定资产	6 400 000	7	长期借款	480 000
3	原材料	1 370 000	8	应交税费	187 200
4	应收账款	230 000	9	应付职工薪酬	55 620
5	库存现金	3 400			

12 月 1—10 日发生如下的经济业务，在记账凭证上编制的会计分录如下：

（1）借：银行存款   200 000
   贷：实收资本   200 000

（2）借：银行存款   300 000
   贷：长期借款   300 000

（3）借：固定资产   180 000
   贷：营业外收入   180 000

（4）借：原材料   60 000
    应交税费——应交增值税   7 800
   贷：银行存款   67 800

（5）借：销售费用   6 000
   贷：银行存款   6 000

（6）借：应收账款   429 400
   贷：主营业务收入   380 000
    应交税费——应交增值税   49 400

（7）借：银行存款   2 000
   贷：库存现金   2 000

（8）借：营业外支出   100 000
   贷：银行存款   100 000

（9）借：其他应收款   600
   贷：库存现金   600

（10）借：银行存款   30 000
    贷：应收账款   30 000

（11）借：原材料 80 000
　　　　应交税费——应交增值税 12 800
　　　　贷：银行存款 92 800
（12）借：库存现金 43 780
　　　　贷：银行存款 43 780
（13）借：应付职工薪酬 43 780
　　　　贷：库存现金 43 780
（14）借：生产成本 320 000
　　　　制造费用 60 000
　　　　贷：原材料 380 000

根据以上经济业务编制的会计分录汇总编制科目汇总表，如表4—12所示。

表4—12　　　　　　　　　　**科目汇总表**
2019年6月1日至10日

会计科目	总账页数	本期发生额		记账凭证起讫号数
		借方	贷方	
银行存款	略	532 000	313 478	略
实收资本	略		200 000	略
长期借款	略		300 000	略
固定资产	略	180 000		略
营业外收入	略		180 000	略
原材料	略	140 000	380 000	略
应交税费	略	22 400	60 800	略
销售费用	略	6 000		略
应收账款	略	440 800	30 000	略
主营业务收入	略		380 000	略
库存现金	略	45 780	44 380	略
营业外支出	略	100 000		略
其他应收款	略	600		略
应付职工薪酬	略	43 780		略
生产成本	略	320 000		略
制造费用	略	60 000		略
合计		1 894 458	1 894 458	

会计主管：　　　　会计：　　　　复核：　　　　制表：

附单据14张

登记的有关总分类账的情况如表4—13至4—28所示。

表4—13 总分类账

总账科目：银行存款

2019年		凭证		摘要	借方	贷方	借或贷	余额
月	日	字	号					
12	1			期初余额			借	530 940
	10	科汇	1	1—10日汇总	532 000	312 180	借	750 760

表4—14 总分类账

总账科目：实收资本

2019年		凭证		摘要	借方	贷方	借或贷	余额
月	日	字	号					
12	1			期初余额			贷	5 070 000
	10	科汇	1	1—10日汇总		200 000	贷	5 207 000

表4—15 总分类账

总账科目：长期借款

2019年		凭证		摘要	借方	贷方	借或贷	余额
月	日	字	号					
12	1			期初余额			贷	480 000
	10	科汇	1	1—10日汇总		300 000	贷	780 000

表4—16 总分类账

总账科目：固定资产

2019年		凭证		摘要	借方	贷方	借或贷	余额
月	日	字	号					
12	1			期初余额			借	6 400 000
	10	科汇	1	1—10日汇总	180 000		借	6 580 000

表 4－17   总分类账

总账科目：营业外收入

2019 年		凭证		摘要	借方	贷方	借或贷	余额
月	日	字	号					
12	10	科汇	1	1—10 日汇总		180 000	贷	180 000

表 4－18   总分类账

总账科目：原材料

2019 年		凭证		摘要	借方	贷方	借或贷	余额
月	日	字	号					
12	1			期初余额	1 370 000		借	1 370 000
	10	科汇	1	1—10 日汇总	140 000	380 000	借	1 130 000

表 4－19   总分类账

总账科目：应交税费

2019 年		凭证		摘要	借方	贷方	借或贷	余额
月	日	字	号					
12	1			期初余额			贷	187 200
	10	科汇	1	1—10 日汇总	22 400	60 800	贷	225 600

表 4－20   总分类账

总账科目：销售费用

2019 年		凭证		摘要	借方	贷方	借或贷	余额
月	日	字	号					
12	10	科汇	1	1—10 日汇总	6 000		借	6 000

表 4—21 总分类账

总账科目：应收账款

2019 年		凭证		摘要	借方	贷方	借或贷	余额
月	日	字	号					
12	1			期初余额			借	230 000
	10	科汇	1	1—10 日汇总	440 800	30 000	借	640 800

表 4—22 总分类账

总账科目：主营业务收入

2019 年		凭证		摘要	借方	贷方	借或贷	余额
月	日	字	号					
12	10	科汇	1	1—10 日汇总		380 000	贷	380 000

表 4—23 总分类账

总账科目：库存现金

2019 年		凭证		摘要	借方	贷方	借或贷	余额
月	日	字	号					
12	1			期初余额			借	3 400
	10	科汇	1	1—10 日汇总	45 780	44 380	借	4 800

表 4—24 总分类账

总账科目：营业外支出

2019 年		凭证		摘要	借方	贷方	借或贷	余额
月	日	字	号					
12	10	科汇	1	1—10 日汇总	100 000		借	100 000

表 4－25 总分类账

总账科目：其他应收款

2019 年		凭证		摘要	借方	贷方	借或贷	余额
月	日	字	号					
12	10	科汇	1	1—10 日汇总	600 000		借	600 000

表 4－26 总分类账

总账科目：应付职工薪酬

2019 年		凭证		摘要	借方	贷方	借或贷	余额
月	日	字	号					
12	1			期初余额			贷	55 620
	10	科汇	1	1—10 日汇总	43 780		贷	11 840

表 4－27 总分类账

总账科目：生产成本

2019 年		凭证		摘要	借方	贷方	借或贷	余额
月	日	字	号					
12	10	科汇	1	1—10 日汇总	320 000		借	320 000

表 4－28 总分类账

总账科目：制造费用

2019 年		凭证		摘要	借方	贷方	借或贷	余额
月	日	字	号					
12	10	科汇	1	1—10 日汇总	60 000		借	60 000

二、明细分类账

明细分类账也称明细账，是根据明细账户开设账页，分类、连续地登记经济业务以提供明细核算资料的账簿。设置和运用明细分类账，有利于加强监督财产的收发和保管、往来款项的结算、收入的取得以及费用的开支，并可为编制会计报表提供必要的资料。因此，各单位除了要设置总分类账，还要设置明细分类账。

不同类型经济业务的明细分类账，可以根据管理需要，依据记账凭证、原始凭证或汇总原始凭证逐日逐笔或定期汇总登记。固定资产、债权、债务等明细账应逐日逐笔登记；库存商品、原材料收发明细账以及收入、费用明细账可以逐笔登记，也可以定期（3 天或5 天）汇总登记。一般采用活页式账簿，每个账户预留若干账页，有的也采用卡片式账簿，如固定资产明细账。明细账的格式应根据它所反映经济业务的特点，以及财产物资管理的不同要求来设计，一般有三栏式明细账、数量金额式明细账、多栏式明细账三种。

（一）三栏式明细分类账

三栏式明细分类账账页的格式同总分类账的格式基本相同，它只设借方、贷方和金额三个金额栏，不设数量栏。所不同的是，总分类账簿为订本账，而三栏式明细分类账簿多为活页账。这种账页适用于采用金额核算的应收账款、应付款款、实收资本、应付账款等往来结算账户的明细核算。

三栏式明细分类账的格式见表 4—29。

表 4—29   **其他应收款明细账**

明细科目：张伟   单位：元

2019 年		凭证		摘要	借方	贷方	借或贷	余额
月	日	字	号					
5	1			月初余额			借	500
	6	略	略	报销差旅费		350	借	150
	10			报销差旅费		150	平	0
	31			本月发生额及月末余额		500	平	0

（二）数量金额式明细账

数量金额式明细账在收入、发出、结存三栏内，再增设数量、单价和金额三个专栏，分别登记实物的数量和金额。其格式如表 4—30 所示。

数量金额式明细账适用于既要进行金额明细核算，又要进行数量明细核算的财产物资项目，如原材料、库存商品等账户的明细核算。它能提供各种财产物资收入、发出、结存等的数量和金额资料，便于开展业务和加强管理的需要。登记时，会计人员根据记账凭证所附原始凭证的具体内容，详细登记每一笔经济业务收入或发出的数量、单价和金额，并根据选定的计价方法计算出结余的数量、单价和金额。

表 4－30　　　　　　　　　　　　　　　　原材料明细账

二级科目：原材料及主要材料　　　　　　　　　　　　　　　　计量单位：元/千克

材料名称：G 材料　　　　　　　　　　　　　　　　　　　　　最高储备：3 000

材料规格：　　　　　　　　　　　　　　　　　　　　　　　　最低储备：500

2019 年		凭证号数	摘要	收入			发出			结存		
月	日			数量	单价	金额	数量	单价	金额	数量	单价	金额
5	1		期初结存							500	2	1 000
	9	略	车间领用				100	2	200	400	2	800
	12		购入材料	1 000	2	2 000				1 400	2	2 800
	26		车间领用				300	2	600	1 100	2	2 200
	31		本月合计	1 000	2	2 000	400	2	800	1 100	2	2 200

（三）多栏式明细分类账

多栏式明细分类账是根据经济业务的特点和经营管理的需要，在某一总分类账项下，对属于同一级科目或二级科目的明细科目设置若干栏目，用以在同一张账页上集中反映各有关明细项目的核算资料。它主要适用于只记金额、不记数量，而且在管理上需要了解其构成内容的费用、成本、收入、利润账户，如生产成本、制造费用、管理费用、主营业务收入等账户。

各种多栏式明细账所记录的经济业务内容不同，所需要核算的指标也不同，因此栏目的设置也不尽相同。它在一张账页上，按明细科目分设若干专栏，集中反映有关明细项目的核算资料，有的借方和贷方分别设置多个专栏，有的只有借方或贷方设置多个专栏。如"生产成本明细账"，它在借方栏下，可分设直接材料、直接人工、制造费用等专栏。其格式见表 4－31。

表 4－31　　　　　　　　　　　　　　　生产成本明细账

产品名称：甲产品　　　　　　　　　　　　　　　　　　　　　单位：元

2019 年		凭证		摘要	成本项目			
月	日	种类	号数		直接材料	直接人工	制造费用	合计
5	1			月初余额	6 000	3 400	1 600	11 000
	1	略	略	本月领用材料	13 000			13 000
	31			生产工人薪酬		7 400		7 400
	31			本月电费	1 250			1 250
	31			本月制造费用			2 450	2 450
	31			本月发生额	14 250	7 400	2 450	24 100
	31			结转完工产品成本				
	31			月末余额	0	0	0	0

多栏式明细分类账的格式多样，因此登记方法并不完全相同，登记时需要注意以下几点。

1. 根据记账凭证登记时，一方面要将具体内容记入相应的专栏，另一方面要将本行各专栏数字合计后记入本栏的"合计栏"。

2. 只设借方多栏或贷方多栏的账户，登记内容的方向与栏目设计方向相反时，用红字进行登记。如成本费用类账户，只在借方设专栏，平时在借方登记费用、成本发生额，贷方登记月末从借方发生额转出的数额。平时若发生贷方发生额，应用"红字"在借方有关栏内登记，表示应从借方发生额中冲减。

三、总分类账与明细分类账的平行登记

总分类账和明细分类账既有内在联系，又有区别。二者结合，构成了完整的账户应用体系。

（一）总分类账与明细分类账的之间的内在联系

1. 二者所反映的经济业务内容相同。如"原材料"总账与所属的"原材料""主要材料"等明细账都是用以反映原材料的收发及结存业务的。

2. 登记账簿的原始依据相同。登记总分类账户与登记其所属的明细分类账的原始凭证相同。

（二）总分类账与明细分类账的区别

1. 反映经济业务内容的详细程度不同。总分类账户提供综合总括的资料，一律用货币计量单位进行核算；明细分类账户提供详细具体的资料，除用货币计量单位外，还采用实物、劳动计量单位进行核算。如"原材料"总分类账户只反映和提供企业库存原材料的总金额；而在"原材料"总账下开设的"角钢"明细账则反映角钢的收发结存的金额及数量等具体情况。

2. 作用不同。总分类账对所属明细分类账起着统驭作用；明细分类账户对其应属的总分类账户起详细的补充说明作用。

因此，在会计核算中，为了便于进行账户记录的核对，保证核算资料的完整性和正确性，必须采用平行登记的方法登记总分类账及其所属的明细分类账。

（三）总分类账与明细分类账的平行登记

通过总分类账和明细分类账的平行登记，期末相互进行核对，可以及时发现错账，予以更正，保证账簿记录的准确性。所谓平行登记，是指对所发生的每项经济业务，都要以会计凭证为依据，一方面记入有关总分类账户，另一方面记入有关总分类账户所属的明细分类账户。其登记包括以下四个要点。

1. 依据相同：对发生的交易或事项，都要以相关的会计凭证为依据。一方面要在有关的总分类账中登记，另一方面要在该总账所属明细账中登记。

2. 方向相同：对于发生的交易或事项，记入总分类账及其所属明细账的金额增减方向必须相同。一般情况下，如果总分类账登记在借方，其所属明细账也应该登记在借方，反之亦然。

3. 期间相同：当一项交易或事项发生后，必须在登记总分类账的同一会计期间，登记其所属明细账。

4. 金额相等：对于发生的交易或事项，总分类账的金额必须与记入其所属明细账的合计金额相等。其数量关系可以用公式表示如下：

总分类账户期初余额＝所属明细分类账户期初余额合计

总分类账户本期发生额＝所属明细分类账户本期发生额合计

总分类账户期末余额＝所属明细分类账户期末余额合计

【知识链接 4－5】

实务中，可以编制"明细分类账本期发生额及余额表"（如表 4－32），提供明细分户类账的本期发生额、余额的合计数，并将其与总分类账户进行核对，检验二者金额是否相等。

表 4－32　　　　　　　　　**应收账款本期发生额及余额明细表**

2019 年 5 月 31 日　　　　　　　　　　　　　　　　单位：元

明细账户	期初余额		本期发生额		期末余额	
	借方	贷方	借方	贷方	借方	贷方
A 公司	20 000		50 000	20 000	50 000	
B 公司	50 000			50 000		0
C 公司	80 000			90 000		10 000
D 公司		30 000	60 000		30 000	
合计	150 000	30 000	110 000	160 000	80 000	10 000

将应收账款的上述明细账的本月发生额和余额合计数与应收账款总账的发生额和余额比较，如果应收账款总账的月初数为 120 000 元，本月借方发生额为 110 000 元，贷方发生额为 160 000 元，月末余额为 70 000 元，则总分类账与明细分类账核对相符。如不相符，则说明记账有误。

基本训练

◆ **知识题**

一、单项选择题

1. 为编制会计报表提供依据（　　）。

    A. 填制和审核凭证　　　　　　　　B. 编制记账凭证

    C. 设置和登记账簿　　　　　　　　D. 编制会计分录

2. 下列做法错误的是（　　）。

    A. 现金日记账采用三栏式账薄　　　B. 产成品明细账采用数量金额式账薄

C. 生产成本明细账采用三栏式账簿　　　　D. 制造费用明细账采用多栏式账簿

3. 应收账款、应付账款、应交税费的明细核算一般采用（　　　）。

A. 多栏式明细分类账　　　　　　　　　　B. 数量金额式明细分类账

C. 三栏式明细分类账　　　　　　　　　　D. 横线登记式明细分类账

4. 下列适合采用多栏式明细账核算的是（　　　）。

A. 应收账款　　　　　　　　　　　　　　B. 实收资本

C. 应付账款　　　　　　　　　　　　　　D. 生产成本

5. 总分类账的外表形式采用（　　　）。

A. 订本式　　　　　　　　　　　　　　　B. 活页式

C. 多栏式　　　　　　　　　　　　　　　D. 数量金额式

二、多项选择题

1. 企业将现金 20 000 元送存银行，该项业务应登记（　　　）。

A. 总分类账　　　　　　　　　　　　　　B. 明细分类账

C. 银行存款日记账　　　　　　　　　　　D. 现金日记账

2. 采用多栏式明细账的有（　　　）。

A. 生产成本　　　　　　　　　　　　　　B. 主营业务收入

C. 制造费用　　　　　　　　　　　　　　D. 原材料

3. 采用数量金额式明细账的有（　　　）。

A. 实收资本　　　　　　　　　　　　　　B. 原材料

C. 库存商品　　　　　　　　　　　　　　D. 应付账款

4. 必须逐日结出余额的账簿是（　　　）。

A. 现金总账　　　　　　　　　　　　　　B. 银行存款总账

C. 现金日记账　　　　　　　　　　　　　D. 银行存款日记账

5. 总账与明细账的平行登记，其必然结果是（　　　）。

A. 总账期初余额＝所属明细账期初余额合计

B. 总账期末余额＝所属明细账期末余额合计

C. 总账借方发生额合计＝所属明细账借方发生额合计

D. 总账贷方发生额合计＝所属明细账贷方发生额合计

三、判断题

1. 总分类账和所属明细分类账的登记方向必须相同。（　　　）

2. 复式记账法是指所发生的每项经济业务事项，都是以会计凭证为依据，一方面记入有关总分类账户，另一方面记入总账所属明细分类账户的方法。（　　　）

3. 各种明细账的登记依据，既可以是原始凭证，也可以是记账凭证。（　　　）

4. 明细分类账必须逐日逐笔登记，总账必须定期汇总登记。（　　　）

5. 总分类账和明细分类账一律都是根据记账凭证登记的。（　　　）

四、技能题

2019 年 6 月份，松山公司发生的经济业务如下（均不考虑相关税金）。

（1）9 日，向 A 工厂购入甲材料 500 千克，单价 20 元，计 10 000 元；向 B 工厂购入乙材料 100 千克，单价 80 元，计 8 000 元，甲乙材料已验收入库，货款均尚未支付。

（2）12 日，向 A 工厂购入甲材料 400 千克，单价 20 元，计 8 000 元；乙材料 200 千克，单价 80 元，计 16 000 元，材料均已验收入库，货款尚未支付。

（3）20 日，以银行存款偿付前欠 A 工厂的货款 20 000 元，B 工厂货款 30 000 元。

（4）26 日，生产车间为生产产品从仓库领用甲材料 1 000 千克，金额为 20 000 元；领用乙材料 200 千克，金额为 16 000 元。

请根据上述经济业务填制会计凭证。

五、实训任务

承接技能题的案例，12 月 1 日，松山公司的"原材料"和"应付账款"总分类账户及其所属的明细分类账户的余额如下：

（1）"原材料"总账账户为借方余额 48 000 元，其所属明细账户结存情况为：

① "甲材料"明细账户，结存 2 000 千克，单位成本为 20 元，金额计 40 000 元；

② "乙材料"明细账户，结存 100 千克，单位成本为 80 元，金额计 8 000 元。

（2）"应付账款"总账账户为贷方余额 80 000 元，其所属明细账户余额为：

① "A 工厂"明细账户，贷方余额 30 000 元；

② "B 工厂"明细账户，贷方余额 50 000 元。

根据平行登记的要求，将本月的交易或事项在"原材料"和"应付账款"总账账户及其所属的明细账户中进行登记。

模块五　期末业务处理

项目一　期末账务处理

▶ 职业情境

王秀的表姐是一个单位的会计人员，每逢月末时，都特别忙，周末还经常去单位加班。王秀有点不可理解，别人周末都休息，她怎么去加班呢？有一次，王秀问表姐，怎么月末那么忙呢？表姐答道：你没有从事会计工作，和你说了也没有用，月末的会计事情特别多。不加班，就没有办法完成工作任务。王秀心想：到底月末时，会计有哪些工作要做呢？

▶ 学习目标

通过学习，应该达到如下目标。

◆**理论目标**：学习和掌握会计期末账务处理的主要内容及账务处理的要求要求陈技能性知识；并能运用相关知识进行相关的账务处理活动。

◆**实务目标**：能运用会计期末账务处理的相关知识，规范"会计期末账务处理"中的相关技能活动。

◆**案例目标**：运用本项目中的相关理论与实务知识研究相关案例，培养与提高学生在一定的情境下分析、设计与处理期末账务职业相关能力，能结合本项目所学内容，分析企业相关会计行为的善恶，培养学生良好的会计职业道德素质。

◆**实训目标**：根据实训任务，在把握本实训所涉及的相关技能点的基础上，通过亲身体验会计期末账务处理相关工作，及《期末账务处理实训报告》的准备、撰写、讨论与交流等有质量、有效率的实践活动，培养学生的专业能力，强化"自我学习""发现问题""解决问题""自主创新"等职业核心能力。

◎ 先导案例

王刚从广东某职业技术学院会计专业毕业后，刚被华天公司聘任为会计员。王刚第一天来公司上班时，看到会计科里的同事们非常忙，问了以后才知道，原来大家正在忙于月末结账。"我能做些什么工作呢？"王刚问道。会计科长看到王刚饱满的工作热情，也想锻炼他的工作能力，于是就问他："你在学校学习时，试算平衡表的编制方法在学校学了吗？""学过。"王刚很坚定且自信地回答道。

"那好吧，那你现在开始编制一下这个月公司的试算平衡表吧。"于是，科长就给他找来了公司的总账账簿，让他开始工作了。

王刚速度很快，不到一个小时，"总账发生额与余额试算平衡表"就完整地编制出来了。王刚激动的心情难以言表，高兴地把表交给科长。

"啊呀，昨天销售的产品单据怎么没有记到账上去呢，这也是本月的业务呢"会计员小李问道。

小李刚说说，会计员小尹手里又拿着一叠会计凭证过来，对科长说："我核对了，这账应当记入'应交税费'和'银行存款'，金额是 10 000 元，而不是 1 000 元，对已入账的这数字还应当更改一下。"

"试算平衡表不是已经平衡了吗？怎么会有错误呢？"王刚有些不解地问道。过了一会，王刚仔细地想了想，好像在学校学习时，老师讲过"试算平衡表平衡了，并不能证明就没有错误。如果有些业务重记或是漏记了，或者把借贷方向颠倒了，还有可能是记账方向正确但会计科目用错了，等等，都不会影响试算平衡表的平衡"。小李发现漏记了，小尹发现记少了，这对试算平衡都没有影响。

经过调整，王刚终于把一张经过核对后有关账户的完整的试算平衡表完成了。

问题：

1. 试算平衡表不能检查出账户记录错误时，还有其他哪些方法可以检查呢？

2. 会计人员在期末工作很忙，你认为在期末时，会计人员主要有哪些账务需要处理呢？

知识橱窗

一、会计基础

会计基础，是指会计确认、计量和报告的基础，具体包括权责发生制和收付实现制。

（一）权责发生制

权责发生制也称为应收应付制或应计制，是以应收应付作为本期收入和费用的标准。当采用这一方法时，凡是当期已经实现的收入和已经发生或应当负担的费用，不论其款项是否实际收到或付出，都应当作为本期的收入和费用来进行处理；反之，凡是不应该属于当期的收入和费用，即使款项在当期内实际收到或付出，也不应该作为当期的收入和费用处理。

采用权责发生制，可以正确反映企业各个会计期间所实现的收入和发生的费用，从而可以正确计算各个会计期间的经营成果。因此，我国的《企业会计准则——基本准则》是明确规定，企业应当以权责发生制为基础进行会计确认、计量和报告。

（二）收付实现制

收付实现制也称实收实付制或现金制，是以款项是否实际收到或付出作为确定本期收入和费用的标准。当采用这一方法时，凡是当期实际收到和支付的款项，都应该作为当期的收入和费用来进行处理；反之，凡是当期没有实际收到和付出的款项，都不作为当期的收入和费用处理。

采用收付实现制，其会计核算比较简单，但不能正确计算各个会计期间的经营成果。

目前我国的行政、事业单位采用收付实现制。

权责发生制与收付实现制的比较，如下表 5－1 所示。

表 5－1　　　　　　　　　　　权责发生制与收付实现制的比较

比较项目		权责发生制	收付实现制
基本原则		以收入或费用的归属期为标准	以是否收到或支出现金为标准
费用处理	支付前期费用	不作为当期费用（前期已作费用处理）	作为当期费用（前期未作费用处理）
	支付当期费用	作为当期费用	作为当期费用
	预付后期费用	不作为当期费用（后期作费用处理）	作为当期费用
	本期费用暂欠	作为当期费用	不作为当期费用（支付时作费用处理）
收入处理	收到前期销售收入	不作为当期收入（已作前期收入处理）	作为当期收入（前期没有作收入处理）
	收到本期销售收入	作为当期收入	作为当期收入
	本期销售收入暂欠	作为当期收入	不作为当期收入（以后收到作收入处理）
	预收销售收入	不作为当期收入（提供商品、劳务时确认收入）	作为当期收入

下面举例说明权责发生制与收付实现制分别是如何确认收入和费用的。

【边做边学 5－1】旭日公司 2019 年 10 月发生如下业务：

（1）5 日，收到瑞达公司的预付货款 10 000 元，根据合同，本公司将在 11 月份向其供货；

（2）10 日，销售给苏华公司货物，价值 30 000 元，收到苏华公司的货款 15 000 元，其余的款项暂欠；

（3）15 日，现金支付第二季度的房租 3 000 元；

（4）30 日，本月应负担的借款利息 500 元，将在本季度末支付。

分别采用收付实现制和权责发生制计算本月净收益，如表 5－2 所示。

表 5－2　　　　　　　　　　　收付实现制与权责发生制对比表

权责发生制		收付实现制	
收入（元）	30 000	收入（元）	10 000＋15 000＝25 000
费用（元）	1 000＋500＝1 500	费用（元）	3 000
净收益（元）	30 000－1 500＝28 500	净收益（元）	25 000－3 000＝22 000

二、期末业务的会计处理

（一）计提固定资产折旧的核算

1. 计提固定资产折旧业务核算涉及的主要账户

固定资产在使用过程中会发生磨损、消耗，其价值会逐渐减少，这种价值的减少就是固定资产折旧。当固定资产价值发生减少时，就应该把这种价值的减少计算出来（即计提折旧），并在账户"累计折旧"中进行记录。固定资产价值的减少同时引起成本费用的增加。企业计提的固定资产折旧，应当根据固定资产的用途，分别计入相关资产的成本或当期损益。

计提固定资产折旧涉及的主要账户有"制造费用""管理费用""销售费用"等成本费用类账户和"累计折旧"账户。基本生产车间使用的固定资产，其计提的折旧应计入制造费用；企业管理部门使用的固定资产，其计提的折旧应计入管理费用；销售部门使用的固定资产，其计提的折旧应计入销售费用；未使用的固定资产，其计提的折旧应计入管理费用。在此主要介绍"累计折旧"账户。

"累计折旧"账户属于资产类账户，用来核算固定资产因磨损而耗费的价值。该账户是"固定资产"的备抵账户，但登记方向与资产类账户相反。该账户借方登记因出售、报废和毁损固定资产而相应减少的折旧数；贷方登记按月计提的固定资产的折旧数，即折旧的增加额；期末余额在贷方，表示现有固定资产已提取的折旧累计数。

"累计折旧"账户具体结构如下所示：

借方　　　　　　　　　　　累计折旧	贷方
本期发生额：本月注销的折旧额	本期发生额：本月提取的折旧额
	期末余额：累计折旧结存额

【知识链接 5-1】

固定资产计提折旧范围

固定资产计提折旧的范围：除已提足折旧仍继续使用的固定资产以及按照规定单独估价作为固定资产入账的土地外，企业应对所有固定资产计提折旧。

企业一般应按月计提折旧，当月增加的固定资产，当月不计提折旧，从下月起计提折旧；当月减少的固定资产，当月照提折旧，从下月起不提折旧；未使用的固定资产照提折旧。

2. 计提固定资产折旧的会计核算

【边做边学 5-2】旭日有限责任公司 2019 年 6 月末计提以下固定资产折旧情况如下：基本生产车间厂房计提折旧 38 000 元，机器设备计提折旧 45 000 元；管理部门房屋建筑物计提折旧 65 000 元，运输工具计提折旧 24 000 元；销售部门房屋建筑物计提折旧 32 000 元，运输工具计提折旧 26 300 元。

本例中，本月计提的折旧费用中，车间使用的固定资产计提的折旧费用计入制造费用，管理部门使用的固定资产计提的折旧费用计入管理费用，销售部门使用的固定资产的折旧费用计入销售费用。编制如下会计分录并据以登记入账：

借：制造费用　　　　　　　　　　　　　　　　　　　　　　　83 000

管理费用——折旧费	89 000
销售费用——折旧费	58 300
贷：累计折旧	230 300

【知识链接 5-2】

固定资产折旧的计算方法

企业应当根据与固定资产有关的经济利益的预期实现方式，合理选择折旧方法。我国会计准则中规定可以选用的折旧方法包括年限平均法、工作量法、双倍余额递减法和年数总和法。固定资产的折旧方法一经确定，不得随意变更。

（1）平均年限法

此法又称直线法，是最简单且常用的一种方法。此法是以固定资产的原价减去预计净残值除以预计使用年限，求得每年的折旧费用。

计算公式为：

$$年折旧率 = \frac{1-预计净残值率}{预计使用年限} \times 100\%$$

月折旧率＝年折旧率÷12

月折旧额＝固定资产原价×月折旧率

（2）工作量法

工作量法是根据实际工作量计提折旧额的一种方法。它的理论依据在于资产价值的降低是资产使用状况的函数。它根据企业的经营活动情况或设备的使用状况来计提折旧。假定固定资产成本代表了购买一定数量的服务单位（可以是行驶里程数，工作小时数或产量数），然后按服务单位分配成本。

计算公式为：

$$单位工作量折旧额 = \frac{固定资产原价 \times （1-预计净残值率）}{预计总工作量}$$

某项固定资产月折旧额＝该项固定资产当月工作量×单位工作量折旧额

（3）双倍余额递减法

双倍余额递减法是指在不考虑固定资产预计净残值的情况下，根据每期期初固定资产原价减去累计折旧后的金额（即固定资产净值）和双倍的直线法折旧率计算固定资产折旧的一种方法。

计算公式为：

$$年折旧率 = \frac{2}{预计使用年限} \times 100\%$$

年折旧额＝年初固定资产净值×年折旧率

由于每年年初固定资产净值没有扣除预计净残值。因此，在双倍余额递减法下，必须注意不能使固定资产的净残值低于其预计净残值以下。通常在其折旧年限到期前两年内，将固定资产净值扣除预计净残值后的余额平均摊销。

（4）年数总和法

年数总和法又称年限合计法。是将固定资产的原价减去预计净残值的余额乘以一个固定资产尚可使用寿命为分子，以预计使用寿命逐年数字之和为分母的逐年递减的分数计算每年的折旧额。

计算公式为：

$$年折旧率 = \frac{尚可使用寿命}{预计使用寿命的年数总和}$$

$$= \frac{预计使用年限 - 已使用年限}{预计使用寿命的年数总和} \times 100\%$$

$$年折旧额 = （固定资产原价 - 预计净残值）\times 年折旧率$$

$$月折旧额 = 年折旧额 \div 12$$

（二）计提各项借款利息的核算

【知识链接 5-3】

在实际工作中，银行一般于每季度末收取短期借款利息，为此，企业的短期借款利息一般采用月末预提的方式进行核算。长期借款按照付息方式的不同，分为分期付息和到期一次付息两种，当采用分期付息时，就采用月末预提的方式进行核算。

1. 计提借款利息业务核算涉及的主要账户

（1）"财务费用"账户。"财务费用"账户属于损益类账户，用来核算企业为筹集资金而发生的各种筹资费用。该账户借方登记财务费用的增加额，包括利息支出（减利息收入）、汇兑损失（减汇兑收益）以及相关的手续费等；贷方登记财务费用的减少（结转）额；账户期末无余额。

"财务费用"账户具体结构如下所示：

借方	财务费用	贷方
本期发生额：本期发生的财务费用（利息支出、汇兑损失、手续费）	本期发生额：取得的利息收入、汇兑收益	
	期末结转数（转入"本年利润"）	

（2）"应付利息"账户。"应付利息"账户属于负债类账户，用来核算企业按照合同约定应支付的利息。该账户借方记入实际支付利息；按合同利率计算确定的应付未付利息，记入该账户的贷方；期末余额贷方，反映企业应付未付的利息。本账户可按存款人或债权人设置明细账户，进行明细分类核算。

"应付利息"账户具体结构如下所示：

借方	应付利息	贷方
本期发生额：支付的利息费用	本期发生额：计算确定的应付未会的利息	
	期末余额：应付未付的利息	

【知识链接 5-4】

长期借款利息的计算确定

长期借款利息的计算确定，应当根据不同情况分别处理：

（1）长期借款用于购建固定资产，在固定资产达到预定可使用状态之前发生的利息支出，符合资本化条件的，记入"在建工程"账户；达到预定可使用状态之后发生的利息支出，以及按规定予以资本化的利息支出，记入"财务费用"账户。

（2）长期借款用于研发无形资产，记入"研发支出——费用化支出"账户或"研发支出——资本化支出"账户。

（3）如果借款是筹建期间取得的，与购建固定资产无关的，记入"管理费用"账户。

（4）如果借款是正常生产经营期间发生的利息支出，记入"财务费用"账户。

长期借款计算确定的应付未付利息，借记"在建工程""制造费用""财务费用""研发支出"等账户，贷记"应付利息"或"长期借款——应计利息"账户。

2. 计提借款利息的会计核算

【边做边学 5—3】 旭日升有限责任公司 2019 年 6 月 1 日从银行借入 6 个月的短期借款 100 000 元，借款已划转到企业存款账户。该借款月利率 0.5%，利息分月预提，按季支付利息，到期一次归还本金。编制会计分录如下。

（1）借入短期借款时

借：银行存款	100 000
贷：短期借款	100 000

（2）月末，计提 6 月份应付利息时

本月应计提的利息金额＝100 000×0.5%＝500（元）

借：财务费用 ——利息支出	500
贷：应付利息	500

7 月末计提利息费用的处理与 1 月份相同。

（3）8 月末支付第一季度利息时

借：财务费用	500
应付利息	1 000
贷：银行存款	1 500

第二季度会计处理同上。

（4）借款到期归还本金时

借：短期借款	100 000
贷：银行存款	100 000

【边做边学 5—4】 公司为建造厂房，2017 年 1 月 1 日向建设银行借入 2 年期的借款 4 000 000 元，年利息 6%，借款利率等于实际利率，按年计提利息，借款于第二年末一次还本付息。该项工程于 2019 年末达到预定使用状态并交付使用。公司应做如下会计分录。

（1）取得借款时

借：银行存款	4 000 000
贷：长期借款——本金	4 000 000

因借款利率等于实际利息，所以"长期借款——利息调整"等于零。

（2）2019年发生的利息费用在工程达到预定使用状态之前，所有利息支出应当予以资本化，计入"在建工程"科目。

借：在建工程——仓库　　　　　　　　　　　　　　　　　240 000
　　贷：长期借款——应计利息　　　　　　　　　　　　　　　　　240 000

（3）2019年初厂房竣工交付使用后，利息支出应计入当期损益，通过"财务费用"科目核算。

借：财务费用——利息费用　　　　　　　　　　　　　　　　240 000
　　贷：长期借款——应计利息　　　　　　　　　　　　　　　　　240 000

（4）2019年度12月31日借款到期还本付息。

借：长期借款——本金　　　　　　　　　　　　　　　　　4 000 000
　　　　　　　——应计利息　　　　　　　　　　　　　　　　480 000
　　贷：银行存款　　　　　　　　　　　　　　　　　　　　　4 480 000

（三）计提应付职工薪酬的核算

【知识链接5－5】

人工费用的归集与分配

企业应支付的各项职工薪酬，作为人工费用应按职业的不同岗位记入各有关的成本、费用账户。一般来说，车间生产工人的工资费用，应直接记入"生产成本"账户；车间管理人员的工资费用，应记入"制造费用"账户；企业行政管理人员的工资费用应记入"管理费用"账户，企业销售人员的工资费用应记入"销售费用"账户等。

【边做边学5－5】公司根据2019年月2月份职工薪酬分配表，应付职工工资总额150 000元。其中，生产A产品工人工资45 000元，生产B产品工人工资55 000元，生产车间一般管理人员工资10 000元，辅助生产车间工人工资27 000元，厂部行政人员工资13 000元。

编制如下会计分录并据以登记入账：

借：生产成本——基本生产成本——A产品　　　　　　　　　45 000
　　　　　　——基本生产成本——B产品　　　　　　　　　55 000
　　　　　　——辅助生产成本　　　　　　　　　　　　　27 000
　　制造费用　　　　　　　　　　　　　　　　　　　　10 000
　　管理费用——工资　　　　　　　　　　　　　　　　13 000
　　贷：应付职工薪酬——工资　　　　　　　　　　　　　　150 000

【边做边学5－6】2019年2月，按照地方政府规定，公司按照工资总额的10％，12％，2％和10.5％计提医疗保险费、养老保险、失业保险和住房公积金。

编制如下会计分录并据以登记入账：

借：生产成本——基本生产成本——A产品　　　　　　　　　15 525
　　　　　　——基本生产成本——B产品　　　　　　　　　18 975

——辅助生产成本		9 315
制造费用		3 450
管理费用——工资		4 485
贷：应付职工薪酬——社会保险费		36 000
——住房公积金		15 750

【边做边学5-7】 期末根据企业的相关规定，按职工工资总额的1%比例计提伙食补贴。

编制如下会计分录并据以登记入账：

借：生产成本——基本生产成本——A产品		450
——基本生产成本——B产品		550
——辅助生产成本		270
制造费用		100
管理费用——职工福利		130
贷：应付职工薪酬——职工福利		1 500

（四）计提相关税费的核算

1. 计提税费业务核算涉及的主要账户

计提税费涉及的主要账户有"税金及附加"、"应交税费"等账户，在此重点介绍"税金及附加"账户。

"税金及附加"账户属于损益类账户，用来核算企业经营活动发生消费税、资源税、教育费附加及房产税、城市建设维护税、土地使用税、车船使用税、印花税等相关税费。该账户借方登记企业本期按规定税率计算应缴纳的各种税金及附加；贷方登记期末转入"本年利润"账户的金额；结转后账户无余额。

"税金及附加"账户具体结构如下所示：

借方	税金及附加	贷方
本期发生额：本期应负担的各种销售税金及附加		本期发生额：期末转入"本年利润"账户的金额

【知识链接5-6】

税金的计算及交纳

一般根据当月销售额按照规定的税率计算，于下月初交纳。城市维护建设税和教育费附加属于附加税，按企业当期实际交纳的增值税、消费税和营业税税额的一定比例计算。

应交消费税＝不含增值税销售额×适用税率

应交城市维护建设税（教育费附加）＝（增值税＋消费税）×适用税率

2. 计提税费的会计核算

【边做边学5-8】

公司2019年2月份按规定计算确定的应交房产税为2 000元、应交车船税为1 600

元、应交土地使用税为 3 300 元。用现金支付印花税 500 元。

借：税金及附加		7 400
贷：应交税费——应交房产税		2 000
——应交车船税		16 000
——应交土地使用税		33 000
库存现金		500

（五）分配并结转本月制造费用的核算

如前介绍，"制造费用"是企业生产车间为组织和管理生产而发生的各项间接费用。"制造费用"账户属于成本类账户。借方登记本月发生的各种制造费用；贷方登记月末分配结转应由各种产品负担的制造费用。月末，一般无余额。该账户应按不同车间、部门和费用项目设置明细分类账。

在生产一种产品的车间，制造费用可直接计入该种产品的生产成本。在生产多种产品的车间，就需要采用恰当的分配方法，将制造费用分配计入各种产品的生产成本。制造费用可以按生产工时、机器工时、生产工人工资、耗用直接材料成本等标准在不同的产品间进行分配。

【边做边学 5—9】

公司 2019 年 6 月发生制造费用为 41 600 元，按生产工时的比例在 A、B 产品之间进行分配，其中 A 产品本期耗用生产工时 6 000 工时，B 产品本期耗用工时为 4 000 工时。

制造费用的分配计算过程如下：

制造费用分配率＝制造费用÷（A 产品工时＋B 产品工时）

＝41 600÷（6 000＋4 000）

＝4.16（元/工时）

A 产品应分摊的制造费用＝6 000×4.16＝24 960（元）

B 产品应分摊的制造费用＝4 000×4.16＝16 640（元）

根据上述计算结果编制如下会计分录并据以登记入账：

借：生产成本——A 产品		24 960
——B 产品		16 640
贷：制造费用 ——生产车间		41 600

根据上述计算过程可编制"制造费用分配表"，如下表 5—3。

表 5—3   制造费用分配表

2019 年 6 月 31 日   单位：元

产品名称	分配标准（生产工时）	分配率	分配金额
A 产品	6 000		24 960
B 产品	4 000		16 640
合计	10 000	4.16	41 600

【知识链接 5—7】

制造费用的计算分配

企业通过"制造费用"账户将日常发生的各项间接费用归集后，期末还必须按一定的方法分配记入有关产品成本，即：借记"生产成本"账户，贷记"制造费用"账户。具体分配公式如下：

$$制造费用分配率 = \frac{制造费用总额}{各种产品生产工时生产工人工资总和}$$

某产品应分配的制造费用额 = 该产品的生产工时（生产工人工资）× 分配率

公式中的分配标准应根据产品的生产性质及工艺特点，选择生产工时、生产工人工资、机器工时等。这些标准的选择，应比较确切地体现各承担对象制造费用的受益比例关系，比较科学、客观、公平、公正的分配制造费用。

（六）结转本月完工产品成本的核算

每个会计期间结束时，应采用一定的方法计算确定完工产品的总成本和单位成本，并将验收入库的产成品成本予以结转。

【知识链接 5—8】

完工产品成本的确定与结转

月末，按照一定的方法，将生产成本明细账归集的累计产品生产费用在已完工产品和在产品之间进行分配，计算出完工产品和期末在产品的实际成本，然后将完工产品负担的生产费用从"生产成本"账户转入"库存商品"账户。

期末，如果有些产品全部未完工，形成期末在产品，不需要结转完工产品成本。

【边做边学 5—10】公司 2019 年 6 月末完工产品情况如下：期末 A 产品 800 件全部完工入库，当月完工的 A 产品的总成本为 114 960 元，结转完工 A 产品的成本。

编制如下会计分录并据以登记入账：

借：库存商品——A 产品   114 960

　　贷：生产成本——A 产品   114 960

（七）结转本月已售产品成本的核算

产品销售实现后，必须按期确定已售产品的生产成本，并将其结转到"主营业务成本"账户。

1. 结转已售产品成本业务核算涉及的主要账户

结转已售产品成本时涉及的主要账户包括"主营业务成本"账户和"库存商品"账户，在此主要介绍"主营业务成本"账户。

"主营业务成本"账户属于损益类账户，用来核算企业销售商品提供劳务等主要经营活动所发生的成本的计算和结转。该账户借方登记已经销售商品的实际成本；贷方登记期末转入"本年利润"账户的实际成本；结转后期末无余额。该账户应按商品类别设置明细账，进行明细分类核算。

"主营业务成本"账户具体结构如下所示：

借方 主营业务成本	贷方
本期发生额：本期已销售商品的实际成本	本期发生额：期末转入"本年利润"账户的实际成本

2. 结转已售产品成本的会计核算

【边做边学 5—11】公司 2019 年 6 月已售产品成本情况如下：销售 A 产品 800 件，A 产品单位成本为 200 元，销售成本为 160 000 元；销售 B 产品 550 件，查明该产品单位成本为 150 元，销售成本为 82 500 元。

编制如下会计分录并据以登记入账：

借：主营业务成本——A 产品　　　　　　　　　　　160 000
　　　　　　　　——B 产品　　　　　　　　　　　　82 500
　　贷：库存商品——A 产品　　　　　　　　　　　　　　160 000
　　　　　　　　——B 产品　　　　　　　　　　　　　　　82 500

（八）财务成果的计算和核算

财务成果是指企业一定会计期间经营活动的最终财务经营结果，是企业在一定会计期间所实现的各种收入（收益）与相关费用（支出等）的差额。如果收入大于费用，其差额为企业的利润。如果收入小于费用，其差额为企业的亏损。

1. 利润的构成

利润是企业在一定会计期间实现的最终经营成果。利润包括收入减去费用后的净额、直接计入当期损益的利得和损失。根据《企业会计准则》的规定，利润包括营业利润、利润总额和净利润。

（1）营业利润

营业利润是指企业在销售商品、提供劳务等日常活动中所产生的利润，是企业利润的主要来源。计算公式如下：

营业利润＝营业收入－营业成本－税金及附加－销售费用－管理费用－财务费用－资产减值损失＋公允价值变动收益（－公允价值变动收益）＋投资收益（－公允价值变动收益）

其中：营业收入＝主营业务收入＋其他业务收入
　　　　营业成本＝主营业务成本＋其他业务成本

（2）利润总额

利润总额又称税前利润，是由营业利润和营业外收支净额组成。计算公式如下：

利润总额＝营业利润＋营业外收入－营业外支出

（3）净利润

净利润又称为税后利润，是企业一定期间的利润总额扣除所得税费用后的财务成果。计算公式如下：

净利润＝利润总额－所得税费用

2. 利润形成的核算

（1）账户设置

①"营业外收入"账户。该账户属于损益类账户，核算企业发生的与生产经营活动无直接关系的各项利得，主要包括固定资产、无形资产等非流动资产处置利得、债务重组利得、政府补助、捐赠利得等。其贷方登记企业发生的各项营业外收入额；其借方登记期末转入"本年利润"账户的营业外收入额；期末结转后该账户应没有余额。该账户应按收入项目设置明细账户，进行明细分类核算。

②"营业外支出"账户。该账户属于损益类账户，核算企业发生的哪些与生产经营活动没有直接关系的各项支出，包括债务重组损失、固定资产盘亏损失、处置固定资产净损失、出售无形资产净损失、罚款支出、捐赠支出、非常损失等。该账户的借方登记企业发生的各项营业外支出额；贷方登记期末转入"本年利润"账户的营业外支出额；期末结转后该账户应没有余额。该账户应按项目设置明细账户，进行明细分类核算。

③"投资收益"账户。该账户属于损益类账户，核算企业对外投资取得的收入或发生的损失，包括对外投资所分得的股利、收到的债券利息，以及投资到期收回的或到期前转让债权取得款项与账面价值的差额等。其贷方登记取得的投资收益或期末转入"本年利润"的净损失数额；其借方登记投资损失额或期末转入"本年利润"的净收益数额；期末结转后该账户无余额。该账户应按投资收益的性质设置明细账户，进行明细分类核算。

④"本年利润"账户。该账户属于所有者权益账户，核算企业当期实现的净利润（或发生的净亏损）。贷方登记期末由各收入类账户转入的当期实现或取得的收入、收益，以及年末结转的本年度发生的净亏损；借方登记期末由各成本费用类账户转入的各种费用支出，以及年末结转的本年度实现的净利润；年度终了结转后，本账户应无余额。

⑤"所得税费用"账户。该账户属于损益类账户，核算企业确认的应从当期利润总额中扣除的所得税费用。其借方登记本期应计入损益的当期所得税和递延所得税；贷方登记期末应转入"本年利润"账户的所得税费用；期末结转后应无余额。

（2）利润形成的账务处理

【边做边学5—12】2019年6月15日，公司取得一项收益性的财政补贴款190 000元，已存入银行。

此业务中，对取得的财政补贴，应记入"营业外收入"账户的贷方，对存入的款项，应记入"银行存款"账户的借方。编制会计分录如下：

借：银行存款 190 000

　　贷：营业外收入　　　　　　　　　　　　　　　　　　　　190 000

　　【边做边学5—13】2019年6月18日，公司开出转账支票一张支付环保部门的罚款50 000元。

　　此业务中，对罚款支出，应记入"营业外支出"账户的借方，对开出的转账支票的款项，应记入"银行存款"账户的贷方。编制会计分录如下：

　　借：营业外支出　　　　　　　　　　　　　　　　　　　　50 000

　　　　贷：银行存款　　　　　　　　　　　　　　　　　　　　50 000

　　【边做边学5—14】2019年6月20日，公司收到被投资单位分来的利润80 000元，存入银行。

　　此业务中，对分来的利润，应记入"投资收益"账户的贷方，对存入银行的款项，应记入"银行存款"账户的借方。编制会计分录如下：

　　借：银行存款　　　　　　　　　　　　　　　　　　　　80 000

　　　　贷：投资收益　　　　　　　　　　　　　　　　　　　　80 000

　　【边做边学5—15】公司2019年有关损益类账户发生额如表5—4所示。

表5—4　　　　　　　　　　公司2019年有关损益类科目发生额　　　　　　　单位：元

科目名称	结账前余额	
	借方	贷方
主营业务收入		8 000 000
其他业务收入		620 000
公允价值变动损益		100 000
投资收益		400 000
营业外收入		190 000
主营业务成本	5 000 000	
其他业务成本	420 000	
税金及附加	95 000	
销售费用	500 000	
管理费用	800 000	
财务费用	180 000	
营业外支出	120 000	

　　要求：年末将上述各损益类账户发生额转入"本年利润"账户。

　　这是一项期末结账业务，企业各项收益的实现，会增加企业的本年利润，应记入"本年利润"账户的贷方，企业各项费用支出的发生，会减少企业的本年利润，应记入"本年利润"账户的借方。应编制会计分录如下：

　　（1）结转各项收益类账户。

借：主营业务收入   8 000 000

     其他业务收入   620 000

     公允价值变动损益   100 000

     投资收益   400 000

     营业外收入   190 000

     贷：本年利润   9 310 000

（2）结转各项费用、损失类账户。

借：本年利润   7 115 000

     贷：主营业务成本   5 000 000

         其他业务成本   420 000

         税金及附加   95 000

         销售费用   500 000

         管理费用   800 000

         财务费用   180 000

         营业外支出   120 000

结转后，"本年利润"账户的贷方发生额与借方发生额相比较，可计算出该公司本年实现的利润总额为 2 195 000 元（9 310 000—7 115 000）。

【边做边学 5—16】 公司本年实现利润总额为 2 195 000 元，适用税率为 25%，计算应交所得税额。（假定税前会计利润与按税法规定计算的应纳税所得额没有差异。）

应交所得税额＝应纳税所得额×所得税税率＝2 195 000×25%＝548 750（元）

此业务，一方面使企业所得税费用增加，应记入"所得税费用"账户的借方；另一方面使企业应交未交的税费增加，记入"应交税费"账户的贷方。编制会计分录如下：

借：所得税费用   548 750

     贷：应交税费   548 750

将发生的所得税费用结转到"本年利润"账户，应编制会计分录如下：

借：本年利润   548 750

     贷：所得税费用   548 750

实际交纳所得税时，应编制会计分录如下：

借：应交税费——应交所得税   548 750

     贷：银行存款   548 750

该公司实现的净利润＝利润总额—所得税费用＝2 195 000—548 750＝1 646 250（元）

3. 利润分配的核算

（1）利润分配的程序

利润分配是企业根据国家有关法律、法规以及企业章程的规定，对实现的可供分配和利润在企业和投资者之间进行分配。企业本年实现的净利润加上年初未分配利润和其他转入后的余额，为可供分配的利润。企业的利润按照下列顺序进行分配：

①提取法定盈余公积金。法定盈余公积金按照税后净利润的10%提取。法定盈余公积金已达注册资本的50%时可不再提取。提取的法定盈余公积金用于弥补以前年度亏损或转增资本金。但转增资本金后留存的法定盈余公积金不低于注册资本的25%。

②提取任意盈余公积。公司制的企业根据企业发展需要，按税后利润的一定比例提取。任意盈余公积金提取的标准由公司股东大会确定。

③向投资者分配利润。可供分配的利润减去提取的法定盈余公积，为可供向投资者分配和利润。有限责任公司按固定的出资比例向股东分配利润，股份有限公司按股东持有的股份比例向股东分配股利。

可供分配和利润经过上面的分配后，为未分配的利润，未分配利润可留待以后年度进行分配。

企业实现的利润总额要按照税法的规定计算交纳所得税。所得税的计算应以企业实现的利润总额为基础，按税法的有关规定进行调整后乘以所得税税率计算。企业的利润总额扣除所得税后即为企业净利润。企业本期实现的净利润加上上年初未分配利润即为可供分配的利润。可供分配的利润应按如下顺序进行分配：

第一，提取法定盈余公积，法定盈余公积按照税后利润的10%提取，当提取的法定盈余公积累计数达到注册资本的50%以上时，可以不再提取；

第二，提取任意盈余公积，提取法定盈余公积后，经批准还可以从税后利润中提取任意盈余公积；

第三，向投资者分配利润。

【知识链接5—9】

按照税法的规定，如果企业当年发生亏损，可用以后年度的利润弥补，但税前连续弥补亏损不得超过5年。

（2）利润分配的账户设置

为了反映和监督企业利润分配的情况，应设置"利润分配""盈余公积""应付股利"等账户。

①"利润分配"账户。该账户属于所有者权益类账户，用来核算企业利润分配（或亏损弥补）以及历年结存的未分配利润额，借方登记企业实际分配的利润额或从"本年利润"账户转入的全年亏损额；贷方登记从"本年利润"账户转入的全年实现的净利润额或已弥补的亏损额。年终结转后，若为贷方余额表示历年累计未分配的利润；若为借方余额表示累计未弥补的亏损。为了提供企业利润分配的详细情况，应设置"提取法定盈余公积""应付普通股股利""未分配利润"等明细账户，进行明细分类核算。

②"盈余公积"账户。该账户属于所有者权益类账户，用来核算企业从净利润中提取的盈余公积和公益金及其使用情况。其贷方登记盈余公积和公益金提取数；其借方登记盈余公积转增资本以及弥补亏损数；期末余额在贷方，表示盈余公积的实际结存数。

③"应付股利"账户。该账户属于负债类账户，用来核算企业根据股东大会或类似机构决议应分配的现金股利或利润。贷方登记企业应支付的现金股利或利润数；借方登记

实际支付的现金股利或利润数。期末余额在贷方，反映企业尚未支付的现金股利或利润数。

（3）利润分配的账务处理

【边做边学5—17】公司全年实现净利润为 1 646 250 元。根据利润分配方案，按净利润的 10％提取法定盈余公积，按净利润的 50％分配给投资者。

提取的法定盈余公积＝1 646 250×10％＝164 625（元）

分配的现金股利＝1 646 250×50％＝823 125（元）

此业务，一方面企业提取盈余公积和向投资者分配利润会使企业的利润分配数额增加（即未分配利润减少），应借记"利润分配"账户；另一方面使企业的盈余公积和应付未付的利润增加，应贷记"盈余公积"和"应付股利"账户。编制会计分录如下：

借：利润分配——提取法定盈余公积　　　　　　　　　　　164 625

　　　　　　——应付现金股利　　　　　　　　　　　　　823 125

　　贷：盈余公积——法定盈余公积　　　　　　　　　　　＊164 625

　　　　应付股利　　　　　　　　　　　　　　　　　　　823 125

（4）年终结转全年利润和利润分配的核算

年终时，企业要首先把当年实现的净利润或亏损，转入"利润分配——未分配利润"账户。结转净利润时，按实现的净利润额，借记本年利润账户，贷记"利润分配——未分配利润"账户；结转亏损时，按实际产生的亏损额，借记"利润分配——未分配利润"账户，贷记"本年利润"账户。其次，将"利润分配"账户的其他明细账户的余额转入"利润分配——未分配利润"账户。结转时，借记"利润分配——未分配利润"账户，贷记"利润分配——提取法定盈余公积、提取任意盈余公积、应付现金股利"等账户。结转后，利润分配账户中除"未分配利润"明细科目外，其他明细科目应无余额。

【边做边学5—18】公司年终将本年实现的净利润 1 646 250 元转入"利润分配——未分配利润"账户。

此业务，一方面使企业的本年利润减少，另一方面使企业的利润分配——未分配利润增加。编制分录如下：

借：本年利润　　　　　　　　　　　　　　　　　　　　　1 646 250

　　贷：利润分配——未分配利润　　　　　　　　　　　　　　1 646 250

【边做边学5—19】公司年终将"利润分配"账户的其他明细账户的余额转入"利润分配——未分配利润"账户。资料见【边做边学5—16】。

此业务，属于利润分配明细科目之间的结转。按照规定，利润分配结束，除了利润分配——未分配利润明细账有余额外，其他明细账户应无余额。编制分录如下：

借：利润分配——未分配利润　　　　　　　　　　　　　　987 750

　　贷：利润分配——提取法定盈余公积　　　　　　　　　　164 625

　　　　　　　　——应付现金股利　　　　　　　　　　　　823 125

通过上述结转未分配利润后，计算该公司"利润分配——未分配利润"账户的年末余额。

年末未分配利润＝1 646 250－987 750＝658 500（元）

登记"T"形账户：以上述筹资业务数据作为公司 2019 年 6 月相关账户的期初余额（单位：元）及在供应过程、生产过程、销售过程业务登账的基础上，对期末业务例题编制的会计分录，登记有关账户。

项目训练

业务实训题

2019 年 6 月份，发生如下经济业务：

1. 12 月 26 日，预提本月应付借款利息 200 元。

2. 12 月 28 日，以银行存款支付本季应付借款利息 600 元。

3. 12 月 30 日，计算分配本月应付职工工资共计 46 500 元，其中 A 产品生产成本负担 25 000 元，B 产品生产成本负担 17 000 元，车间管理部门负担 3 300 元，行政管理部门负担 12 00 元。

4. 12 月 30 日，计算分配职工三险一金共 65 10 元，其中 A 产品生产成本负担 3 500 元，B 产品生产成本负担 2 380 元，车间管理部门负担 462 元，行政管理部门负担 168 元。

5. 12 月 30 日，计提本月固定资产折旧 19 140 元，其中生产车间负担 17 500 元，管理部门负担 1 640 元。

6. 12 月 31 日，结转本月制造费用 32 262 元，其中 A 产品负担 20 000 元，B 产品负担 12 262 元，

7. 12 月 31 日，结转完工 A、B 产品的实际成本，其中 A 产品总成本为 137 782 元，B 产品总成本为 105 360 元。

8. 12 月 31 日，结转已经销售的 A 产品的销售成本共计 200 000 元。

9. 12 月 31 日，计算应交纳已经销售的 A、B 两种产品的消费税 16 200 元。

10. 12 月 31 日，将本月取得的主营业务收入、其他业务收入、营业外收入结转到"本年利润"账户。

主营业务收入	700 000
其他业务收入	20 000
营业外收入	5 000

11. 12 月 31 日，将下列账户结转到"本年利润"账户。

| 主营业务成本 | 242 500 |
| 其他业务成本 | 15 000 |

项目二　对　账

▶ 职业情境

张淑艳是广东某高职院校大一会计专业的学生，放长假时，她来到一家公司进行实习。有一天，她看到同事拿到一张银行发来的对账单，足足有十张。到了月末时，同事安排他进行对账，她当时心里想：到底对账要对些什么呢？如果不对，又该如何进行处理呢？

▶ 学习目标

通过学习，应该达到如下目标：

◆**理论目标**：学习和掌握账账核对、账证核对、账实核对的内容与要求等陈述性以及相关账务处理等技能性知识；并能运用相关知识进行相关的账务处理活动。

◆**实务目标**：能运用对账的相关知识，规范"对账"中的相关技能活动。

◆**案例目标**：运用本项目中的相关理论与实务知识研究相关案例，培养与提高学生在一定的情境下分析、设计与处理对账职业相关能力，能结合本项目所学内容，分析企业相关会计行为的善恶，培养学生良好的会计职业道德素质。

◆**实训目标**：根据实训任务，在把握本实训所涉及的相关技能点的基础上，通过亲身体验对账相关工作，及《对账账务处理实训报告》的准备、撰写、讨论与交流等有质量、有效率的实践活动，培养学生的专业能力，强化"自我学习""发现问题""解决问题""自主创新"等职业核心能力。

先导案例

采购员李某出差回来报销差旅费时，将住宿发票的原单价 90 元/人·天，改为 190元/人·天，共 10 天，并在大写金额前补上壹仟，报销后，贪污金额 1000 元。

问题：

1. 如果你是出纳，对此类虚假业务，该如何进行审核呢？

2. 如果在事后对账时才发现，又该如何处理呢？

知识橱窗

一、对账内容

对账就是对账簿记录进行核对。即在经济业务入账后，于平时或月末、季末、年末结账之前，对各种账簿记录进行的核对。通过对账，可以及时发现和纠正记账及计算的差错，保证各种账簿记录的完整和正确，以便如实反映经济活动情况，并为会计报表的编制提供真实可靠的资料。然而，账簿记录的真实可靠并不完全取决于账簿本身，还要涉及账簿与会计凭证的关系，以及账簿记录与实际情况是否一致等问题。因此，记完账后，还要定期做好对账工作，做到账证相符、账账相符、账实相符。会计对账工作的主要内容包括以下几个方面：

（一）账证核对

账簿是根据审核后的记账凭证登记的，但在实际工作中仍然可能发生账证不符的情况。账证核对是指对各种账簿的记录与记账凭证及其所附的原始凭证进行核对。这种核对是在编制记账凭证和记账的日常工作中进行的，月终若发现账账不符，也应进行账证核对。账证核对的主要内容包括以下几个方面：

1. 核对账簿记录与原始凭证、记账凭证的时间、凭证字号、内容、金额等是否一致；

2. 借贷方向是否一致。

账证相符是保证账账相符、账实相符的基础。

（二）账账核对

各个会计账簿是一个有机的整体，既有分工，又有衔接，总的目的是为了全面、系统、综合地反映企业和事业单位的经济活动与财务收支情况。这种账簿之间的衔接和依存关系就是说的沟稽关系。利用这种关系，可以通过账簿的相互核对发现记账工作是否正确，如果发现账簿有错误，就应立即更正，做到账账相符。账账核对主要包括以下几个方面的内容。

1. 检查总分类账户登记的正确性。将总账各账户本期借方发生额合计与各账户贷方发生额合计数相核对；将总账期末各账户借方余额合计数与各账户期末贷方余额合计数相核对。这种根据借贷记账方法以及会计等式"资产＝负债＋所有者权益"的平衡关系来检测账户登记是否正确的方法，称为试算平衡。具体有发生额试算平衡和余额试算平衡两种。

发生额试算平衡的计算公式如下：

全部账户本期借方发生额合计＝全部账户本期贷方发生额合计

余额试算平衡的计算公式如下：

全部账户期末借方余额合计；全部账户期末贷方余额合计。

这一核对一般是通过编制发生额及余额试算平衡表来完成的。其格式如表5－5所示。

表5－5　　　　　　　　总分类账户本期发生额和余额对照表

（试算平衡表）

年　　月　　日

账户名称	期初余额		本期发生额		期末余额	
	借方	贷方	借方	贷方	借方	贷方
现金						
银行存款						
应收账款						
库存商品						
……						
……						
合计						

2.检查总分类账簿与所属明细分类账户登记的正确性。总分类账各账户的期末余额与所属各部门明细分类账的期末余额之和核对是否相符。

3.检查总分类账簿与序时账簿登记的正确性。在我国，企业、事业等单位都必须设置现金日记账和银行存款日记账。现金日记账必须每天与库存现金核对相符，银行存款日记账也必须定期与银行进行核对。同时，还应检查现金总账期末余额与现金日记账期末余额是否相符，银行存款总账期末余额与银行存款日记账期末余额是否相符。

4.检查明细分类账簿之间登记的正确性。会计部门有关实物资产的明细账与财产物资保管部门或使用部门的明细账定期核对，以检查其余额是否相符。核对的方法一般由财产物资保管部门或使用部门定期编制收发结存汇总表报会计部门核对。

（三）账实核对

账实核对就是对货币资金、实物资产和往来款项的盘点或核对，据此来确定其实存数，以查明账存数与实存数是否相符，并据以调整会计账簿，保证账实相符的一种专门方法，也称为财产清查。具体包括以下内容：

1.库存现金日记账余额和实际库存现金进行核对，做到日清月结；

2.银行存款日记账的收、付记录及余额和银行发来的对账单记录及余额进行核对，每月至少核对一次；

3.各种应收、应付款账户的余额和相关的债权、债务人进行核对；

4.财产物资明细账的结存情况和实际清查盘点的实存数进行核对；

5.各种税费、应交款账户余额监交机关进行核对。

二、财产的清查与盘点

（一）财产清查的意义

财产清查是指根据账簿的记录情况，对企业的各种财产进行了实地盘点和核对，以查明各项财产的实际结存数，确定实际结存数与账面结存数是否相符的一种专门方法。

财产清查的主要目的是要解决账实不符的问题。由于各种原因会导致各项财产物资的账面数与各项财产的实存数不一致。归纳起来主要有以下几个方面的原因：

1.在财产物资收发时，由于计算、计量或检验不准确而发生的品种、数量或质量上的差错；

2.在账簿记录时，会计凭证或账簿出现漏记、重记或错记等错误；

3.在保管过程中，受到气候等自然因素影响而发生自然损耗或自然灾害造成的财产物资的损失；

4.由于保管不善或保管人员失职造成的财产物资损坏、变质与短缺等；

5.由于不法分子营私舞弊，贪污、盗窃等而发生的财产物资损失；

6.由于存在未达账项等原因而引起的单位之间账账不符、账实不符等。

造成账实不符的原因不同，相应的会计处理方法也是不同的。

财产清查是会计核算的一种专门方法，其意义在于：确保会计核算资料的真实和可靠；确保企业财产的安全和完整；充分挖掘企业物资的潜力，提高企业经济效益；促使企业自觉遵守财产纪律，维护财经秩序。

（二）财产清查的种类

财产清查按不同的标准，有不同的分类。

1. 按清查的范围，可分为全面清查和局部清查

（1）全面清查。是指对企业所有的财产物资进行全面清查、盘点与核对。清查的主要内容是各种财产物资、货币资金和债权债务。需要全面清查的情况通常是：年终决算前、单位撤销、合并或改变隶属关系；中外合资、国内合资前；企业进行股份制改制前；开展全面的资产评估、清产核资前；单位主要领导调离工作前。其特点是：范围大、内容多、时间长、参与人员多。具体包括以下几项：

①固定资产、原材料、在产品、库存商品、包装物、低值易耗品、在途物资、委托其他单位加工保管的物资、代销商品等；

②现金、银行存款等；

③应收账款、应付账款、其他应收款、其他应付款、各种银行借款等。

（2）局部清查。是指根据实际的需要或规定对部分财产进行清查。主要是对货币资金、存货等流动性较大、易于损耗、比较贵重的财产物资的清查。通常包括以下内容：现金应当做到每日清点一次；银行存款每月至少要和银行核对一次；债权债务每年至少核对一到两次；存货应当做到有计划、有重点地进行抽查；对贵重物品，应当每月清查一次等。局部清查的特点是：范围小、内容少、时间短、参与人员不多，专业性较强。

2. 按清查的时间，可分为定期清查和不定期清查

（1）定期清查。定期清查是指根据管理制定的规定或按计划在规定的时间对财产物资进行的清查。定期清查的对象是不固定的，可以是全面清查，也可以是局部清查。一般是在月末、季末、年末结账前进行。

（2）不定期清查。是指根据实际需要所进行的临时性财产清查。大多情况下是一种局部清查。一般情况如下：

①更换财产物资和现金保管人员；

②发生自然灾害或意外情况等导致财产物资损失；

③有关部门对企业进行审计查账；

④企业发生合并、撤销或改变隶属关系而进行的资产、债权债务的清查。

【知识链接 5-10】

企业在编制年度会计报表前，应当对财产进行全面清查，核实债务。企业的各单位也应当定期将会计账簿记录与实物、款项及有关资料互相进行核对，以确保会计账簿记录与实物及款项的实有数额相符。

（三）财产清查的内容与方法

【知识链接 5-11】

在财产清查过程中需要编制"盘存表（或称盘点表）"、"账存实存对比表"等相关的原始凭证，并对原因进行认真分析，然后进行相应的账务处理。

1. 库存现金的清查

库存现金的清查是采取实地盘点，也就是通常所说的点票数来确定现金的实存数，再将实存数与现金日记账的账面余额进行核对，以确定账实是否相符及资产的盈亏状况。现金清查有日常自查和专门清查两种情形。

（1）日常自查。是在每天的营业结束后，由企业出纳人员清点库存的现金实存数，并与现金日记账余额进行仔细核对，以做到账款相符。

（2）专门清查。是在上述清查的基础上，由企业抽调的清查小组对库存现金进行定期或不定期的清查。为明确经济责任，在清查时，出纳人员必须在清查现场，现钞必须进行逐张清点。在清查时，还要特别关注有无违反现金管理制度的现象，查看一下是否有不具备法律效力的借条、收据抵充库存现金的情况等。在进行清查后，应当认真填写由盘点人员和出纳人员都签章的"现金盘点报告表"，如表5—6所示。现金盘点表兼有盘存单与实存账存对比表的双重作用，是反映现金实有数和调整账簿记录的一种重要的原始凭证。

表 5—6　　　　　　　　　　　　　现金盘点报告表

单位名称：××公司　　　　　　　　　　　　　　　　　　　　　　　2019 年 6 月 31 日

实存金额	账存金额	对比结果		备注
		盘盈	盘亏	
1 600	1 900		200	出纳人员责任
现金使用情况	（1）库存现金限额 5 000 元 （2）白条抵库的情况 （3）现金支出违反规定的情况 （4）其他违规行为			

处理结果：由责任人赔偿，计入"其他应收款"。

同意　　2019 年 6 月 31 日

会计机构负责人：张丽　　　　　盘点人：王静　　　　出纳员：李勇

【知识链接5—12】

国库券、公司债券、其他金融债券、股票和其他的有价证券的清查方法与现金清查方法相同。

2. 银行存款的清查

银行存款的清查是采取与开户银行发来的对账单进行核对账目的方法来进行的，即把企业的银行存款日记账与开户银行发来的"对账单"逐一进行仔细地核对，以查清银行存款的收入、付出和结余的记录是否正确。银行发来的对账单格式如表5—7所示。

表 5－7 银行对账单

开户单位：××公司   账号：02345678

2019年 月	日	摘要	结算凭证 种类	号数	借方	贷方	结余
9	1	结余					269 800
	16	江东公司	电汇			230 000	499 800
	24	利达公司	转支	045	20 000		479 800
	29	天一公司	电汇		90 000		389 000
	30	电费	托收		3 562		386 238
	30	奥海公司	汇票	186		28 000	414 238
	30	本月存款利息				368	414 606

【知识链接 5－13】

银行对账单是企业的开户银行为企业所做的记录，反映的是企业在开户银行存入和开支使用情况的记录单，一般情况下，银行每月都会将其所记录的"银行对账单"发给企业，以便双方核对账目。

"银行对账单"是银行会计主体为企业所记录的账簿，借方反映企业银行存款的减少；贷方反映企业银行存款的增加。企业在和银行进行对账时，应将"银行对账单"的借方发生额与"银行存款日记账"的贷方发生额相核对，将"银行对账单"的贷方发生额与"银行存款日记账"的借方发生额进行核对。"银行存款日记账"如表5－8所示。

表 5－8 银行存款日记账

种类：结算户存款   账号：02345678   第　页

2019年 月	日	凭证 字	号	摘要	结算凭证 种类	号数	借方	贷方	结余
9	1			余额					269 800
	18	收	09	收销货款	电汇		230 000		499 800
	22	付	20	付材料款	转支	045		20 000	479 800
	25	付	21	购文具	转支	046		1 045	478 755
	28	付	22	付货款	电汇			90 000	388 755
	29	付	23	付修理费	转支	047		2 500	386 255
	30	收	10	收销货款	转支	257	47 000		433 255
				本月合计			277 000	113 545	

在工作实际中，常常会出现企业的银行存款日记账余额和开户银行发来的银行对账单余额不相符的情况，主要原因是：一方面是双方发生的错账、漏账的情形。因此，在和银

行核对有关账目前，要先认真查看企业的银行存款日记账的正确与完整情况，然后才仔细与开户银行发来的对账单逐一核对；另一方面是正常的"未达账项"，是因为企业和银行在记账的时间不一致而造成的一方已经入账，而另一方还没有入账的款项。出现"未达账项"的原因，归纳起来有以下四种情况，分为两大类。

第一大类，是企业已经登记入账，而开户银行没有登记入账的情况：

一是企业送存银行的有关款项，企业已作了增加存款的记录，但开户银行因为没有接到有关凭证，还没有登记入账，也就是银行还没有给企业作增加存款的记录，即企业已收而银行未收。

二是企业开出支票或其他的付款凭证，企业已作了减少存款的记录，但开户银行因为没有接到有关凭证，还没有登记入账，也就是银行还没有给企业作减少存款的记录，即企业已付而银行未付。

第二大类，是银行已经登记入账，而企业没有登记入账的情况：

三是银行代为企业收取的有关款项，银行已作了增加企业存款的记录，但企业因为没有接到有关凭证，还没有登记入账，也就是企业还没有在日记账中作增加存款的记录，即银行已收而企业未收。

四是银行代为企业支付的有关款项，银行已作了减少企业存款的记录，但企业因为没有接到有关凭证，还没有登记入账，也就是企业还没有在日记账中作减少存款的记录，即银行已付而企业未付。

上述四种情况都会使双方的账面存款余额的不一致。为此，为查明企业和银行之间账目记录是否正确，也为了发现未达账项，在进行银行存款清查时，就必须把企业的银行存款日记账和银行发来的对账单逐一进行核对。核对的内容有：收付金额、结算凭证的种类、编号民、收入来源、开支的用途、发生的时间、最终的金额等。在核对时，如发现企业有错账或漏账，应该马上更正；若发现银行有错账或漏账，应立即通知银行查明原因，及时更正；若是有未达账项，就应当根据编制的"银行存款余额调节表"进行调节，以验证调节后的余额是否相符。"银行存款余额调节表"如表5-9所示。

表5-9   **银行存款余额调节表**

2019年9月30日

项目	金额	项目	金额
企业银行存款账面余额	433 255	银行对账单账面余额	414 606
加：银行已收企业未收	28 368	加：企业已收银行未收	47 000
减：银行已付企业未付	3 562	减：企业已付银行未付	3 545
调节后存款余额	458 061	调节后存款余额	458 061

通过编制余额调节表后，如果双方余额相等，一般情况就说明双方记账没有差错；如果不相等，就说明一方记账有差错，应当再进行核对，以查明真正原因，并及时进行更正。

【知识链接 5－14】

（1）"银行存款余额调节表"中的"调节后的余额"，是企业当时可以实际动用的银行存款数额。

（2）对银行已经入账但企业还没入账的未达账项，不可根据调节表来编制会计分录，不能作为记账依据，需在收到银行的相关凭证后，才能入账。

（3）对于时间较长的悬置的未达账项，要及时查清原因，争取早日解决。

（4）对银行存款清查的方法，也可用于对银行各种借款的清查。在进行银行借款清查时，要检查借款是否按规定的用途使用、是否按期归还等情况。

3. 往来款项的清查

对往来款项的清查通常采取发函询证的方法进行核对。在先检查本企业结算往来款项账目正确和完整情况下，根据有关明细账的记录，按用户编制"往来款项对账单"（表5－10），送给对方单位进行核对。"往来款项对账单"通常是一式两联，其中一联是回单。如对方单位核对相符，就应当在回单联上盖章后退回；如不符，则应当将不相符的情况在回单联上加上注明，或者就是另外抄一张对账单退回，以便双方进行进一步的核对。在核对时，应当特别留心哪些双方有争议的款项，对如果确实可能无法收回的或无法支付的款项，也应当及时采取措施进行处理，避免或减少坏账损失。

表 5－10　　　　　　　　　　　　往来款项对账单

_____单位

你单位 2019 年 6 月 10 日向我公司购买的甲产品 400 件货款 36 500 元尚未支付，请你们核对好后将回单联寄回。

清查单位：（盖章）

2019 年 6 月 20 日

沿此虚线裁开，将以下回单联寄回

- -

往来款项 对账单 （回单联）

_____清查单位：

你单位寄来的"往来款项对账单"已收到，经核对无误。

_____单位（盖章）

2019 年 6 月 20 日

4. 实物资产的清查

对各种实物资产如原材料、在产品、半成品、产成品、包装物、低值易耗品、固定资产等，要从数量和质量上进行清查和核对。由于实物资产的情况不同，所采用的清查方法也是不同的。其清查的方法，主要有以下几种。

（1）实物盘点法。就是通过对实物进行逐一清点或用计量器具来确定实物实存数量。此法在大多数情况都可用。

（2）技术推算法。此法不是对实物资产进行逐一清点计算，而是通过对实物资产进行量方、计尺等技术推算的方法来对实物资产进行清查，以查明其结存的数量。例如，对露天堆放的煤炭和矿石进行清查，就是用此法。

（3）抽样盘点法。对一些逐一清点数量不方便、单价较小且数量不多、重量比较均匀特别是对那些已经包装好的实物资产，通过抽样的方法进行清查，来检查实物资产的数量和质量，并据以确定总体的情况。

【知识链接5-15】

（1）对实物资产的质量，根据不同情况，可用不同的检查方法，如有的可用物理方法，有的则可用化学方法等来检查实物的质量。

（2）在进行实物清查时，盘点人员和实物保管人都应该在场。对盘点的结果，应该如实登记盘存单，并由盘点人员和实物保管人员加以确认，并签字或盖章，以明确经济责任，盘存单的格式如表5-11所示。盘存单既是纪录盘点结果的书面证明，也是反映实物资产实存数量的原始凭证。

表5-11　　　　　　　　　　　　　　　盘存单

单位名称：××公司　　　盘点时间：2019年6月30日　　　　编号：8

财产类别：原材料　　　　存放地点：材料库　　　　　　　金额单位：元

编号	名称	计量单位	数量	单价	金额	备注
12089	甲材料	千克	2 000	20	40 000	
12090	乙材料	千克	12 000	5	60 000	

盘点人签章：李莉　　　　　　　　　　　　保管人：张跃

（3）为查清实物资产的账存数量与实存数量是否相符，同时确定盘盈或盘亏的情况，应当根据盘存单和有关账簿的记录，编制一张实存账存对比分析表，如表5-12所示。实存账存对比分析表是调整账簿记录的一种重要的原始凭证，同时也是分析产生不符产生的原因，明确相关经济责任的重要依据。

表5-12　　　　　　　　　　　　　实存账存对比分析表

2019年6月30日

单位名称：××公司

编号	类别及名称	计量单位	单价	对比结果								备注
				实存		账存		盘盈		盘亏		
				数量	金额	数量	金额	数量	金额	数量	金额	
12079	甲材料	千克	20	2 000	40 000	1 500	30 000	500	10 000			
12080	乙材料	千克	5	12 000	60 000	12 200	61 000			200	1 000	

处理结果：

上述盘盈甲材料冲减"管理费用"，盘亏乙材料属于定额内损耗，计入"管理费用"。

同意。2019年6月30日　　　　　　　　　　总经理：王伟

主管人员：尹刚　　　　会计：曾成　　　　制表：林娜

（4）对委托外单位加工、保管的材料、商品和物资及在途的材料、商品和物资等，可

以采取询征的办法与相关单位进行核对，以查明是否账实相符。

（四）财产清查的会计处理

财产清查是为了确保企业财产的账实相符，企业会计部门对在财产清查过程中发现的差异，即发现了财产盘盈、盘亏或毁损时，应当以国家的有关政策、法令、法规和制度为依据，认真、严肃地做好财产清查结果的会计处理，及时进行有关账簿记录的调整。

对财产清查结果的处理需要经过审批程序，因此，在账务处理上除了固定资产盘盈外的其他财产清查情况，一般需要分两步来进行：第一步，是将财产清查过程中发现的盘盈、盘亏或毁损数，通过"待处理财产损溢"账户，并登记有关账簿，以调整相关账簿的账面记录，使账存数与其实存数相符。第二步，在审批以后，就应该根据审批的意见，再从"待处理财产损溢"账户中账户转入其他相关账户中。

"待处理财产损溢"账户是一个暂记性的账户，是用来专门核算企业在财产清查过程中查明的各种财产物资的盘亏或毁损情况。借方登记各种财产物资的盘亏或毁损数及按照规定程序批准盘盈转销数，贷方登记各财产物资的盘盈数及按照规定程序批准的盘亏或毁损转销数。借方余额表示尚未处理的各财产物资的净损失数，贷方余额表示尚未处理的各财产物资的净当前溢余数。期末时，应当将未处理完毕的"待处理财产损溢"按最有可能的结果进行结转处理，待下月初再转回。等正式审批处理意见出来后，再重新进行相关的会计处理。因此，该账户期末无余额。

【知识链接 5－16】

为满足会计明细核算的基本要求，应在"待处理财产损溢"下设""待处理流动资产损溢"和"待处理固定资产损溢"两个明细账户。

1. 现金清查结果的账务处理

现金是指企业单位库存的准备随时开支的货币性资产，包括人民币和外币。

当现金出现盘盈时，要及时办理现金的入账手续，调整现金的账簿记录。在没有查明原因前，应当根据"现金盘点报告单"，借记"库存现金"，贷记"待处理财产损溢——待处理流动资产损溢"。在原因查明后，应当根据不同情况，分别进行相应的账务处理。

（1）如果是应该支付给其他单位或有关人员的现金，并经相关部门批准后，借记"待处理财产损溢——待处理流动资产损溢"，贷记"其他应付款——应付现金溢余"（某应付单位或个人）账户。

（2）如果是无法查清原因的现金溢余，在经相关部门批准后，借记"待处理财产损溢——待处理流动资产损溢"，贷记"营业外收入"账户。

当现金出现盘亏时，也要及时调整现金账簿记录。在原因没有查明前，根据"现金盘点报告单"，借记"待处理财产损溢——待处理流动资产损溢"，贷记"营业外收入——现金溢余"账户。在原因查明后，分别不同情况进行账务处理。

（1）如果是责任人的赔偿部分，或应当由保险公司赔偿的部分，或是能确认是因为缴款单位少交款的，借记"其他应收款——应收现金短缺款"（某个人、保险公司或具体少交款单位），贷记"待处理财产损溢——待处理流动资产损溢"。

(2) 如果是无法查明，应当根据管理的权限，在经有关部门批准后，借记"管理费用——现金短缺"，贷记"待处理财产损溢——待处理流动资产损溢"。

(3) 如果是因为自然灾害造成的现金毁损，借记"营业外支出——现金毁损"，贷记"待处理财产损溢——待处理流动资产损溢"。

【边做边学5-19】2019年6月30日，公司在进行现金清查是发现溢余800元，如表5-13所示。经查，有550元是企业在与原生公司结算货款时，在发票外多收的，另50元原因不清楚。

表5-13　　　　　　　　　　　　　现金盘点报告单

单位名称：××公司　　　　　　　　　　　　　　　　　　　　　　　　　2019年6月30日

实存金额	账存金额	对比结果		备注
		盘盈	盘亏	
2 600	2 000	600		550元是多收原生公司款；50元原因不清
现金使用情况	1. 库存现金限额5 000元。 2. 白条抵库情况。 3. 违反规定的现金支出。 4. 其他违规行为。			

处理结果：上述现金长款，多收原生公司的请支付，无法查明原因的计入"营业外收入"。

同意。　　2019年6月30日

会计机构负责人：张丽　　　　　盘点人：王静　　　　出纳员：李勇

上述工作的基本步骤是：

1. 6月30日，会计人员根据"现金盘点报告单"（表5-13）编制会计分录如下：

借：库存现金　　　　　　　　　　　　　　　　　　　　　　　　600

　　贷：待处理财产损溢——待处理流动资产损溢　　　　　　　　　　600

2. 根据上面的会计分录，登记"库存现金"日记账及总账，做到账实相符。

3. 根据领导批复的意见"计入营业外收入"账户，进行有关账务处理：

借：待处理财产损溢——待处理流动资产损溢　　　　　　　　　　600

　　贷：其他应付款——应付现金溢余（原生公司）　　　　　　　　550

　　　　营业外收入——现金溢余　　　　　　　　　　　　　　　　50

4. 根据上面的分录，分别登记有关的明细账和总账。

【边做边学5-20】2019年8月30日，公司进行现金清查时发现短缺200元，另有白条抵库500元，如表5-14所示。8月30日，经领导批准，出纳员无法说明原因的120元由出纳员赔偿，80元属于无法查明的其他原因，由企业负担。白条抵库的500元由财务处尹清自掏腰包垫付，并责成财务部门认真组织学习"现金管理条例"，自查在现金管理中存在的问题，杜绝类似问题的再次发生。

表 5－14　　　　　　　　　　　　　现金盘点报告单

单位名称：××公司　　　　　　　　　　　　　　　　　　　2019 年 8 月 30 日

实存金额	账存金额	对比结果		备注
		盘盈	盘亏	
2 600	3 300		700	120 元是出纳的责任；80 元原因无法查明；500 元是白条抵库。
现金使用情况	1. 库存现金限额 5 000 元。 2. 白条抵库情况：出纳私自借给同事尹某 500 元，白条抵库。 3. 违反规定的现金支出。 4. 其他违规行为。			

处理结果：上述现金短款，失职造成的 120 元由出纳李勇赔偿，80 元计入"管理费用"，500 元白条由财务处长张丽垫付入库。

同意。　　2019 年 8 月 30 日

会计机构负责人：张丽　　　　　盘点人：王静　　　　出纳员：李勇

上述工作的基本步骤是：

1. 8 月 30 日，会计人员根据"现金盘点报告单"（表 5－14）编制会计分录如下：

借：待处理财产损溢 ——待处理流动资产损溢　　　　　　　　　700

　　贷：库存现金　　　　　　　　　　　　　　　　　　　　　　　700

2. 根据上面的会计分录，登记"库存现金"日记账及总账，做到账实相符。

3. 根据领导批复的意见，进行有关账务处理：

借：库存现金　　　　　　　　　　　　　　　　　　　　　　　500

　　其他应收款——现金短款（李勇）　　　　　　　　　　　　120

　　管理费用——现金短款　　　　　　　　　　　　　　　　　　80

　　贷：待处理财产损溢 ——待处理流动资产损溢　　　　　　　　700

4. 根据上面的分录，分别登记有关的明细账和总账。

2. 实物资产清查结果的会计处理

实物资产主要有存货和固定资产，对这些资产的清查主要是通过核对账面数量和实际数量。确定财产物资账面数量有两种盘存制度，即"实地盘存制"和"永续盘存制"。

【知识链接 5－17】

（1）实地盘存制。实地盘存制也称定期盘存制，是指平时只在账簿中登记各项财产物资的增加数额，而不登记减少数额，月末通过实地盘点，将盘点的财产物资实存的数量作为账面结存数，然后倒推，算出本期发出数及期末结存额和本期减少额的一种盘存制度。其计算公式为：

本期发出数＝账面期初结存数＋本期收入数－期末实际结存数

本期发出（耗用）成本＝期初财产物资成本＋本期收货成本－期末结存物资成本

采用实地盘存制，可以简化财产物资平时明细分类核算工作，却对财产物资平时的减

少和结存核算手续不严格，平时可能存在的损耗、差错、短缺等情况都计入在本期耗用或销售成本中，对日常的财产物资的管理和监督不利。因此实地盘存制一般只适用于一些价值低、品种杂、进出频繁的财产物资。

（2）永续盘存制。永续盘存制也称账面盘存制，是指通过设置财产物资明细账，对各项财产物资的收入、发出数在会计账簿中连续地加以记录，并随时结出各项财产物资账面结存数的一种盘存制度。企业在永续盘存制下，计算财产物资期末结存数时的计算公式如下：

$$账面期末结存数＝账面期初结存数＋本期收入数－本期发出数$$

采用永续盘存制，虽然平时对各项财产物资的明细分类核算工作量较大，但平时对各项财产物资的减少和结存都有严密的核算手续，有利于进行日常的财产物资的管理和监督，所以一般企业核算都采用永续盘存制。在永续盘存制下，也有可能出现账实不符的情况，所以需要定期进行实地盘点。

账务处理规定：

（1）在进行账实核对时的各材料、在产品和产成品的盘盈和盘亏，在下列情形下，一般是增加或冲减费用：在收发时，因为计量、检验不准确；财产物资在运输、保管过程中，数量发生自然增减变化；因手续不齐或计算、登记上有错；无法收回的其他损失。

（2）因管理不善或是人员失职造成的财产损失、变质或短缺，应当由过失人员或保险公司负责赔偿的，应增加"其他应收款"。

（3）因贪污盗窃、营私舞弊造成的损失或自然灾害造成的非常损失，应增加"营业外支出"。

（4）对于固定资产的盘亏，在审批后，其净盘亏值应增加"营业外支出"。

【边做边学5—21】 公司2019年6月30日进行财产清查时，发现甲材料盘盈400千克，单价25元，共10 000元。经查，是因计量仪器不准造成的生产领用的少发多计，经批准冲减本月"管理费用"。"盘点表"及"账存实存对比表"参见表5—11和表5—12。

上述工作的基本步骤是：

1. 6月30日，会计人员根据"盘点表"及"账存实存对比表"，编制会计分录如下：

借：原材料——甲材料　　　　　　　　　　　　　　　　10 000
　　贷：待处理财产损溢——待处理流动资产损溢　　　　　　　　10 000

2. 根据上面的会计分录，登记"原材料——甲材料"总账及明细账，做到账实相符。

3. 根据领导批复的意见，进行有关账务处理：

借：待处理财产损溢——待处理流动资产损溢　　　　　　　10 000
　　贷：管理费用——存货盘盈　　　　　　　　　　　　　　　10 000

4. 根据上面的分录，分别登记有关的明细账和总账。

【边做边学5—22】 公司2019年6月30日在账实核对中，还发现乙材料盘亏200千克，成本为1 000元，该材料的进项税额为130元。

上述工作的基本步骤是：

1. 12月30日，在领导批准前，会计人员根据"盘点表"及"账存实存对比表"，编制会计分录如下：

借：待处理财产损溢——待处理流动资产损溢 1 130
　贷：原材料——乙材料 1 000
　　　应交税费——应交增值税（进项税额转出） 130

2. 根据上面的会计分录，登记"原材料——乙材料"总账及明细账，做到账实相符。

3. 根据领导批复的意见，进行有关账务处理：

借：管理费用——存货盘亏 1 130
　贷：待处理财产损溢——待处理流动资产损溢 1 130

4. 根据上面的分录，分别登记有关的明细账和总账。

【边做边学5—23】如果上述乙材料属于管理人员过失所致，应当由过失人员赔偿，应编制会计分录如下：

借：其他应收款——责任人 1 130
　贷：待处理财产损溢——待处理流动资产损溢 1 130

【边做边学5—24】如果上述乙材料属于灾害所致，经批准后应列为"营业外支出"，应编制会计分录如下：

借：营业外支出 1 130
　贷：待处理财产损溢——待处理流动资产损溢 1 130

【边做边学5—25】公司在12月30日在清查财产时，发现盘亏设备一台，原值为50 000元，已提折旧30 000元。经查，是因王刚过失造成的毁损，经批准，应当由王刚赔偿10 000元，差额计入"营业外支出"。

上述工作的基本步骤是：

1. 12月30日，在领导批准前，会计人员根据"盘点表"及"账存实存对比表"，编制会计分录如下：

借：待处理财产损溢——待处理固定资产损溢 20 000
　　累计折旧 30 000
　贷：固定资产——××设备 50 000

2. 根据上面的会计分录，登记"固定资产"总账及明细账，做到账实相符。

3. 12月30日，根据领导批复的意见，进行有关账务处理：

借：其他应收款——王刚 10 000
　　营业外支出——非常损失 10 000
　贷：待处理财产损溢——待处理固定资产损溢 20 000

4. 根据上面的分录，分别登记有关的明细账和总账。

项目训练

◆ **知识题**

一、单项选择题

1. 由于工作中的收发差错造成的原材料盘盈，应将其从"待处理财产损溢"转入（　　）账户。

    A. 生产成本　　　　B. 管理费用　　　　C. 营业外收入　　　　D. 制造费用

2. 因为财产保管人员的责任造成的财产盘亏，应当记入（　　）账户。

    A. 制造费用　　　　　　　　　　B. 营业外支出

    C. 管理费用　　　　　　　　　　D. 其他应收款

3. 对确实无法支付的应付款，应记入（　　）账户。

    A. 管理费用　　　　　　　　　　B. 资本公积

    C. 营业外收入　　　　　　　　　D. 坏账准备

4. 固定资产盘亏，在报经处理后，应当企业负担的损失应当从"待处理财产损溢"转入（　　）账户。

    A. 管理费用　　　　　　　　　　B. 营业外收入

    C. 营业外支出　　　　　　　　　D. 其他应收款

5. 在进行了对产成品、原材料盘点后应编制（　　），它是调整存货账簿记录的原始凭证。

    A. 盘点表　　　　　　　　　　　B. 账存实存对比表

    C. 对账单　　　　　　　　　　　D. 余额调节表

6. 企业在合并或撤销时，应当对企业的财产物资进行（　　）。

    A. 定期清查　　　　　　　　　　B. 临时清查

    C. 全面清查　　　　　　　　　　D. 局部清查

7. 在财产清查时，发现账外固定资产，应当借记"固定资产"科目，贷记（　　）科目。

    A. 待处理财产损溢　　　　　　　B. 管理费用

    C. 营业外收入　　　　　　　　　D. 以前年度损益调整

8. 银行存款清查的方法是（　　）。

    A. 定期盘存法　　　　　　　　　B. 和往来单位核对账目的方法

    C. 实地盘存法　　　　　　　　　D. 与银行核对账目的方法

9. 对库存现金的清查方法是（　　）。

    A. 实地盘点法　　　　　　　　　B. 检查现金日记账

    C. 倒挤法　　　　　　　　　　　D. 抽查现金

10. 企业应收账款的账面余额定期与有关债务单位或个人进行的核对，属于（　　）。

A. 账证核对　　　　　　　　　B. 账账核对

C. 账实核对　　　　　　　　　D. 账表核对

11. 企业在遭受自然灾害后，对其受损的财产物资进行的清查，属于(　　)。

A. 局部清查和定期清查　　　　B. 全面清查和定期清查

C. 局部清查和不定期清查　　　D. 全面清查和不定期清查

12. 在实地盘存制下，平时在账簿中对财产物资(　　)。

A. 只记发出数，不记收入数　　B. 只记收入数，不记发出数

C. 不记收入数，也不记发出数　D. 既记收入数，又记发出数

13. 月末编制银行存款余额调节表时，对企业收到的转账支票 5 000 元，但尚未向银行兑现的业务，企业应(　　)。

A. 借记银行存款 5 000 元　　　B. 贷记银行存款 5 000 元

B. 贷记应付账款 5 000 元　　　D. 不做会计分录

14. 对债权债务的清查应采用的方法是(　　)。

A. 询征核对法　　　　　　　　B. 实地盘点法

C. 技术推算盘点法　　　　　　D. 抽样盘存法

三、多项选择题

1. 对账工作主要包括(　　)。

A. 账表核对　　　　　　　　　B. 账存核对

C. 账实核对　　　　　　　　　D. 账账核对

E. 账证核对

2. 企业银行存款日记账与对账单不符的原因有(　　)。

A. 银行记账错误　　　　　　　B. 企业记账错误

C. 未及时取得银行对账单　　　D. 存在未达账项

3. 会计工作中要做到(　　)。

A. 账账相符　　　　　　　　　B. 账证相符

C. 账实相符　　　　　　　　　D. 账存相符

E. 账表相符

4. 账账核对的内容包括(　　)。

A. 总分类账簿与所属明细分类账簿核对

B. 核对总分类账簿记录

C. 银行日记账与对账单核对

D. 会计部门与实物使用保管部门账簿核对

E. 总分类账与日记账核对

5. 以下财产盈亏，不需通过"待处理财产损溢"账户核算的有(　　)。

A. 固定资产盘亏　　　　　　　B. 无需偿还的应付款项

C. 无法收回的应收款项　　　　D. 固定资产盘盈

E. 原材料盘亏

6. 账实核对的主要内容有(　　)。

    A. 现金日记账账面余额与现金实际库存数核对

    B. 银行存款日记账账面余额与银行对账单余额核对

    C. 财产物资明细账账面结存数与财产物资实存数核对

    D. 各种应收款项明细账账面余额与有关债务单位或个人核对

7. 关于结账，以下说法中正确的有(　　)。

    A. 总账账户应按月结出本月发生额和月末余额

    B. 现金日记账应按月结出本月发生额和月末余额

    C. 应收账款明细账应在每次记账后随时结合出余额

    D. 年终应将所有总账账户结计全年发生额和年末余额

项目三　错账更正

▶ **职业情境**

　　小杨是广东某高职院校大三的学生，在进行毕业实习时，她在自己家开的一个公司进行实习，有机会接触到会计方面的具体工作，父亲也让会计主管教她做一些会计工作。有一天，会计主管要她去核对账簿记录是否有误。小杨心想：错账到底包括哪些情况呢？为什么会产生错账呢？如果错了，又该怎么更正呢？

▶ **学习目标**

　　通过学习，应该达到如下目标：

　　◆**理论目标**：学习和掌握错账产生的原因、不同情况下产生错账的更正方法有哪些、不同错账更正方法在什么情况下适用等陈述性知识以及错账更正相关账务处理等技能性知识；并能运用相关知识进行相关的账务处理活动。

　　◆**实务目标**：能运用错账更正的相关知识，规范"错账更正"中的相关职业技能活动。

　　◆**案例目标**：运用本项目中的相关理论与实务知识研究企业错账的相关案例，培养与提高学生在一定的情境下分析、设计与处理错账更正的职业相关能力，能结合本项目所学内容，分析企业相关会计行为的善恶，培养学生良好的会计职业道德素质。

　　◆**实训目标**：根据实训任务，在把握本实训所涉及的相关技能点的基础上，通过亲身体验会计错账处理相关工作，及《错账更正处理实训报告》的准备、撰写、讨论与交流等有质量、有效率的实践活动，培养学生的专业职业能力，强化"自我学习""发现问题""解决问题""自主创新"等职业核心能力。

◎ **先导案例**

　　杨丽是一名高职院校刚毕业的大学生，她工作的岗位是会计助理。有一天，会计主管要她去核对账簿记录是否有误，在核对时，小杨发现有一张记账凭证重复登账了；另外，还有一张红字凭证，在登账时，账本上的记录却是蓝字。小杨对这二笔错账，不知道该如何更正。

　　问题：

　　1. 如果你是杨丽，你知道如何更正吗？

　　会计账簿的登记是很细致的一项工作，在记账时，虽然财会人员对各会计凭证进行了多次复核，登记时也认真细致，但也会因为会计人员每天都要处理的数据太多，手续又多，因此账簿记录仍难免会产生差错，有填写凭证和记账时发生的笔误、有用错会计科目、有写错金额、有时是合计错误、有的是过账错误，等等。当出现差错时，先必须要把差错查找出来，然后才能去更正。查找错账和更正错账是会计实务中经常会出现的特殊业务处理，也是会计人员必须熟练掌握的一项基本技能。

一、错账的查找方法

如果出现账簿重记、漏记、数字颠倒、数字错位、数字记错、科目记错或借贷方向记反等可以通过如下方法来进行查找。

（一）差数法

此法就是按照错账的差数查找错误的方法。如：在记账时只登记了会计分录的借方或贷方，漏记了另一方，因此，在进行试算平衡时借方合计与贷方合计不相等。通常表现是：借方金额漏记，会使贷方超出该漏记的金额；若贷方金额漏记，会使借方超出该漏记的金额。这样的差错，可通过会计人员回忆和与相关金额的记账核对来查找。

（二）尾数法

对于发生的角、分的差错，可只查找小数部分，以提高查找错账的效率。

（三）除 2 法

此法是以差数除以 2 来查找错账的方法。当把借方金额错记入贷方（或相反）时，这时出现的差数就是错误数字的 2 倍，所以，将此差数用 2 去除，得出的商数就是反向的金额。例如，应计入原材料一甲材料账户借方 3 000 元误计入贷方，则该明细账户的期末余额将小于其总分类科目期末余额 6 000 元，被 2 整除的商数是 3 000 元，即为借贷方向反向的金额。

（四）除 9 法

此法是指以差数除以 9 来查找错账的方法。以下三种情况可用此法。

1. 将数字写少

如把 100 写成 10，错误数字小于正确数字 9 倍。查找的方法是以差数除以 9 后得出的商就是写错的数字，商数乘以 10 就是正确数字。此例差数 90（即 100－10）除以 9，商10 即为错数，扩大 10 倍后即可得出正确数字 100。

2. 将数字写大

如把 10 写成 100，错误数字大于正确数字 9 倍。查找错账的方法就是用差数除以 9 后得出的商为正确的数字，商数乘以 10 就是错误数字。此例差数 90（即 100－10）除以 9后，所得的商 10 为正确数字，10 乘以 10（即 100）为错误数字。

3. 邻数颠倒

邻数颠倒是指在过账时，将相邻的两个数字交换了位置。例如，将 68 错记成 86，或将 86 错记成 68。这就造成了差数为 9 的倍数。如果前大后小颠倒为前小后大，正确数与错误数的差额就是一个正数，这个差数除以 9 所得的商数的有效数字就是相邻颠倒两个数字的差值。例如，将 86 错写成 68，差数 18 除以 9 商数为 2，这就是相邻颠倒两数的差值（8－6）。如果前小后大颠倒为前大后小，正确数与错误数的差额则是一个负数。这个差额除以 9 所得商数的有效数字就是相邻颠倒两个数字的差值。例如，将 68 错记成 86，差额数－18 除以 9，商数为－2，这就是相邻颠倒两个数字的差值（6－8）。我们可以在差值相同的两个相邻数范围内去查找。

二、错账的更正方法

在登记账簿时，如果有差错，必须认真查找并立即更正。对于账簿错误记录，不得涂改、挖补、刮擦或者用褪色药水消除字迹，不得重新抄写，应当根据错误的具体情况和性质，采用规范的方法进行更正。错账的更正方法主要有划线更正法、红字更正法和补充登记法。

（一）划线更正法

在结账前发现账簿记录有文字或数字错误，而记账凭证没有错误，可以采用划线更正法。更正时，在错误的文字或数字上划一条红线，在红线的上方填写正确的文字或数字，并在更正处加盖更正人员私章，以明确责任。应特别提醒的是：更正时不得只划销错误数字，而是应当将全部数字划销，使原有数字应当清晰可辨，以便审查。

【边做边学5—26】公司审计员王勇对企业的账簿与记账凭证时，发现审计时发现一笔用银行存款支付所欠货款17 600元业务，原会计人员所编制的会计分录是：

借：应付账款　　　　　　　　　　　　　　　　　　　　　　　17 600

　　贷：银行存款　　　　　　　　　　　　　　　　　　　　　　　17 600

会计人员在登记"应付账款"时，把17 600元误记为16 700，登记账簿时无科目和方向错误。其更正方法如图表5—15所示。

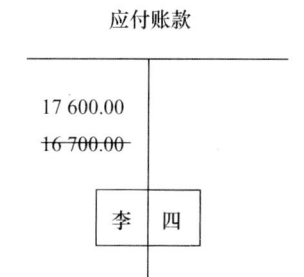

图表5—15　错账更正示意图

（二）红字更正法

如下情况，应当用此法更正。

一是记账后发现记账凭证中的应借、应贷的会计科目有误，从而产生的记账错误。其更正的方法是：先填写一张与原错误记账凭证完全相同的红字记账凭证，以示注销原来的错误记账凭证，然后再填写一张正确的蓝字记账凭证，并据以登记账簿。

【边做边学5—27】公司3月5日开出现金支票一张，金额600元，用以支付企业管理部门的日常开支。会计人员编的记账凭证如下：

借：管理费用　　　　　　　　　　　　　　　　　　　　　　　600

　　贷：库存现金　　　　　　　　　　　　　　　　　　　　　　　600

3月20日，审计员王勇在查账时，发现用错了会计科目。因此，应当用红字更正法进行更正，如表5—16、表5—17年示，并据此登记账簿。

表 5－16   付款凭证

贷方科目：库存现金   2019 年 3 月 20 日   付字第×号

摘要	借方科目		金额	记账符号
	总账科目	明细科目		
冲销×月×日第×号凭证错误	管理费用	办公费	600.00（红字）	√
合计			600.00	

附凭证 1 张

会计主管：××   记账：××   复核：××   出纳：××   制证：张××

表 5－17   付款凭证

贷方科目：银行存款   2019 年 3 月 20 日   付字第×号

摘要	借方科目		金额	记账符号
	总账科目	明细科目		
订正×月×日第×号凭证	管理费用	办公费	600.00	√
合计			600.00	

附凭证 1 张

会计主管：××   记账：××   复核：××   出纳：××   制证：张××

二是记账后发现记账凭证和账簿记录中应借、应贷会计科目无误，只是所记金额大于应记金额。其更正的方法是：按多记金额用红字编制一张和原来的记账凭证应借、应贷科目完全相同的记账凭证，以冲销多记金额，并据以登记账簿。

【边做边学 5－28】公司在 2 月末结转本月实际完工产品成本 46 000 元。会计人员编制会计分录如下：

借：库存商品   64 000
　　贷：生产成本   64 000

审计员王勇在查账时，发现该错账只是金额错误，将 46 000 元误记为 64 000 元，多计 18 000 元，而借、贷方向和会计科目没有错误。因此，应更正如下：

借：库存商品   18 000（红字）
　　贷：生产成本   18 000（红字）

（三）补充登记法

此法又称补充更正法。如果在记账时发现记账凭证和账簿记录中应借、应贷会计科目无误，只是所记金额小于应记金额，则采用补充更正法进行更正。更正的方法是：按少记的金额编制一张与原记账凭证应借、应贷科目完全相同的蓝字记账凭证，以补充少记的金额，并据以登记账簿。

【边做边学 5－29】公司在 2 月 25 日收到购货单位偿还上月所欠的货款 6 300 元。会计人员编制如下分录：

借：银行存款　　　　　　　　　　　　　　　　　　　3 600
　　贷：应收账款——某单位　　　　　　　　　　　　　　　3 600

审计员王勇在查账时，发现该错账只是金额错误，将 6 300 元误记为 3 600 元，少计 2 700 元，而借、贷方向和会计科目没有错误。因此，应更正如下：

借：银行存款　　　　　　　　　　　　　　　　　　　2 700
　　贷：应收账款——某单位　　　　　　　　　　　　　　　2 700

项目训练

◆知识题

一、单项选择题

1. 某企业用现金支付职工报销医药费 168 元，会计人员编制的付款凭证为借记应付职工薪酬———福利费 186 元，贷记库存现金 186 元，并已登记入账。当发现记账错误，应当采用（　　　）方法进行更正。

　　A. 划线更正法　　　　　　　　　　B. 补充登记法
　　C. 红字更正法　　　　　　　　　　D. 重编正确的付款凭证

2. 记账凭证正确，记账时发生的文字或数字笔误的错账，应当采用（　　　）方法更正。

　　A. 划线更正法　　　　　　　　　　B. 补充登记法
　　C. 红字更正法　　　　　　　　　　D. 重编登记法

3. 某企业通过银行收回应收账款 8 000 元，在编制记账凭证时，将金额误记为 6 000 元，并已登记入账。当年发现记账错误，应采用的更正方法是（　　　）。

　　A. 划线更正法　　　　　　　　　　B. 补充登记法
　　C. 红字更正法　　　　　　　　　　D. 重编正确的收款凭证

4. 使用红字更正法更正错账的优点主要是（　　　）。

　　A. 清楚明了　　　　　　　　　　　B. 减少更正错账的手续
　　C. 避免账户借方和贷方的发生额虚增　D. 节省更正错账的时间

5. 记账人员在登记账簿后，发现所记账凭证中会计科目有误，应当采用的更正方法是（　　　）。

　　A. 划线更正法　　　　　　　　　　B. 补充登记法

C. 红字更正法　　　　　　　　　　D. 涂改更正法

二、多项选择题

1. 记账错误主要表现为漏记、错记和重记三种。错记又表现为(　　　)等。

　　A. 会计科目记错　　　　　　　　B. 金额记错

　　C. 记账方向错记　　　　　　　　D. 记账墨水错用

2. 常用的错账查找方法有(　　　)。

　　A. 偶合法　　　　　　　　　　　B. 逆查法

　　C. 抽查法　　　　　　　　　　　D. 顺查法

3. 下列错账更正方法中，因记账凭证错误而导致账簿记录错误的更正方法有(　　　)。

　　A. 划线更正法　　　　　　　　　B. 补充登记法

　　C. 红字更正法　　　　　　　　　D. 差数核对法

三、判断题

1. 如果发现以前年度记账凭证中会计科目和金额有错误并已导致账簿记录出现差错，也可以采用红字更正法予以更正。(　　　)

2. 记账凭证正确，因登记时的笔误而引起的账簿记录错误，可以采用划线更正法予以更正。(　　　)

3. 在期末结账前发现账簿记录中文字出现错误，可用红字更正法更正。(　　　)

4. 若发现记账凭证上应记科目和金额错误，并已登记入账，则可将填错的记账凭证销毁，并另填一张正确的记账凭证，据以入账。(　　　)

项目四　结账与更换新账

▶ 职业情境

　　小杨是单位刚入职的会计人员，年末到了，会计主管要小杨把账结一下。小杨心想，这简单太简单了，不就是数字加加减减，算出余额就行了吗？同时，小杨在结账时，发现有些账簿已经登记满了，没地方登记了，但有些账本还有很多空白。但又是在年末了，是不是需要全部更换新的账本了呢？

▶ 学习目标

　　通过学习，应该达到如下目标：

　　◆理论目标：学习和掌握结账和更换新账等陈述性知识以及结账方法等技能性知识；并能运用相关知识进行有关活动。

　　◆实务目标：能运用结账与更换新账的相关知识，规范"结账与更换新账"中的相关职业技能活动。

　　◆案例目标：运用本项目中的相关理论与实务操作知识研究企业结账与更换新账的有关案例，培养与提高学生在特定的情境下分析、设计与处理结账与更换新账的职业相关能力，能结合本项目所学内容，分析企业相关会计行为的善恶，培养学生良好的会计职业道德素质。

　　◆实训目标：根据实训任务，在把握本实训所涉及的相关技能点的基础上，通过亲身体验结账等相关工作，及《结账实训报告》的准备、撰写、讨论与交流等有质量、有效率地实践活动，培养学生的专业职业能力，强化"自我学习""发现问题""解决问题""自主创新"等职业核心能力。

◉ 先导案例

　　郑玲是一名大二的学生，她利用暑假，自己找了一家公司进行社会实践，以增加自己的社会经验。单位领导安排她去公司财务处帮忙处理一些事情，她高兴地来到了财务处报到。没过几天，会计主管要她去帮同事结账，郑玲心想：结账不就是把账户的余额计算出来吗？

　　问题：

　　你认为郑玲想的结账正确吗？为什么？你认为的结账又是什么呢？

一、结账的含义

　　所谓结账，就是将一定时期（月份、季度、半年度、年度）内所发生的全部经济业务全部登记入账的基础上，结计出所有账户的本期发生额和期末余额，并作出结账的标记，表示本期账簿登记已经结束，根据账簿记录编制会计报表，并将期末余额转入下期的一项会计工作。结账的内容通常包括两个方面：一是结清各种损益类账户，并据以计算确定本期利润；二是结清各资产、负债和所有者权益账户，分别结出本期发生额合计和余额。

二、结账的程序

（一）对账簿记录的正确性和完整性进行检查。在结账前，必须认真检查本期内所发生的所有业务是否都已经取得了会计凭证，是否全部登记入账了；有没有漏记、错记，如有漏记、错记时，应当及时加以更正和补记。

（二）对本期应当计入的收入和应当调整的费用是否进行了登记和调整情况进行检查。按权责发生制的基本要求，对本期实现的收入是否计入了本期，对本期应当负担的费用是否也计入了本期，以正确计算本期的收入、成本和费用，真实反映企业的财务成果。

（三）把本期损益类账户结转到"本年利润"账户。本期损益类账户应当全部结转到"本年利润"，结转后应当无余额，并编制相应的结转分录。

1. 期末把本期收入（或收益）类账户从反方向（借方）全部结转到"本年利润"账户的贷方，把本期支出（或损失）类账户从反方向（贷方）全部结转到"本年利润"账户的借方，结转后损益类账户无余额。

2. 年末，根据本年的利润总额计算出应当交纳的所得税，做相应分录，并将"所得税费用"账户结转到"本年利润"账户。

3. 通过上面两步的结转，此时的"本年利润"账户就是净利润了，企业可以进行分配了。此时，将"本年利润"账户的贷方（净利润）反方向（借方）结转到"利润分配——未分配利润"账户的贷方；反之，就将"本年利润"账户的借方（净亏损）反方向（贷方）结转到"利润分配——未分配利润"账户的借方；结转后，"本年利润"账户无余额。

4. 年末，将上述的未分配利润按规定的程序进行分配后，并将已经分配的利润的有关账户结转到"利润分配——未分配利润"账户的借方，此时"利润分配——未分配利润"账户的贷方余额就是本年度没有分配完的利润，可以留等以后年度继续分配。

5. 结算出资产、负债和所有者权益科目的本期发生额和余额，并结转下期。

三、结账的种类和方法

结账按其结算的期间不同，可分为月结、季结和年结三种。具体结账方法如下。

（一）对不要进行按月结计本期发生额的账户

这类账户主要包括各项债权、债务明细账和各种财产物资明细账等。每次在记账以后，都应当随时结出余额，这样以来，在每月的最后一笔余额就是本月末的余额。在月末进行结账时，就只需要在最后一笔业务记录之下通栏划单红线，不需要再结计一次余额了，如表5—18所示。

表 5－18　　　　　　　　应收账款　明细账

单位名称：天海工厂

2019 年		凭证		摘要	借方	贷方	借或贷	余额
月	日	字	号					
1	1			上年转入			借	2 500
	2	转	1	天海工厂欠款	75 000		借	77 500
	5	收	2	收回欠款		75 000	借	2 500
	8	收	5	收回欠款		2 500	平	0
	18	转	13	天海工厂欠款	2 400		借	2 400
	20	收	10	收回欠款		2 400	平	0 .

【知识链接 5－18】

结账的标示就是划线，其目的就是要突出有关的数字记录，表示本期的会计记录已经截止或者结束，并把本期的记录和下期的记录进行明显的区分。

（二）现金、银行存款日记账和需要按月结计发生额的收入、费用等明细账

这类账户在每月结账时，需要在本月份记录最后一笔经济业务时，在其记录的下面划一条通栏的单红线，以结出本月发生额和余额，并在其摘要栏中注明"本月合计"字样或"本月发生额及期末余额"字样，最后，再在数字下面划一条通栏红线，如表 5－19 所示。

表 5－19　　　　　　　　银行存款日记账

种类：结算户存款　　　　　　　　　　　　　　　　账号：02346789　第　页

2019 年		凭证		摘要	结算凭证		借方	贷方	余额
月	日	字	号		种类	号数			
9	1			余额					269 800
	16	收	08	收销货款	电汇		220 000		489 800
	20	付	18	付材料款	转支	042		30 000	459 800
	23	付	19	购文具	转支	043		1 045	458 755
	26	付	20	付货款	电汇			80 000	368 755
	28	付	21	付修理费	转支	044		2 500	366 255
	30	收	09	收销货款	转支	256	47 000		413 255
				本月合计			267 000	123 545	413 255

（三）需要结计本年发生额的账户

既要对本月的发生额进行月结，又要对年度累计发生额进行月结。如"本年利润""利润分配"总账及所属明细账、采用"表结法"下的损益类账户等。

在进行每月结账时，先在该月最后一笔经济业务记录的下面一行（月结行）并紧靠上线划通栏单红线，进行月结；然后再在"月结行"的下一行（本年累计行），结出自年初始至本月末止的累计发生额和月末余额，在摘要栏内注明"本年累计"字样，并在本年累计行的下一行紧靠上线通栏划单红线，如表5—20所示。

表5—20　　　　　　　　　　主营业务收入　　　明细账

2019年		凭证		摘要	借方	贷方	借或贷	余额
月	日	字	号					
11	1			承前页				

四、新账的更换方法

当新的会计年度开始时，为保证会计账簿资料的连续性，按《企业会计制度》规定，进行账簿的更换，使用新的会计账簿。方法如下。

（一）总账、日记账和大部分明细账

这些账簿通常每年要更换一次。年初时，将旧账簿中的余额直接计入新账簿中新账页的第一行"余额"栏内；同时，在"摘要"栏中注明"上年结转"字样，并将旧账页最后一行数字下的空格划一条斜红线注销，在旧账页最后一行"摘要"栏中注明"结转下年"字样。

（二）部分明细账

部分明细账，如固定资产明细账，因年度内变化不大，因此，在年初时，可以不更换账簿；又如材料明细账和债权债务明细账，由于材料的品种、规格及往来单位比较多，更换新账重新抄一遍的工作量比较大，因此，可以跨年度使用，不必每年更换新账。但是，需要在"摘要"栏中注明"结转下年"字样，以划分新旧年度之间的记录。

项目训练

◆知识题

一、单项选择题

1. 以下账户在进行月结时，只需划线即可的是（　　　）

    A. 银行存款日记账　　　　　　　　B. 主营业务收入明细账

    C. 原材料明细分类账　　　　　　　D. 生产成本明细分类账

2. 企业结账的时间应为（　　　）。

    A. 每项交易或事项办理完毕时　　　　B. 每一个工作日终了时

    C. 一定时期终了时　　　　D. 会计报表编制完成时

3. 下列账簿中，要求必须逐日结出余额的是（　　　）。

    A. 银行存款日记账和现金日记账　　　　B. 债权债务明细账

    C. 财产物资明细账　　　　D. 总账

4. 银行存款日记账和现金日记账，每一账页登记完毕结转下页时，结计"过次页"的本页合计数应当为（　　　）的发生额合计数。

    A. 本月　　　　B. 自本年初起至本页末止

    C. 本页　　　　D. 自本月初起至本页末止

二、多项选择题

1. 以下账户在进行月结时，只需划线即可的是（　　　）。

    A. 银行存款日记账　　　　B. 主营业务收入明细账

    C. 原材料明细分类账　　　　D. 生产成本明细分类账

    E. 应收账款明细分类账

2. 以下账簿中必须每年更换的有（　　　）。

    A. 银行存款日记账　　　　B. 总分类账簿

    C. 备查账簿　　　　D. 固定资产卡片

    E. 生产成本明细分类账

3. 以下账簿中月结时，需结计本月发生额的有（　　　）。

    A. 生产成本明细分类账　　　　B. 管理费用明细分类账

    C. 应收账款总分类账　　　　D. 主营业务成本总分类账

    E. 银行存款日记账

4. 下列账簿中，可以跨年度连续使用的有（　　　）。

    A. 银行存款日记账　　　　B. 应付账款明细账

    C. 固定资产卡片账　　　　D. 租入固定资产登记簿

三、判断题

1. 更换账簿时，将旧账余额抄入新账时，应编制记账凭证。（　　　）

2. 结账的标志就是划线，目的是突出有关数字，表示本期的会计记录已经截止或结束，并将本期与下期的记录明显区分。（　　　）

3. 每年的年初时，所有的账户都必须更换账簿。（　　　）

四、实训任务

恒大公司有关账簿资料如表5－21至5－24所示。请你在教师的指导下对上述账户进行月结。其中总账和银行存款日记账还应完成年结和结转下年的工作。

表 5－21

总分类账

会计科目：应付账款

2019年		凭证		摘要	借方								贷方								借或贷	余额							
月	日	字	号		十	万	千	百	十	元	角	分	十	万	千	百	十	元	角	分		十	万	千	百	十	元	角	分
12	1			承前页	2	6	8	0	0	0	0	0	2	1	8	0	0	0	0	0	贷		5	0	0	0	0	0	0
12	10	科汇	1	1-10日		8	0	0	0	0	0	0	1	0	0	0	0	0	0	0									
12	20	科汇	2	11-20日		5	5	0	0	0	0	0		8	9	0	0	0	0	0									
12	31	科汇	3	21-31日			8	0	0	0	0	0			6	2	0	0	0	0	贷		1	5	8	0	0	0	0

表 5－22

银行存款日记账

种类：结算类　　开户行：　　　　账号：　　　　第　　页

2019年		凭证		摘要	借方								贷方								借或贷	余额							
月	日	字	号		十	万	千	百	十	元	角	分	十	万	千	百	十	元	角	分		十	万	千	百	十	元	角	分
12	10			承前页	1	8	5	2	3	1	0	0		5	7	9	2	5	0	0	借	1	2	7	3	0	6	0	0
12	11	银付	略	购办公用品												8	9	0	0	0	借	1	2	6	4	1	6	0	0
12	12	银收	略	支付水费											6	2	0	0	0	0	借	1	2	0	2	1	6	0	0
12	16	银收	略	收货款		1	7	0	0	0	0	0									借	1	3	7	2	1	6	0	0
12	20	银付	略	支付货款										2	5	6	0	0	0	0	借	1	1	1	6	1	6	0	0
12	30	银付	略	支付电话费											5	8	5	0	0	0	借	1	0	5	7	6	6	0	0

表 5－23

管理费用明细账

2019年		凭证		摘要	办公费	水电费	医药费	其他	合计
月	日	字	号						
12	1	银付	18	购办公用品	890				890
12	6	现付	12	支付医药费			2 100		2 100
12	12	银付	16	支付电话费				820	820
12	22	银付	21	支付水电费		2600			2 600
12	30	现付	15	支付困难补助				1800	1 800

表 5－24

预付账款明细分类账

账户名称：光明公司

2019年		凭证		摘要	借方								贷方								借或贷	余额							
月	日	字	号		十	万	千	百	十	元	角	分	十	万	千	百	十	元	角	分		十	万	千	百	十	元	角	分
12	31	银付	80	预付货款		8	0	0	0	0	0	0									借		8	0	0	0	0	0	0

模块六　财务会计报告

项目一　财务报告

▶ 职业情境

王倩是某一高校大二的学生，暑假她应聘到一家企业进行实习。到了月底，会计主管要她编制本月的会计报表。心想编制报表无非就是把账簿里面的数据再抄一遍，报表里面的数据去哪里找呢？

▶ 学习目标

通过学习，应该达到如下目标：

◆**理论目标**：理解会计报表的含义、种类、意义和编制要求。掌握资产负债表、损益表和现金流量表的编制方法。并能运用相关知识进行相关的账务处理活动。

◆**实务目标**：能运用财务会计报告的相关知识，规范"财务会计报告"中的相关技能活动。

◆**案例目标**：运用本模块中的相关理论与实务知识研究相关案例，培养分析和解决问题的能力，以及对知识融会贯通的能力。能从会计报表层次加深对前面章节的理解，从整体上把握企业的财务工作。

◆**实训目标**：根据实训任务，在把握本实训所涉及的相关技能点的基础上，通过亲身体验财务会计报告账务处理的相关工作，及《财务会计报告实训报告》的准备、撰写、讨论与交流等有质量、有效率的实践活动，培养学生的专业能力，强化"自我学习""发现问题""解决问题""自主创新"等职业核心能力。

▶ 先导案例

刘蕾是某一高职院校会计专业大二的学生，暑假想去见习，于是来到一家制衣厂面试会计岗位。面试官对在编制财务会计报告前要做好哪些准备工作进行了提问。刘蕾也对考官的问题做了回答。如果是你，能回答以下问题吗？

课堂讨论：

1. 财务会计报告有什么作用？

2. 编制财务会计报告有哪些要求？

3. 为了保证财务会计报告的数据真实、准确，你认为要做好哪些准备工作呢？

知识橱窗

一、财务会计报告的概念

财务会计报告，是指企业对外提供的反映企业某一特定日期财务状况和某一会计期间经营成果和现金流量等会计信息的文件。它是企业根据日常的会计核算资料归集、加工和汇总后形成的，是企业会计核算的最终成果。

财务会计报告包括会计报表及其附注和其他应当在财务会计报告中披露的相关信息和资料。会计报表至少应当包括资产负债表、利润表、现金流量表、所有者权益（股东权益）变动表。小企业编制的会计报表可以不包括现金流量表。

二、财务会计报告的种类

企业的财务会计报告分为年度、半年度、季度和月度财务会计报告。国家统一的会计制度将半年度、季度和月度财务会计报告统称为中期财务会计报告。季度、月度中期财务会计报告通常仅指会计报表。

会计报表是财务会计报告的主要组成部分，会计报表可以按不同的标志划分类别。

（一）会计报表按照反映的经济内容分类

1. 财务状况报表

财务状况报表是总括反映企业在某一特定日期或一定时期财务状况的会计报表。一般包括资产负债表和现金流量表。资产负债表通过资产、负债、所有者权益项目，反映企业在特定时日的财务状况；现金流量表通过企业在一定会计期间现金收支的财务变动情况，反映企业理财的过程和结果。

2. 经营成果报表

经营成果报表是总括反映企业在一定时期利润的形成与分配等基本情况的会计报表。一般包括利润表和利润分配表。利润表反映企业在一定期间的经营成果情况；利润分配表反映企业利润分配的过程。

【知识链接6-1】

资产负债表是反映企业某一特定日期财务状况的报表；利润表是反映企业在一定期间经营成果及其分配情况的报表；现金流量表是反映企业在一定期间内现金及现金等价物流入和流出情况的报表。这三张报表从动态和静态的角度来看，资产负债表反映的是企业一定时点上关于财务状况的静态信息，是一种静态报表；而利润表和现金流量表则反映的是企业在一定期间关于经营成果的动态信息，是一种动态报表。这三张报表反映了企业财务和经营状况的核心信息，构成了企业对外报送的三大基本会计报表。

（二）会计报表按照编制的时间分类

如前所述，国家的统一会计制度将财务会计报告分为年度、半年度、季度和月度财务会计报告，半年度、季度和月度财务会计报告又称为中期财务会计报告。相应地，会计报表也分为年度会计报表和中期会计报表。

1. 年度会计报表

年度会计报表简称年报，是指企业每年年末编报的会计报表，通常称为决算报告，主要有资产负债、利润表和现金流量表。年度财务会计报告应当于年度终了后 4 个月内对外提供。

2. 中期会计报表

中期会计报表指企业于年度中期末、季末和月末编报的会计报表、主要有资产负债表和利润表。半年度中期财务会计报告应于年度中期结束后 60 天内对外提供；季度中期财务会计报告应于季度终了后 15 天内对外提供；月度财务会计报告应于月度终了后 6 天内对外提供。

（三）会计报表按照报送的对象分类

会计报表按照报送的对象分类，可以分为外部报表和内部报表。

1. 外部报表

外部会计报表是指为满足企业外部投资者、债权人和政府部门了解企业经营状况、经营成果和现金流量的需要而定期对外提供和发布的会计报表。按照我国统一的会计制度，企业对外提供的会计报表包括：资产负债表、利润表、现金流量表、资产减值准备明细表、利润分配表、股东权益增减变动表及其他有关附表。

【知识链接 6—2】

企业编制会计报表，为会计使用者提供相关的会计信息。对不同的会计使用者能提供一些什么信息呢？

外部投资者通过会计报表可以了解其最关注的企业盈利能力、资本结构和利润分配政策等方面的信息，并据此分析投资风险、判断未来的投资收益，以做出正确的投资决策。

债权人通过会计报表可以了解企业的盈利能力和偿债能力，以便确定其所提供的资金是否安全，能否按期收回。

企业经营管理者只有及时掌握企业完整、准确的会计信息，才能进行进一步有效的经营和管理。企业经营管理者通过会计报表可以了解企业财务状况、经营业绩、资源分布、偿债能力等情况，通过分析和检查以促进企业进一步改善经营管理，创造出更好的经济效益。

政府有关部门利用会计报表所提供的会计信息，分析检查企业财务指标的完成情况，有助于加强国民经济的宏观调控和管理，并促进企业遵守国家有关财经政策、法规。如财税部门通过会计报表，可以检查、分析企业各项税费上缴情况，有无偷税、漏税现象。

2. 内部报表

内部报表是指为满足企业内部经营管理的需要而定期报送企业内部管理者的会计报表。企业内部管理需要的会计报表由企业自行规定。

（四）会计报表按照填报单位分类

会计报表按照填报单位不同，可分为基层会计报表和汇总会计报表。

三、财务会计报告的编制要求

为了使财务会计报告能够最大程度地满足各有关方面的需要，实现编制财务会计报告的基本目的，充分发挥财务会计报告的作用，企业编制财务会计报告，应当根据真实的交易、事项以及完整、准确的账簿记录等资料，严格遵循国家会计制度规定的编制基础、编制依据、编制原则和编制方法。其编制的财务会计报告应当做到真实可靠、相关可比、全面完整、编报及时、便于理解，符合国家统一的会计制度和会计准则的有关规定。其基本要求如下。

（一）真实可靠

会计报表各项目的数据必须建立在真实可靠的基础之上，使企业会计报表能够如实地反映企业的财务状况、经营成果和现金流量情况。因此，会计报表必须根据核实无误的账簿及相关资料编制，不得以任何方式弄虚作假。如果会计报表所提供的资料不真实或者可靠性很差，则不仅不能发挥会计报表的应有作用，而且还会由于错误的信息，导致会计报表使用者对企业的财务状况、经营成果和现金流量情况做出错误的评价与判断，致使报表使用者做出错误的决策。企业会计准则规定，会计核算应当以实际发生的交易或事项为依据，如实反映企业的财务状况、经营成果和现金流量。

（二）相关可比

会计报表所提供的财务会计信息必须与报表使用者进行决策所需要的信息相关，并且便于报表使用者在不同企业以及同一企业前后各期之间进行比较。因此，要求企业对外报送的会计报表要按统一的格式编制。

（三）全面完整

会计报表应当全面反映企业生产经营活动的全貌，全面反映企业财务状况和经营成果，以满足会计报表使用者对会计信息多方面的需要。为保证会计报表的全面完整，企业在编制会计报表时，凡是国家要求编报的会计报表，必须按照有关准则、制度规定的种类、格式和内容填写，特别是对于企业某些重要的事项，应当按照要求在会计报表附注中说明，不得漏编漏报、漏填漏列。

（四）编报及时

企业会计报表所提供的资料，具有很强的时效性。只有及时编制和报送会计报表，才能为会计报表使用者提供决策所需的信息资料。因此，企业应按照规定期限或报表使用者的要求，如期编制和报送会计报表，如月度报表一般应在月份终了后 6 天内报出，季度财务会计报告应当于季度终了后 15 天内对外提供；半年度财务会计报告应当于年度终期结束后 60 日内对外提供；年度财务会计报告应当于年度终了后 4 个月内对外提供。

（五）便于理解

企业编制的会计报表应当清晰明了。如果提供的会计报表晦涩难懂，不易于理解，使用者就不能据此做出准确的判断，所提供的会计报表也就毫无用处。

【知识链接 6—3】

我国《企业财务会计报告条例》规定，企业对外提供的财务会计报告应当依次编定页数，加具封面，装订成册，加盖公章。封面上应当注明：企业名称、企业统一代码、组织形式、地址、报表所属年度或者月份、报出日期，并由企业负责人和主管会计工作的负责人、会计机构负责人（会计主管人员）签名并盖章；设置总会计师的企业，还应当由总会计师签名并盖章。

企业一般仅要求在年度和半年度财务会计报告中包含会计报表附注和财务情况说明书，因而，季度、月度财务会计报告通常仅指会计报表。

企业应该对外提供的会计报表包括以下7种：

（1）资产负债表是反映企业在报告期末的资产、负债和所有者权益情况的会计报表；

（2）利润表是反映企业在报告期内的收入、费用、利得损失和利润情况的会计报表；

（3）现金流量表是反映企业在报告期内现金及现金等价物的流入、流出变动情况的会计报表；

（4）资产减值准备明细表是资产负债表的附表之一，用于补充说明企业的各项资产减值准备的增减变动情况；

（5）利润分配表是利润表的附表之一，用于反映企业当年实现的净利润和以前年度累积的未分配利润的分配情况；

（6）股东权益增减变动表是资产负债表的附表之一，用于补充说明企业股东（所有者）权益各项目的增减变动情况；

（7）其他有关附表，如应交增值税明细表等。

项目训练

◆知识题

一、单项选择题

1.（　　）是单位依法向有关方面及国家有关部门提供财务状况和经营成果的书面文件。

    A. 会计报表　　　　　　　　　　B. 资产负债表

    C. 财务会计报告　　　　　　　　D. 损益表

2. 下列各项中，不属于企业对外提供的会计报表是（　　）。

    A. 资产负债表　　　　　　　　　B. 利润表

    C. 所有者权益变动表　　　　　　D. 成本计算表

3. 会计报表附注是对（　　）的补充说明。

    A. 资产负债表　　　　　　　　　B. 现金流量表

    C. 会计报表　　　　　　　　　　D. 财务会计报告

4. 股东（投资者）作为财务会计报告的使用者之一，其主要关注（　　）。

    A. 企业财务状况好坏、经营业绩的大小以及现金的流动情况

    B. 职工福利的好坏

C. 投资的内在风险和投资报酬

D. 企业的兴衰及其发展情况

5. 季度财务会计报告应于每季度终了后的(　　)日内报出。

A. 10 　　　　　　　　　　　　B. 15

C. 6 　　　　　　　　　　　　D. 30

6. 反映企业在一定会计期间经营成果的报表是(　　)。

A. 资产负债表 　　　　　　　　B. 利润表

C. 现金流量表 　　　　　　　　D. 所有者权益变动表

7. 年度财务会计报告,应于年度终了后(　　)内对外提供。

A. 6 日 　　　　　　　　　　　B. 15 日

C. 60 日 　　　　　　　　　　D. 4 个月

8. 最关心企业的内在风险和报酬的财务会计报告使用者是 (　　)。

A. 股东 　　　　　　　　　　　B. 债权人

C. 潜在投资者 　　　　　　　　D. 企业职工

9. 会计政策变更的内容和理由应在 (　　) 披露。

A. 资产负债表 　　　　　　　　B. 现金流量表

C. 会计报表附注 　　　　　　　D. 财务情况说明书

二、多项选择题

1. 财务会计目标是通过编制财务报告,借以反映企业的(　　)。

A. 成本费用 　　　　　　　　　B. 经营成果

C. 财务状况 　　　　　　　　　D. 现金流量

2. 下列属于中期财务会计报告的有(　　)。

A. 季报 　　　　　　　　　　　B. 半年报

C. 月报 　　　　　　　　　　　D. 年报

3. 新《企业会计准则》规定,中期财务会计报告至少应当包括(　　)。

A. 资产负债表 　　　　　　　　B. 利润表

C. 现金流量表 　　　　　　　　D. 附注

4. 以下属于财务会计报告构成内容的有(　　)。

A. 资产负债表 　　　　　　　　B. 利润表

C. 会计报表附注 　　　　　　　D. 财务情况分析

5. 会计报表至少应包括(　　)。

A. 资产负债表 　　　　　　　　B. 利润表

C. 现金流量表 　　　　　　　　D. 所有者权益变动表

6. 关于财务会计报告的表述,下列各项中,正确的有(　　)。

A. 资产负债表反映财务状况,是动态报表

B. 利润表反映经营成果,是动态报表

C. 现金流量表反映现金流量情况,是动态报表

D. 会计报表附注是对会计报表项目的补充说明

7. 下列各项中，属于财务会计报告编制基本要求的有( )。

 A. 相关可比　　　　　　　　 B. 全面完整

 C. 真实可靠　　　　　　　　 D. 历史成本

8. 以下符合借贷记账法规则的包括( )。

 A. 资产与权益同时减少，总额减少

 B. 资产与负债一增一减，总额增加

 C. 资产与权益同时增加，总额增加

 D. 权益内部一增一减，总额不变

9. 企业提供的财务会计报告的使用者有( )。

 A. 投资者　　　　　　　　　 B. 债权人

 C. 政府及相关机构　　　　　 D. 企业管理人员、职工和社会公众等

10. 企业对外提供的财务报告的封面上应当注明( )。

 A. 企业名称　　　　　　　　 B. 报表所属年度或月份

 C. 企业统一代码　　　　　　 D. 行业统一代码

11. 会计报表不包括( )。

 A. 资产负债表　　　　　　　 B. 利润表

 C. 现金流量表　　　　　　　 D. 财务情况说明书

12. 财务会计报告包括( )。

 A. 会计报表　　　　　　　　 B. 会计报表附注

 C. 财务情况说明书　　　　　 D. 预算报告

13. 财务会计报告使用者包括( )。

 A. 投资者　　　　　　　　　 B. 债权人

 C. 企业管理人员　　　　　　 D. 企业职工

三、判断题

1. 财务会计报告的使用者通常包括投资者、债权人、政府及相关机构、企业管理人员、职工和社会公众等。( )

2. 我国《小企业会计制度》规定，小企业的财务会计报告必须包括现金流量表。( )

3. 资产负债表是反映企业某一时期财务状况的报表。( )

4. 小企业的年度财务会计报告包括资产负债表、利润表和会计报表附注。( )

5. 企业对外提供的财务会计报告应当由企业负责人和主管会计工作的负责人、会计机构负责人签名并盖章。( )

6. 为了保证财务会计报告的及时报送、企业可以适当提前结账。( )

项目二　资产负债表

▶.职业情境

李小敏是广州三本公司新聘的会计员，她入职报到的时间刚好是年底，在她办完入职手续后。她高高兴兴地来到公司上班，就在她第一天上班时，张会计就交给她一份公司2019年6月31日的科目余额表，要她根据该表编制公司2019年度的资产负债表。小敏很是为难，不知如何下手。如是你是小敏，你知道如何填写资产负债表吗？

▶.学习目标

通过学习，应该达到如下目标：

◆**理论目标**：学习和掌握资产负债表的概念和意义，资产负债表的基本结构，资产负债表编制的基本方法等陈述性知识；并能运用相关理论知识进行相关的认知活动。

◆**实务目标**：能运用资产负债表的相关知识，规范"资产负债表"中的相关技能活动。

◆**案例目标**：运用本项目中的相关理论与实务知识研究相关案例，培养与提高学生在一定的情境下分析、设计与处理资产负债表相关能力，能结合本项目所学内容，分析企业相关会计行为的善恶，培养学生良好的会计职业道德素质。

◆**实训目标**：根据实训任务，在把握本实训所涉及的相关技能点的基础上，通过亲身体验会计期末账务处理相关工作，及《资产负债表实训报告》的准备、撰写、讨论与交流等有质量、有效率的实践活动，培养学生的专业能力，强化"自我学习""发现问题""解决问题""自主创新"等职业核心能力。

先导案例

王晶是某高职院校毕业的大学生，应聘于一家制衣厂担任会计，她熟悉单位业务，对填制凭证，登记账簿非常熟练，月底了，要编制资产负债表了。心想，我在学校成绩优秀，专业基础扎实。完成资产负债表的编制还是有信心的，如果是你，能独立完成吗？

课堂讨论：

1. 单位编制资产负债表有什么作用呢？能提供哪些会计信息？

2. 编制资产负债表的理论依据？

3. 资产负债表里的数据来自哪里？

知识概窗

一、资产负债表的概念和意义

（一）资产负债表的概念

资产负债表是指反映企业某一特定日期（如月末、季末、年末等）财务状况的会计报表。它是根据"资产＝负债＋所有者权益"这一会计等式，依照一定的分类标准和顺序，将企业在一定日期的全部资产、负债和所有者权益项目进行适当分类、汇总、排列后编制而成的。资产负债表是企业基本会计报表之一，是所有独立核算的企业单位都必须对外报送的会计报表。

因为资产负债表是反映企业在某一特定日期财务状况的报表，所以资产负债表由资产、负债和所有者权益三个基本要素组成。资产负债表采用左右账户式排列，报表的左方列示企业的各项资产，报表的右方列示企业的各项负债和所有者权益，报表左方的资产总计与报表右方的负债及所有者权益总计应保持平衡关系。

资产负债表左方列示的资产按流动资产、长期投权投资、投资性房地产、固定资产、无形资产、其他资产的类别加以反映，资产负债表的右方列示的负债和所有者权益按偿还的先后顺序排列。这种分类排列，不仅能清晰的反映项目的对应关系，而且便于提供财务状况的重要资料。

（二）资产负债表的意义

资产负债表可以反映企业资产、负债和所有者权益的全貌。

通过编制资产负债表，可以反映企业资产的构成及其状况，分析企业在某一日期所拥有的经济资源及其分布情况；可以反映企业某一日期的负债总额及其结构，分析企业目前与未来的需要支付的债务数额；可以反映企业所有者权益的情况，了解企业现有的投资者在企业资产总额中所占的份额。通过对资产负债表项目金额及其相关比率的分析，可以帮助报表使用者全面了解企业的资产状况，盈利能力，分析企业的债务偿还能力；从而为未来的经济决策提供信息。例如，通过资产负债表可以计算流动比率、速动比率，以了解企业的短期偿债能力；又如，通过资产负债表可以计算资产负债率，以了解企业偿付到期长期债务的能力。

二、资产负债表的结构

资产负债表由表头、表身和表尾等部分组成。表头部分应列明报表名称、编表单位名称、编制日期和金额计量单位；表身部分反映资产、负债和所有者权益的内容；表尾部分为补充说明。其中表身部分是资产负债表的主体和核心。

资产负债表的格式主要有账户式和报告式两种。我国企业的资产负债表采用账户式结构。

账户式资产负债表分左右两方，左方为资产项目，按资产的流动性大小排列；流动性大的资产如"货币资金""交易性金融资产""应收票据"等排在前面，流动小的资产如"可供出售金融资产""持有至到期投资""固定资产""无形资产"等排在后面；右方为负债及所有者权益项目，一般按求偿权先后顺序排列："短期借款""交易性金融负债""应付票据""应付职工薪酬"等需要在一年以内或者长于一年的一个营业周期内偿还的流动负债排在前面，"长期借款""应付债券"等在一年以上或者长于一年的一个营业周期以上才需偿还的长期负债排在中间，在企业清算之前不需要偿还的所有者权益项目排在后面。

账户式资产负债表中的资产各项目的合计等于负债和所有者权益各项目的合计，即资产负债表左方和右方平衡。因此，通过账户式资产负债表，可以反映资产、负债、所有者权益之间的内在关系，即"资产＝负债＋所有者权益"。

资产负债表的基本格式如表6－1所示。

表6－1　　　　　　　　　　　　　资产负债表　　　　　　　　　　　　会企01表

编制单位：　　　　　　　　　　　____年____月____日　　　　　　　　　　　　单位：元

资产	行次	年初余额	期末余额	负债和所有者权益（或股东权益）	行次	年初余额	期末余额
流动资产：				流动负债：			
货币资金				短期借款			
交易性金融资产				交易性金融负债			
衍生金融资产				衍生金融负债			
应收票据及应收账款				应付票据及应付账款			
预付款项				预收款项			
其他应收款				应付职工薪酬			
存货				应交税费			
持有待售资产				其他应付款			
一年内到期的非流动资产				持有待售负债			
其他流动资产				其他流动负债			
流动资产合计				流动负债合计			
非流动资产：				非流动负债：			
可供出售金融资产				长期借款			
持有至到期投资				应付债券			
长期应收款				长期应付款			
资产	行次	年初余额	期末余额	负债和所有者权益（或股东权益）	行次	年初余额	期末余额
长期投权投资				专项应付款			
投资性房地产				递延所得税负债			

续表6-1

固定资产			预计负债		
在建工程			其他非流动负债		
工程物资			非流动负债合计		
固定资产清理			负债合计		
生产性生物资产			所有者权益（或股东权益）		
无形资产			实收资本（或股本）		
开发支出			资本公积		
商誉			减：库存股		
长期待摊费用			其他综合收益		
递延所得税资产			盈余公积		
其他非流动资产			未分配利润合计		
非流动资产合计			所有者权益（或股东权益）合计		
资产总计			负债和所有者权益（或股东权益）总计		

【知识链接6-4】

为了反映各项资产减值准备的计提及其增减变动情况，我国企业会计制度还要求企业编制"资产减值准备明细表"，该表为资产负债表附表。其格式如表6-2所示。

表6-2   资产减值准备明细表

编制单位：   年度   单位：元

项目	年初余额	本年增加数	年末余额
一、坏账准备合计			
其中：应收账款			
其他应收款			
二、交易性金融资产跌价准备合计			
其中：股票投资			
债券投资			
三、存货跌价准备合计			
其中：库存商品			
原材料			

续表 6－2

项目	年初余额	本年增加数	年末余额
四、长期投资减值准备合计			
项目	年初余额	本年增加数	年末余额
其中：可供出售金融资产			
持有至到期投资			
投资性房地产			
长期股权投资			
五、固定资产减值准备合计			
其中：房屋、建筑物			
机器设备			
六、无形资产减值准备			
其中：专利权			
商标权			
七、在建工程减值准备			
八、委托贷款减值准备			

三、资产负债表的编制方法

资产负债表各项目均需填列"年初余额"和"期末余额"两栏。其中"年初余额"栏内各项数字，应根据上年末资产负债表的"期末余额"栏内所列数字填列；"期末余额"栏主要有以下几种填列方法。

（一）根据总账科目余额直接填列

如"交易性金融资产"项目，根据"交易性金融资产"总账科目的期末余额直接填列；"短期借款"项目，根据"短期借款"总账科目的期末余额直接填列等。

【边学边做 6－1】例 1　华阳公司 2019 年 6 月 31 日结账后的"交易性金融资产"科目余额为 15 000 元。

华阳公司 2019 年 6 月 31 日资产负债表中的"交易性金融资产"项目金额为 15 000 元。

例 2　晨光公司 2019 年 6 月 1 日向银行借入 8 个月的短期借款 320 000 元，向其他金融机构借款 230 000 元，无其他短期负债业务发生。

晨光公司 2019 年 12 月 31 日资产负债中的"短期借款"项目金额为：320 000＋230 000＝550 000（元）

（二）根据明细账科目余额计算填列

资产负债表中的有些项目，不能根据总账科目的期末余额，或几个总账科目的期末余额计算填列，需要根据有关科目所属的相关明细账科目的期末余额来计算填列。如"研发支出"项目，根据"研发支出"账户中所属的"资本化支出"明细账户期末余额填列；"应付票据及应付账款"行项目，应根据"应付票据"科目的期末余额，以及"应付账款"

和"预付账款"科目所属的相关明细科目的期末贷方余额合计数填列。

【边学边做 6—2】华夏公司当期应收、预收账款总分类账、明细分类账余额如图 6—1 所示。

总分类账

科目	余额	借或贷
应收账款	350 000	借
预收账款	20 000	贷

应收账款明细分类账

科目	金额	借或贷
A 企业	300 000	借
B 企业	100 000	借
C 企业	50 000	贷
合 计	350 000	借

预收账款明细分类账

科目	金额	借或贷
甲企业	22 500	贷
乙企业	2 500	借
合 计	20 000	贷

图 6—1

应收账款总额＝应收账款明细分类账借方余额＋预收账款明细分类账借方余额＝300 000＋100 000＋2 500＝402 500（元）

预收账款总额＝应收账款明细分类账贷方余额＋预收账款明细分类账贷方余额＝50 000＋22 500＝72 500（元）

例 4 恒发公司当期应付、预付账款总分类账、明细分类账余额如图 6—2 所示。

总分类账

科目	余额	借或贷
应付账款	80 000	贷
预付账款	5 500	借

应付账款明细分类账

科目	金额	借或贷
D 企业	55 000	贷
E 企业	38 000	贷
F 企业	13 000	借
合 计	80 000	贷

预付账款明细分类账

科目	金额	借或贷
丙企业	10 000	借
丁企业	4 500	贷
合计	5 500	借

图 6—2

预付账款总额＝应付账款明细分类账借方余额＋预付账款明细分类账借方余额＝13 000＋10 000＝23 000（元）

应付账款总额＝应付账款明细分类账贷方余额＋预付账款明细分类账贷方余额＝55 000＋38 000＋4 500＝97 500（元）

（三）根据总账科目的余额计算填列

如"货币资金"项目，根据"库存现金""银行存款""其他货币资金"账户的期末余额的合计数填列；"其他应收款"行项目，应根据"应收利息""应收股利"和"其他应收款"科目的期末余额合计数，减去"坏账准备"科目中相关坏账准备期末余额后的金额填列；"其他应付款"行项目，应根据"应付利息""应付股利"和"其他应付款"科目的期末余额合计数填列。

【边学边做 6—3】光明公司 2019 年 6 月 31 日结账后的"库存现金"科目余额为 10 000 元，"银行存款"科目余额为 4 000 000 元，"其他货币资金"科目余额为 1 000 000 元。

光明公司 2019 年 6 月 31 日资产负债表中的"货币资金"项目金额为：

10 000＋4 000 000＋1 000 000＝5 010 000（元）

（四）根据总账科目和明细科目余额分析计算填列

资产负债表中某些项目不能根据有关总账科目的期末余额直接或计算填列，也不能根据有关账户所属相关明细科目的期末余额计算填列，需要根据总账科目和明细科目两者的余额分析计算填列，如"长期借款""应付债券""长期应付款"等项目，应根据各总分类账期末余额扣除各总分类账所属明细分类账中 1 年内到期的非流动负债部分分析计算填列。

【边学边做 6—4】恒大公司长期借款业务如图 6—3 所示。

借款起始日	借款期限	金额/元
2019 年 1 月 1 日	3	1 000 000
2018 年 1 月 1 日	5	2 000 000
2017 年 6 月 1 日	3	1 500 000

图 6—3

恒大公司 2019 年 6 月 31 日资产负债表中的"长期借款"项目金额为：

1 000 000＋2 000 000＝3 000 000（元）

本例中,企业应当根据"长期借款"总账科目余额 4 500 000(1 000 000+2 000 000 +1 500 000)元,减去 1 年内到期的长期借款 1 500 000 元,作为资产负债表中的"长期借款"项目金额,即 3 000 000 元。将在 1 年内到期的长期借款 1 500 000 元,应当填列在流动负债下"1 年内到期的非流动负债"项目中。

【边学边做 6-5】欣欣公司 2019 年"长期待摊费用"科目的期末余额为 375 000 元,将于 1 年内摊销的数额为 204 000 元。

欣欣公司 2019 年 6 月 31 日资产负债中的"长期待摊费用"项目金额为 375 000-204 000=171 000(元)

本例中,企业应当根据"长期待摊费用"总账科目余额 375 000 元,减去将于 1 年内摊销的金额 204 000 元,作为资产负债表中的"长期待摊费用"项目金额,即 171 000 元。将于 1 年内摊销完毕的 204 000 元,应当填列在流动资产下"1 年内到期的非流动资产"项目中。

(五)根据有关资产项目与其备抵科目抵销后的净额填列

如"应收账款""长期投权投资"项目,应根据"应收账款""长期投权投资"等科目的期末余额,减去"坏账准备""长期投权投资减值准备"等科目的期末余额后的净额填列。"固定资产"项目,应根据"固定资产"科目的期末余额减去"累计折旧""固定资产减值准备"科目期末余额后的净额填列;又如,"无形资产"项目,根据"无形资产"科目的期末余额,减去"累计摊销"、"无形资产减值准备"科目余额后的净额填列。我国企业会计准则规定,需要计提资产减值准备的包括坏账准备、存货跌价准备、长期股权投资减值准备、固定资产减值准备、无形资产减值准备、在建工程减值准备、投资性房地产减值准备、商誉减值准备、生产性生物资产减值准备等。

【边学边做 6-6】红兴公司 2019 年 6 月 31 日结账后,"固定资产"科目余额为 1 000 000元,"累计折旧"科目余额为 90 000 元,"固定资产减值准备"科目余额为 200 000元。

红兴公司 2019 年 6 月 31 日资产负债表中的"固定资产"项目金额为:

$$1 000 000-90 000-200 000=710 000(元)$$

(六)综合运用上述方法分析填列

如"存货"项目,需要根据"原材料""库存商品""委托加工物资""周转材料""材料采购""在途物资""发出商品""材料成本差异"等总账科目期末余额的分析汇总数,再减去"存货跌价准备"科目余额后的净额填列。

【边学边做 6-7】瑞生公司采用计划成本核算,2019 年 6 月 31 日结账后有关科目余额情况如下:"材料采购"科目余额为 140 000 元(借方)、"原材料"科目余额为 2 400 000元(借方),"周转材料"科目余额为 1 800 000 元(借方),"库存商品"科目余额为 1 600 000 元(借方),"生产成本"科目余额为 600 000 元(借方),"材料成本差异"科目余额为 120 000 元(贷方),"存货跌价准备"科目余额为 210 000 元。

瑞生公司 2019 年 6 月 31 日资产负债表中的"存货"项目金额为:

140 000＋2 400 000＋1 800 000＋1 600 000＋600 000－120 000－210 000＝6 210 000（元）

（七）资产负债表附注的内容，根据实际需要和有关备查账簿等的记录分析填列

下面介绍一般企业资产负债表中各项目的填列方法。

本表"年初数"栏内各项数字，应根据上年末资产负债表"期末数"栏内所列数字填列。

本表"期末数"各项目的内容和填列方法如下。

1. 资产项目的填列方法

（1）"货币资金"项目，应根据"现金"、"银行存款"、"其他货币资金"科目的期末余额合计填列。

（2）"交易性金融资产"项目，应根据"交易性金融资产"科目的期末余额，减去"交易性金融资产跌价准备"科目的期末余额后的金额填列。企业一年内到期的委托贷款，其本金和利息减去已计提的减值准备后的净额，也在本项目反映。

（3）"应收票据及应收账款"行项目，应根据"应收票据"的期末余额以及"应收账款"和"预收账款"科目所属的相关明细科目的期末借方余额合计数填列。减去"坏账准备"科目中相关坏账准备期末余额后的金额填列。

（4）"预付款项"项目，应根据"预付账款"科目所属各明细科目的期末借方余额合计填列。如"预付账款"科目所属有关明细科目期末有贷方余额，应在本表"应付账款"项目内填列。如"应付账款"科目所属有关明细科目有借方余额，也应包括在本项目内。

（5）"其他应收款"行项目，应根据"应收利息""应收股利"和"其他应收款"科目的期末余额合计数，减去"坏账准备"科目中相关坏账准备期末余额后的金额填列。

（6）"存货"项目，应根据"材料采购"、"原材料"、"低值易耗品"、"自制半成品"、"库存商品"、"包装物"、"分期收款发出商品"、"委托加工物资"、"委托代销商品"、"受托代销商品"、"生产成本"等科目的期末余额合计，减去"代销商品款"、"存货跌价准备"科目期末余额后的金额填列，材料采用计划成本核算，以及库存商品采用计划成本或售价核算的企业，还应按加或减材料成本差异、商品进销差价后的金额填列。

（7）"持有待售资产"行项目，反映资产负债表日划分为持有待售类别的非流动资产及划分为持有待售类别的处置组中的流动资产和非流动资产的期末账面价值。该项目应根据"持有待售资产"科目的期末余额，减去"持有待售资产减值准备"科目的期末余额后的金额填列。

（8）"一年内到期的非流动资产"项目，反映企业将于一年内到期的非流动资产金额。本项目应根据有关科目的期末余额填列。

（9）"长期股权投资"、"可供出售金融资产"、"持有至到期投资"、"投资性房地产"等项目，应根据相应科目的期末余额，减去计提的相应资产减值准备后的金额填列。

（10）"固定资产"行项目，反映资产负债表日企业固定资产的期末账面价值和企业尚未清理完毕的固定资产清理净损益。该项目应根据"固定资产"科目的期末余额，减去"累计折旧"和"固定资产减值准备"科目的期末余额后的金额，以及"固定资产清理"

科目的期末余额填列。

（11）"在建工程"行项目，应根据"在建工程"科目的期末余额，减去"在建工程减值准备"科目的期末余额后的金额，以及"工程物资"科目的期末余额，减去"工程物资减值准备"科目的期末余额后的金额填列。

（12）"长期应收款"项目，应根据长期应收款的期末实际价值，扣减相应资产减值准备和"未实现融资收益"期末余额后的金额填列。

（13）"无形资产"项目，应根据"无形资产"科目的期末余额，减去相应的"累计摊销"和"无形资产减值准备"科目期末余额后的金额填列。

（14）"长期待摊费用"项目，应根据"长期待摊费用"科目的期末余额减去 1 年内（含 1 年）摊销的数额后的金额填列。

2. 负债项目的填列方法

（1）"短期借款"项目，反映企业向银行或其他金融机构等借入的期限在一年以下（含一年）的各种借款，本项目应根据"短期借款"科目的期末余额填列。

（2）"交易性金融负债"项目，应根据"交易性金融负债"科目的期末余额填列。

（3）"应付票据"及"应付账款"项目，"应付票据及应付账款"行项目，应根据"应付票据"科目的期末余额，以及"应付账款"和"预付账款"科目所属的相关明细科目的期末贷方余额合计数填列。

（4）"预收款项"项目，本项目根据"预收账款"和"应收账款"科目所属各明细科目的期末贷方金额合计数填列。如"预收账款"科目所属各明细科目期末有借方余额，应在资产负债表"应收账款"项目内填列。

（5）"应付职工薪酬"项目，应根据"应付职工薪酬"科目的期末贷方余额填列。如"应付职工薪酬"科目期末为借方余额，以"—"号填列。

（6）"应交税费"项目，应根据"应交税费"科目的期末贷方余额填列，如"应交税费"科目期末为借方余额，以"—"填列。

（7）"其他应付款"行项目，应根据"应付利息""应付股利"和"其他应付款"科目的期末余额合计数填列。

（8）"预计负债"项目，应根据"预计负债"科目的期末余额填列。

（9）"一年内到期的非流动负债"项目，反映企业非流动负债中将于资产负债表日后一年内到期部分的金额，如将于一年内偿还的长期借款。本项目应根据有关科目的期末余额填列。

（10）"长期借款"项目，反映企业向银行或其他金融机构借入的期限在一年以上（不含一年）的各项借款。本项目应根据"长期借款"科目的期末余额填列。

（11）"应付债券"项目，应根据"应付债券"科目的期末余额填列。

（12）"长期应付款"项目，应根据"长期应付款"科目的期末余额，减去"未确认融资费用"科目余额后的金额填列。

（13）"递延所得税负债"项目，应根据"递延所得税负债"科目的期末余额填列。

（14）"其他非流动负债"项目，反映企业除长期借款、应付债券等项目以外的其他非流动负债。本项目应根据有关科目的期末余额填列。其他非流动负债项目应根据有关科目期末余额减去将于一年内（含一年）到期偿还数后的余额填列。非流动负债各项目中将于一年内（含一年）到期的非流动负债，应在“一年内到期的非流动负债”项目内单独反映。

3. **所有者权益项目的填列方法**

（1）“实收资本（股本）”项目，应根据“实收资本（或“股本”）”科目的期末余额填列。

（2）“其他权益工具”，下设“优先股”和“永续债”两个项目，分别反映企业发行的分类为权益工具的优先股和永续债的账面价值

（3）“资本公积”项目，应根据“资本公积”科目的期末余额填列。

（4）“其他综合收益”项目，应根据“其他综合收益”账户的期末余额填列

（5）“盈余公积”项目，应根据“盈余公积”科目的期末余额填列。

（6）“未分配利润”项目，反映企业尚未分配的利润。本项目应根据“本年利润”科目和“利润分配”科目的余额计算填列。未弥补的亏损在本项目内以“－”号填列。

项目训练

◆知识题

一、单项选择题

1. 资产负债表是反映企业在(　　)财务状况的报表。

A. 某一特定时期　　B. 某一特定会计期间

C. 一定时间　　D. 某一特定日期

2. 资产负债表中资产项目的顺序是按（　　）排列。

A. 项目的重要性程度　　B. 项目的流动性大小

C. 项目的收益性高低　　D. 项目的金额大小

3. 在资产负债表中，下列属于非流动资产项目的是（　　）。

A. 其他应收款　　B. 交易性金融资产

C. 可供出售金融资产　　D. 预付账款

4. 我国企业的资产负债采用（　　）结构。

A. 多步式　　B. 报告式

C. 单步式　　D. 账户式

5. 账户式资产负债表分为左右两方，其中左方为（　　）。

A. 资产项目，按资产的流动性由大到小顺序排列

B. 资产项目，按资产的流动性由小到大顺序排列

C. 负债及所有者权益项目，一般按求偿权先后顺序

D. 负债及所有者权益项目，按短期负债、长期负债、所有者权益顺序顺序

6. 资产负债表中所有者权益的排列顺序是（　　　）。

    A. 未分配利润—盈余公积—资本公积—实收资本

    B. 实收资本—盈余公积—资本公积—未分配利润

    C. 实收资本—资本公积—盈余公积—未分配利润

    D. 资本公积—盈余公积—未分配利润—实收资本

7. 下列项目中属于非流动负债项目的是（　　　）。

    A. 应付票据   B. 长期借款

    C. 应付股利   D. 应付职工薪酬

8. 某企业"应付账款"明细账期末余额情况如下：应付甲企业贷方余额为 200 000 元，应付乙企业借方余额为 180 000 元，应付丙企业贷方余额为 300 000 元，假如该企业 "预付账款"明细账均为借方余额，则根据以上数据计算的反映在资产负债表上"应付账款"项目的金额为（　　　）元。

    A. 680 000   B. 320 000

    C. 500 000   D. 80 000

9. 可以根据总账账户期末余额直接填列的资产负债表项目的是（　　　）。

    A. 应付职工薪酬   B. 货币资金

    C. 存货   D. 固定资产

10. 下列资产负债表项目中，需要根据多个总账科目余额分析计算填列的是（　　　）。

    A. 短期借款   B. 存货   C. 应付股利   D. 资本公积

11. 大华公司的负债为 7 455 万元、非流动资产合计为 4 899 万元、所有者权益合计为 3 000 万元，则当日该公司的流动资产合计应当为（　　　）万元。

    A. 2 556   B. 4 455   C. 1 899   D. 5 556

12. 某企业"长期借款"账户期末贷方余额为 100 000 元，本期共增加 60 000 元，减少 80 000 元，则该账户的期初余额为（　　　）元。

    A. 借方 80 000   B. 贷方 120 000

    C. 借方 120 000   D. 贷方 80 000

13. 应收账款账户的期初余额为借方 2 000 元，本期借方发生额 8 000 元，本期贷方发生额 6 000 元，该账户的期末余额为（　　　）元。

    A. 借方 4 000   B. 贷方 8 000

    C. 借方 5 000   D. 贷方 5 000

14. 2019 年 3 月 31 日，松南公司有关账户期末余额及相关经济业务如下："库存现金"账户借方余额 2 000 元，"银行存款"账户借方余额 350 000 元，"其他货币资金"账户借方余额 500 000 元，松南公司 2019 年 3 月 31 日资产负债表中"货币资金"项目"期末余额"栏的金额是（　　　）元。

    A. 852 000   B. 2 000

    C. 352 000   D. 502 000

15. 2019 年 3 月 31 日，松南公司有关账户期末余额及相关经济业务如下："固定资产"账户借方余额 8 700 000 元,"累计折旧"账户贷方余额 2 600 000 元,"固定资产减值准备"账户贷方余额为 600 000 元。松南公司 2019 年 3 月 31 日资产负债中"固定资产"项目"期末余额"栏的金额是(　　)元。

    A. 8 700 000　　　　　　　　　B. 6 100 000

    C. 5 500 000　　　　　　　　　D. 6 700 000

16. 资产负债表中资产的排列顺序是按(　　)。

    A. 项目收益性　　　　　　　　　B. 项目重要性

    C. 项目流动性　　　　　　　　　D. 项目时间性

17. "预提费用"科目期末如有借方余额,应在资产负债表的(　　)项目内反映。

    A. "预提费用"　　　　　　　　　B. "待摊费用"

    C. "财务费用"　　　　　　　　　D. "递延资产"

18. 资产负债表上的"应收票据"项目包括(　　)。

    A. 已向银行贴现的应收票据　　　B. 已背书转让的应收票据

    C. 银行承兑汇票和商业承兑汇票　　D. 银行本票

19. "预付账款"科目所属明细科目期末有贷方余额,应在资产负债表(　　)项目内填列。

    A. "预付账款"　　　　　　　　　B. "应付账款"

    C. "预收账款"　　　　　　　　　D. "应收账款"

20. 某企业会计年度的期末应收账款所属明细账户借方余额之和为 500 800 元,所属明细账户贷方余额之和为 9 800 元,总账为借方余额 491 000 元。则在当期资产负债表中"应收账款"项目所列的数额为(　　)。

    A. 500 800　　　　　　　　　　B. 9 800

    C. 491 000　　　　　　　　　　D. 510 600

21. 资产负债表中的"未分配利润"项目,应(　　)。

    A. 根据"本年利润"科目的余额填列

    B. 根据"利润分配"科目的余额填列

    C. 根据"利润分配"—未分配利润"科目的发生额填列"

    D. 根据"本年利润"科目和"利润分配"科目的余额计算填列

22. 企业期末"生产成本"的借方余额,应作为资产负债表中的(　　)项目反映。

    A. 长期待摊费用　　　　　　　　B. 生产成本

    C. 在产品　　　　　　　　　　　D. 存货

二、多项选择题

1. 资产负债表的基本要素有(　　)。

    A. 资产　　　　　　　　　　　　B. 负债

    C. 所有者权益　　　　　　　　　D. 收入

2. 资产负债表的左方结构中包括(　　)等项目。

A. 流动资产和固定资产　　　　B. 流动资产和流动负债

C. 长期投资和无形资产　　　　D. 固定资产和所有者权益

E. 长期投资和长期负债

3. 资产负债中，根据若干总账账户期末余额计算填列的项目有（　　　）。

A. 货币资金　　　　　　　　　B. 存货

C. 应付债券　　　　　　　　　D. 资本公积

E. 未分配利润

4. 资产负债中，根据有关账户余额直接填列的项目有（　　　）。

A. 固定资产原价　　　　　　　B. 应付工资

C. 货币资金　　　　　　　　　D. 存货

E. 实收资本

5. 资产负债中，根据其账面余额扣除计提的减值准备后的金额填列的项目有（　　　）。

A. 短期投资　　　　　　　　　B. 待摊费用

C. 应收账款　　　　　　　　　D. 在建工程

E. 无形资产

6. 资产负债表中的应付账款项目应根据（　　　）填列。

A. 应付账款所属明细账贷方余额　　B. 预付账款所属明细账贷方余额

C. 应付账款总账余额　　　　　　　D. 应收账款所属明细账贷方余额

7. 按照现行会计制度的规定，在资产负债表中应作为"存货"项目列示的有（　　　）。

A. 生产成本　　　　　　　　　B. 在途物资

C. 制造费用　　　　　　　　　D. 委托代销商品

8. 资产负债表的数据来源，可以通过以下几种方式取得（　　　）。

A. 根据总账期末余额直接填列

B. 根据总账账户余额分析计算填列

C. 根据明细账余额计算填列

D. 根据总账和明细账余额分析计算填列

9. 2019 年 3 月 31 日，松南公司有关账户期末余额及相关经济业务如下："应付账款"总账账户贷方余额 240 000 元，其所属明细账户贷方余额合计为 350 000 元，所属明细账户借方余额合计为 110 000 元。"预付账款"总账账户借方余额 130 000 元，其所属明细账户借方余额合计 160 000 元，其所属明细账贷方余额合计为 30 000 元。松南公司 2019 年 3 月 31 日资产负债表中"应付账款"和"预付账款"两个项目"期末余额"栏的金额分别是（　　　）元。

A. 240 000　　　　　　　　　B. 380 000

C. 270 000　　　　　　　　　D. 130 000

10. 下列应该包括在资产负债表存货项目中的是（　　　）。

A. 工程物资　　　　　　　　　B. 在途物资

C. 委托代销商品　　　　　　　D. 周转材料

11. 资产负债表"存货"项目反映的内容有（　　　）。

A. 分期收款发出商品　　　　B. 委托代销商品

C. 受托代销商品　　　　　　D. 生产成本

三、判断题

1. 资产负债表在其基本结构上是以"资产＝负债＋所有者权益"的会计平衡式为依据的。（　　　）

2. 资产负债表属于静态报表，利润表属于动态报表。（　　　）

3. 企业对资产负债表中的所有资产都拥有所有权。（　　　）

4. 当"固定资产清理"期末余额在贷方，编制资产负债表时，该项目应填正数。（　　　）

5. 凡是存放在本企业的物资都是该企业的存货。（　　　）

6. 企业资产负债表中的"应收票据"不包括已贴现的商业汇票。（　　　）

7. 企业持有的应收票据是一项短期债权，在资产负债表上列示为一项流动资产。（　　　）

8. 资产负债表中的所有者权益内部各项目是按照流动性或变现能力排列。（　　　）

9. 企业资产负债表中"固定资产"项目反映固定资产的原价。（　　　）

10. 资产负债表中的"应收账款"项目，应根据"应收账款"账户和"预收账款"账户所属明细账户的期末借方余额合计数，减去"坏账准备"账户期末余额后的金额填列。（　　　）

11. 资产负债表的格式主要有账户式和报告式两种，我国采用的是报告式，因此才出现财务会计报告这个名词。（　　　）

四、业务实训题

1. 广东博大贸易公司 2019 年 8 月末，有关账户余额如下表：

会计科目	期末余额	
	借方	贷方
库存现金	3 480	
银行存款	516 600	
应收账款	170 920	
其中：应收账款—A 公司	196 000	
应收账款—B 公司		25 080
坏账准备		13 000
原材料	133 000	
库存商品	162 400	

续表

会计科目	期末余额	
	借方	贷方
生产成本	82 800	
固定资产	640 800	
累计折旧		2 700
固定资产清理		22 400
应付账款		186 000
其中：应付账款—C公司	20 000	
应付账款—D公司		206 000
预收账款		20 000
其中：预收账款—E公司	4 000	
预收账款—F公司		24 000
长期借款		240 000
其中：一年内到期借款		200 000
实收资本		1 154 000
盈余公积		53 300
利润分配		38 600
本年利润	20 000	
合计	1 730 000	1 730 000

要求：请完成下列资产负债表的编制。

资产负债表（简易）

编制单位：广东博大贸易公司　　　　2019年8月31　　　　　　　　　　元

资产	期初数	期末数	负债及所有者权益	期初数	期末数
流动资产：	略		流动负债：	略	
货币资金		（1）	应付账款		（10）
应收账款		（2）	预收账款		（11）
预付账款		（3）	一年内到期的非流动负债		（12）
存货		（4）	流动负债合计		（13）
一年内到期的非流动资产			非流动负债：		
流动资产合计		（5）	长期借款		（14）
非流动资产			非流动负债合计		（15）

续表

资产	期初数	期末数	负债及所有者权益	期初数	期末数
固定资产		（6）	负债合计		（16）
固定资产清理		（7）	所有者权益：		
无形资产			实收资本		（17）
非流动资产合计		（8）	盈余公积		（18）
			未分配利润		（19）
			所有者权益合计		（20）
资产总计		（9）	负债及所有者权益总计		（21）

2. 已知 A 企业 2019 年 1 月 1 日有关账户余额如下：

资产类	期初余额	负债及所有者权益类	期初余额
货币资金	42 000	短期借款	9 600
应收账款	10 000	应付账款	6 000
预付账款	2 000	预收账款	2 400
存货	240 000	应交税费	3 000
固定资产原值	700 000	应付职工薪酬	7 000
减：累计折旧	300 000	长期借款	48 000
固定资产净值	400 000	实收资本	600 000
长期待摊费用	20 000	未分配利润	38 000
资产合计	714 000	负债及所有者权合计	71 400

2019 年度，A 企业发生如下事项：

（1）销售产品给 C 公司 78 800 元，款项未收到，产品成本为 20 000 元；

（2）以现金报销办公费 2 800 元；

（3）以银行存款支付车间管理人员的工资 7 000 元；

（4）以银行存款支付广告费 16 000 元；

（5）向 B 公司购买材料 40 000 元，材料入库，款未付；

（6）计提本年车间固定资产折旧费用 30 000 元；

（7）结转本期制造费用 30 000 元；

（8）结转本年利润，并按企业所得税税率 25％计提本年应交企业所得税。

要求：根据上述业务填写 2019 年 6 月 31 日的资产负债表。

资产负债表（简表）

编制单位：A 企业　　　　　　　　　2019 年 6 月 31 日　　　　　　　　　　　　元

资产类	期末余额	负债及所有者权益类	期末余额
货币资金	（1）	短期借款	（10）
应收账款	（2）	应付账款	（11）
预付账款	（3）	预收账款	（12）
存货	（4）	应交税费	（13）
流动资产合计	（5）	应付职工薪酬	
固定资产	（6）	流动负债合计	（14）
长期待摊费用	（7）	长期借款	（15）
非流动资产合计	（8）	非流动负债合计	（16）
		实收资本	600 000
		未分配利润	（17）
资产合计	（9）	负债及所有者权益合计	（18）

3. 已知华天公司 2019 年初总资产比年末总资产少 100 000 元，年末流动资产是年末流动负债的 3 倍，且比年初流动资产多 20 000 元。2019 年末的资产负债表（简表）如下：

资产负债表（简表）

2019 年 12 月 31 日

制表单位：华天公司　　　　　　　　　　　　　　　　　　　　　　　　单位：元

资产	年初数	年末数	负债所有者权益	年初数	年末数
流动资产：			流动负债：		
货币资金	52500	47200	短期借款	20000	50000
应收票据及应收账款	26500	（1）	应付票据及应付账款	22500	（9）
其他应收款	1000	1500	应交税费	（10）	6500
存货	（2）	233800	流动负债合计	（11）	122000
流动资产合计	（3）	（4）	非流动负债：		
非流动资产：			长期借款	180000	200000
固定资产	（5）	（6）	所有者权益：		
			实收资本	300000	300000
			盈余公积	18000	（12）
			所有者权益合计	（13）	（14）
资产总计	（7）	（8）	负债及所有者		
权益总计	550000	（15）			

要求：请填写完成上表括号中的数据。

4. 华天公司 2019 年 11 月的试算平衡表如下：

试算平衡表

2019 年 11 月 30 日

会计科目	本期发生额		期末余额	
	借方	贷方	借方	贷方
库存现金	200	280	450	
银行存款	214 500	256 000	61 200	
应收账款	40 000	35 000	23 500	
坏账准备		1 175		1 500
原材料	55 000	37 000	43 000	
库存商品	88 055	35 000	58 000	
材料成本差异	1 000	2 000		2 000
存货跌价准备				1 000
固定资产	180 000		479 000	
累计折旧		3 000		4 000
固定资产清理		5 000		5 000
短期借款		20 000		20 000
应付账款	23 800	48 000		22 000
预收账款	5 500	14 000		5 000
长期借款		100 000		100 000
实收资本				450 000
盈余公积		1 600		4 650
本年利润	40 000	90 000		50 000
主营业务收入	90 000	90 000		
主营业务成本	35 000	35 000		
管理费用	4 000	4 000		
财务费用	1 000	1 000		
合计	778 055	778 055	665 150	665 150

补充资料：1. 长期借款期末余额中将于一年内到期归还的长期借款数为 50 000 元。

2. 应收账款有关明细账期末余额情况为：应收账款—A 公司　贷方余额 6 500

应收账款—B 公司　借方余额 30 000

3. 应付账款有关明细账期末余额情况为：应付账款—C 公司　贷方余额 29 500

应付账款—D 公司　借方余额 7 500

4. 预收账款有关明细账期末余额情况为：预收账款—E 公司　贷方余额 5 000

　要求：请根据上述资料，计算华天公司 2019 年 11 月 30 日资产负债表中下列报表项目的期末数。

  （1）货币资金（　　　）元；

  （2）应收账款（　　　）元；

  （3）预付款项（　　　）元；

  （4）存货（　　　）元；

  （5）流动资产合计（　　　）元；

  （6）固定资产（　　　）元；

  （7）非流动资产合计（　　　）元；

  （8）资产合计（　　　）元；

  （9）应付账款（　　　）元；

  （10）预收款项（　　　）元；

  （11）流动负债合计（　　　）元；

  （12）长期借款（　　　）元；

  （13）负债合计（　　　）元；

  （14）所有者权益合计（　　　）元；

  （15）负债及所有者权益合计（　　　）元。

项目三　利润表

职业情境

刘刚是广东某高职院校大三会计专业的学生，他来到一家制衣厂实习。月末，单位会计主管要他编制本月的利润表，他当时想：编制利润表需要哪些资料呢？编制利润表时是否要先结账呢？

学习目标

通过学习，应该达到如下目标：

◆**理论目标**：学习和掌握利润表的概念和意义、利润表的格式、利润表编制的基本方法等陈述性以及相关账务处理等技能性知识，并能运用相关知识进行相关的账务处理活动。

◆**实务目标**：能运用利润表的相关知识，规范"利润表"中的相关技能活动。

◆**案例目标**：运用本项目中的相关理论与实务知识研究相关案例，培养与提高学生在一定的情境下分析、设计与处理期末账务职业相关能力，能结合本项目所学内容，分析企业相关会计行为的善恶，培养学生良好的会计职业道德素质。

◆**实训目标**：根据实训任务，在把握本实训所涉及的相关技能点的基础上，通过亲身体验编制利润表的相关工作，及《利润表实训报告》的准备、撰写、讨论与交流等有质量、有效率的实践活动，培养学生的专业能力，强化"自我学习""发现问题""解决问题""自主创新"等职业核心能力。

先导案例

李婧是一所中职学校的学生，高三在姐姐的引荐下来到一家鞋厂实习。平时在学校有会计实操课，在老师的指导下基本上能完成填制凭证，登记账簿，编制报表的实操内容。月末会计主管要她编制利润表，心想在学校我还是在老师的指导下完成这些实习内容的，现在要我独立完成利润表的编制，心里顿时紧张焦虑。

思考：

1. 利润表里的数据来自哪些会计资料？其理论依据是什么？
2. 利润表能提供什么信息？

知识概窗

一、利润表的概念和意义

（一）利润表的概念

利润表又称损益表，是反映企业在一定会计期间经营成果的报表。利润表是根据会计核算的配比原则，把一定时期内的收入和相对应的成本费用配比，从而计算出企业一定时期的各项利润指标。

（二）利润表的意义

通过利润表可以从总体上了解企业收入、成本和费用及净利润（或亏损）的实现及构成情况；同时，通过利润表提供的不同时期的比较数字（本月数、本年累计数、上年数），可以分析企业的获利能力及利润的未来发展趋势，了解投资者投入资本的保值增值情况。由于利润既是企业经营业绩的综合体现，又是企业进行利润分配的主要依据，因此，利润表是会计报表中的一张基本报表。

二、利润表的结构

利润表由表头、表身和表尾等部分组成。表头部分应列明报表名称、编表单位名称、编制期间和金额计量单位；表身部分反映利润的构成内容；表尾部分为补充说明。其中，表身部分为利润表的主体和核心。

利润表的格式主要有多步式利润表和单步式利润表两种。按照我国企业会计准则的规定，我国企业的利润表采用多步式。企业可以分如下三个步骤编制利润表：

第一步，以营业收入为基础，减去营业成本、税金及附加、销售费用、管理费用、财务费用、资产减值损失，加上公允价值变动收益（减去公允价值变动损失）和投资收益（减去投资损失），计算出营业利润。

用公式表示如下：

营业利润＝营业收入－营业成本－税金及附加－销售费用－管理费用－财务费用－资产减值损失＋公允价值变动收益（－公允价值变动收益）＋投资收益（－公允价值变动收益）

【知识链接 6－5】

营业收入＝主营业务收入＋其他业务收入

营业成本＝主营业务成本＋其他业务成本

第二步，以营业利润为基础，加入营业外收入，减去营业外支出，计算出利润总额。

用公式表示如下：

利润总额＝营业利润＋营业外收入－营业外支出

第三步，以利润总额为基础，减去所得税费用，计算出净利润（或净亏损）。

用公式表示如下：

净利润＝利润总额－所得税费用

多步式利润表的格式如表 6－3 所示。

表 6－3　　　　　　　　　　　　　利润表

会企 02 表

编制单位：　　　　　　　　年　　月　　　　　　　　　　单位：元

项目	行次	本月数	本年累计数
一、营业收入			

续表 6－3

项目	行次	本月数	本年累计数
减：营业成本			
税金及附加			
销售费用			
管理费用			
研发费用			
财务费用			
其中：利息费用			
利息收入			
资产减值损失			
加：公允价值变动净收益			
投资收益			
其中：对联营企业和合营企业的投资收益			
公允价值变动收益（损失以 "－" 号填列）			
资产处置收益（损失以 "－" 号填列）			
二、营业利润			
加：营业外收入			
减：营业外支出			
其中：非流动资产处置净损失			
三、利润总额			
减：所得税费用			
四、净利润			
五、其他综合收益的税后净额			
（一）以后不能重分类进损益的其他综合收益			
……			
（二）以后将重分类进损益的其他综合收益			
……			
六、综合收益总额			
七、每股收益			

三、利润表的编制方法

利润表中各项目的数据来源主要是根据各损益类科目的发生额分析填列。

1. 报表中的"本月数"栏反映各项目的本月实际发生数。在编报季度、半年度和年度财务会计报告时，应将"木月数"栏改成"上年数"栏。在编报季度、半年度财务会计报告时，填列上年同期累计实际发生数；在编报年度财务会计报告时，填列上年全年累计实际发生数。如果上年度利润表的项目名称和内容与本年度利润表不相一致，应对上年度利润表项目的名称和数字按本年度的规定进行调整，填入报表的"上年数"栏。

报表中的"本年累计数"栏反映各项目自年初起至报告期末止的累计实际发生数。

2. 报表各项目主要根据各损益类科目的发生额分析填列，具体各项目内容及填列方法如下：

（1）"营业收入"项目，反映企业经营业务所取得的收入总额。本项目应根据"主营业务收入"账户和"其他业务收入"账户的发生额填列。

（2）"营业成本"项目，反映企业经营业务发生的实际成本。本项目应根据"主营业务成本"账户和"其他业务支出"账户的发生额合计填列。

（3）"税金及附加"项目，反映企业经营业务应负担的消费税、城市维护建设税、资源税、土地增值税、教育费附加及房产税、土地使用税、车船使用税、印花税等。本项目应根据"税金及附加"科目的发生额分析填列。

（4）"销售费用"项目，反映企业在销售商品过程中发生的包装费、广告费等费用和为销售本企业商品而专设的销售机构的职工薪酬、业务费等经营费用。本项目应根据"销售费用"科目的发生额分析填列。

（5）"管理费用"项目，反映企业为组织和管理生产经营发生的管理费用。

（6）"研发费用"行项目，反映企业进行研究与开发过程中发生的费用化支出。该项目应根据"管理费用"科目下的"研发费用"明细科目的发生额分析填列。

（7）"财务费用"项目，反映企业为筹集生产经营所需资金发生的筹集费用。

（8）"资产减值损失"项目，反映企业各项资产发生的减值损失。

（9）"公允价值变动净收益"项目，反映企业按照相关准则的规定应当计入当期损益的资产或负债公允价值变动净收益，如交易性金融资产当期公允价值的变动额。如为净损失，本项目以"-"号填列。

（10）"投资收益"项目，反映企业以各种方式进行对外投资所取得的收益。本项目应根据"投资收益"科目的发生额分析填列。如投资损失，本项目以"-"填列。

（11）"资产处置收益"行项目，应根据"资产处置损益"科目的发生额分析填列；如为处置损失，以"—"号填列。

（12）"营业利润"项目，反映企业实现的营业利润。如为亏损，本项目以"-"号填列。

（13）"营业外收入"项目和"营业外支出"项目，反映企业发生的与其生产经营无直接关系的各项收入和支出。其中，处置非流动资产净损失，应当单独列示。

（14）"利润总额"项目，反映企业实现的利润总额。如为亏损，本项目以"-"号填列。

（15）"所得税费用"项目，反映企业按规定从当期利润总额中扣除的所得税费用。

（16）"净利润"项，反映企业实现的净利润。如为净亏损，本项目以"－"号填列。

（17）"其他综合收益"项目，反映企业根据其他会计准则规定未在当期损益中确认的各项利得和损失。应分为"以后不能重分类进损益的其他综合收益项目"和"以后将重分类进损益的其他综合收益项目"两类列示。

（18）"综合收益"总额项目，反映净利润和其他综合收益扣除所得税影响后的净额相加后的合计金额。

【知识链接 6－6】

利润分配表

利润分配表是反映企业一定会计期间对实现净利润以及以前年度未分配利润的分配或者亏损弥补的报表。该表是利润表的附表，说明利润表上反映的净利润的分配情况（或净亏损的弥补情况）。通过利润分配表，可以分析企业利润分配的构成是否合理，以便对企业的利润分配政策作出客观的评价。

1. 利润分配表的结构和内容

我国企业的利润分配表采用多步式结构来反映利润的分配过程及其结果。利润分配表各项目一般分别设立"本年实际"和"上年实际"两栏。其格式如表 6－4 所示。

表 6－4   利润分配表

编制单位：   年度   单位：元

项目	行次	本年实际	上年实际
一、净利润	1		
加：年初未分配利润	5		
二、可供分配利润	7		
减：提取法定盈余公积	8		
提取法定公益金	9		
利润归还投资	14		
三、可供投资者分配的利润	16		
减：应付优先股股利	17		
提取任意盈余公积	18		
应付普通股股利	19		
四、未分配利润	25		

2. 利润分配表的编制方法

（1）"上年实际"栏各项目，应根据上年利润分配表中"本年实际"栏所填制的数据填制。

（2）"本年实际"栏各项目，应根据"利润分配"科目所属明细科目的记录分析填制。

【边学边做 6－7】

华强公司 2019 年初未分配利润为 86 700 元，2019 年实际净利润 268 000 元，分别按净利润的 10% 提取法定盈余公积，并向投资者分配现金股利 120 000 元。

根据以上资料编制华夏公司 2019 年度利润分配表如表 6—5 所示。

表 6—5　　　　　　　　　　　　　　利润分配表

编制单位：华强公司　　　　　　　　　　2019 年度　　　　　　　　　　单位：元

项目		本年实际	上年实际
一、净利润		268 000	略
加：年初未分配利润		86 700	
二、可供分配利润		354 700	
减：提取法定盈余公积		26 800	
提取法定公益金		0	
利润归还投资		0	
三、可供投资者分配的利润		327 900	
减：应付优先股股利		0	
提取任意盈余公积		0	
应付普通股股利		120 000	
四、未分配利润		207 900	

项目训练

◆**知识题**

一、单项选择题

1. 利润表的"利润总额"项目反映的是(　　)。

    A. 企业营业利润总额

    B. 本期利润和以前年度利润调整数

    C. 企业本期实现的利润总额

    D. 本期利润扣除以前的亏损

2. 某企业年初未分配利润为 20 000 元，当年净利润 80 000 元，按 15% 的比例提取盈余公积，该企业应提取的盈余公积是(　　)。

    A. 15 000 元

    B. 12 000 元

    C. 9 000 元

    D. 3 000 元

3. (　　)是指反映企业在一定会计期间的经营成果的会计报表。

    A. 资产负债表

    B. 利润表

    C. 现金流量表

    D. 所有者权益变动表

4. 多步式利润表中的利润总额是以(　　)为基础来计算的。

    A. 营业收入   B. 营业成本

    C. 投资收益   D. 营业利润

5. 编制利润表所依据的会计等式是( )。

    A. 收入－费用＝利润

    B. 资产＝负债＋所有者权益

    C. 借方发生额＝贷方发生额

    D. 期初余额＋本期借方发生额－本期贷方发生额＝期末余额

6. 某企业本月主营业务收入为 1 000 000 元，其他业务收入为 80 000 元，营业外收入为 90 000 元，主营业务成本为 760 000 元，其他业务成本为 50 000 元，税金及附加为 30 000 元，营业外支出为 75 000 元，管理费用为 40 000 元，销售费用为 30 000 元，财务费用为 15 000 元，所得税费用为 75 000 元，则该企业本月营业利润为( )元。

    A. 170 000   B. 155 000

    C. 25 000   D. 80 000

7. A 股份有限公司 2019 年部分损益类账户发生额资料如下表

A 公司相关账户资料

单位：元

科目名称	借方	贷方
主营业务收入		810 000
主营业务成本	600 000	
税金及附加	10 000	
管理费用	40 000	
销售费用	3 500	
财务费用	3 000	
营业外收入		20 000
营业外支出	10 000	
其他业务收入		20 000
其他业务成本	15 000	

注：该公司所得税率为 25%，假设无其他纳税调整事项。

根据以上资料，A 股份有限公司利润表中营业收入的金额为( )元。

    A. 830 000   B. 615 000

    C. 810 000   D. 200 000

8. A股份有限公司2019年部分损益类账户发生额资料如下表

A公司相关账户资料　　　　　　　　　　　　　单位：元

科目名称	借方	贷方
主营业务收入		800 000
主营业务成本	620 000	
税金及附加	10 000	
营业外支出	10 000	
其他业务收入		20 000
其他业务成本	15 000	
资产减值损失	1 000	20 000
公允变支损益	2 000	
投资收益		40 000

注：该公司所得税率为25%，假设无其他纳税调整事项。

根据以上资料，A股份有限公司利润表中营业收入的金额为（　　）元。

A. 635 000　　　　　　　　　　B. 620 000

C. 15 000　　　　　　　　　　 D. 200 000

9. 企业利润表中的"税金及附加"不包括（　　）。

A. 城市维护建设税　　　　　　B. 消费税

C. 资源税　　　　　　　　　　D. 增值税

二、多项选择题

1. 下列项目中，属于计算"营业利润"考虑的因素有（　　）。

A. 主营业务收入　　　　　　　B. 主营业务成本

C. 税金及附加　　　　　　　　D. 营业费用

2. 利润表的基本要素有（　　）。

A. 资产　　　　　　　　　　　B. 负债

C. 收入　　　　　　　　　　　D. 费用

E. 利润

3. 利润表中的"营业收入"项目应根据（　　）科目的本期发生额计算填列。

A. 主营业务收入　　　　　　　B. 营业外收入

C. 投益收益　　　　　　　　　D. 其他业务收入

4. 下列等式正确的有（　　）。

A. 营业利润＝营业收入－营业成本－税金及附加－期间费用－资产减值损失＋公允价值变动收益（－公允价值变动损失）＋投资收益（－投资损失）

B. 期间费用＝管理费用＋销售费用＋财务费用

C. 利润总额＝营业利润＋营业外收入－营业外支出

D. 净利润＝利润总额－增值税额

5. 2019 年 3 月 31 日，松南公司有关账户期末余额及相关经济业务如下：本月实现营业收入 2 000 000 元，营业成本为 1 500 000 元，税金及附加为 240 000，期间费用为 100 000 元，营业外收入 20 000 元，适用所得税税率 25％。松南公司 2019 年 3 月 "利润表"中的营业利润，利润总额和净利润 "本期金额" 栏的金额分别是(　　　)元。

  A. 160 000   B. 180 000

  C. 120 000   D. 135 000

四、判断题

1. 企业以前年度未分配的利润，可以并入本年度提取盈余公积。(　　　)

2. 利润表中的净利润等于利润总额减去所得税。(　　　)

3. 盈余公积可转增资本，也可用于弥补亏损。(　　　)

4. 利润表是反映企业在某一特定日期财务状况的会计报表。(　　　)

5. 企业的利润总额即是反映企业一定时期所实现的营业利润。(　　　)

6. 利润表是以 "收入－费用＝利润" 为基础编制的。(　　　)

7. 利润表中 "本期数" 栏的数字，应根据各损益类账户本期发生额填列。(　　　)

8. 净利润是指利润总额减去所得税后的金额。(　　　)

9. 利润表是反映企业在一定会计期间经营成果的报表，属于静态报表。(　　　)

10. 按照我国企业会计准则的规定，我国企业的利润表采用单步式。(　　　)

11. 利润表中的利润总额是由营业利润和营业外收支净额组成。(　　　)

12. 利润表中收入类项目大多是根据收入类账户期末结转前借方发生额减去贷方发生额后的差额填列，若差额为负数，以 "－" 号填列。(　　　)

13. 通常，利润表的各项目只需填列 "本年累计数" 即可。(　　　)

14. 我国企业会计制度规定，我国企业的利润表采用多步式。(　　　)

◆业务实训题

1. 广东星星公司 2019 年 8 月末，结账前有关账户本期发生额如下：

项目	本期发生额
主营业务收入	200 000
其他业务收入	60 000
主营业务成本	80 000
其他业务成本	40 000
税金及附加	600
财务费用	1 000
管理费用	20 000
销售费用	10 000

续表

项目	本期发生额
投资收益	.110 000
资产减值损失	30 000
营业外收入	30 000
营业外支出	12 000
公允价值变动收益	16 000

月末结账时，发现如下几笔错账：

（1）交通违章罚款 200 元误记管理费用；

（2）支付银行手续费 600 元，误记管理费用；

（3）销售原材料收入 30 000 元，误记营业外收入，该材料成本为 12 000 元，误记营业外支出。

要求：根据上述资料，正确计算 5 月份相关指标，如下表：

（说明：假设利润总额为应纳税所得额，所得税税率为 25%）

2019 年 8 月份

项目	本期数
营业收入	（1）
营业成本	（2）
管理费用	（3）
财务费用	（4）
营业外收入	（5）
营业外支出	（6）
营业利润	（7）
利润总额	（8）
所得税费用	（9）
净利润	（10）

2.2019 年 6 月末，MM 公司结转利润会计分录如下：

（1）借：主营业务收入　　　　　　　　　　　　　730 000

　　　　其他业务收入　　　　　　　　　　　　　140 000

　　　　营业外收入　　　　　　　　　　　　　　　3 000

　　　贷：本年利润　　　　　　　　　　　　　　　　　854 000

　　　　　投资收益　　　　　　　　　　　　　　　　　19 000

（2）借：本年利润　　　　　　　　　　　　　　532 100

　　　贷：主营业务成本　　　　　　　　　　　　　　300 000

其他业务成本	72 000
税金及附加	7 600
销售费用	12 000
管理费用	20 000
财务费用	5 000
资产减值损失	7 000
营业外支出	1 200
所得税费用	107 300

要求：编制 MM 公司 2019 年 6 月份利润表。

利润表

编制单位：MM 公司　　　　　　　　　　2019 年 6 月

项目	本期数	上期数
一、营业收入	（1）	略
减：营业成本	（2）	
税金及附加	（3）	
销售费用	（4）	
管理费用	（5）	
财务费用	（6）	
资产减值损失	（7）	
加：投资净收益	（8）	
二、营业利润	（9）	
加：营业外收入	（10）	
减：营业外支出	（11）	
三、利润总额	（12）	
减：所得税费用	（13）	
四：净利润	（14）	

3. 华天公司为增值税一般纳税企业，主要生产和销售甲产品，适用增值税率 16％，所得税税率 25％，城建税教育费附加略。该公司 2019 年发生以下业务：

（1）销售甲产品一批，该批产品的成本 16 万元，销售价格 40 万元，专用发票注明增值税 6.4 万元，产品已经发出，提货单已交给买方。货款及增值税款尚未收到。

（2）当年分配并发放职工工资 40 万元，其中生产工人工资 24 万元，车间管理人员工资 8 万元，企业管理人员工资 8 万元。

（3）本年出租一台设备，取得租金收入 8 万元（不含税）。

（4）本年度计提固定资产折旧 8 万元，其中计入制造费用的固定资产折旧 5 万元，计入管理费用的折旧 2 万元，出租设备的折旧 1 万元。

（5）用银行存款支付销售费用 1 万元。

（6）在本年年末的财产清查中发现账外设备一台，其市场价格 2 万元，经批准转作营业外收入。

则华天公司 2019 年度利润表的下列报表项目金额为：

（1）营业收入（　　　）元；

（2）营业成本（　　　）元；

（3）营业利润（　　　）元；

（4）利润总额（　　　）元；

（5）所得税费用（　　　）元；

（6）净利润（　　　）元。

项目四 现金流量表

▶ 职业情境

张明是一位高职院校会计专业毕业的学生，任职一家新开的民营企业。年前经理布置年度会计报表的编制。张明心想，不就是资产负债表和利润表吗？这简单呢。但听经理布置还要编制现金流量表时，不禁有点发呆了。在学校虽然学过现金流量表有关知识，但始终没有实践过。小张心里紧张焦急，说不知道，人家会认为他太没水平了；说知道，他确实对现金流量表怎样编制不太有信心。你能告诉张明现金流量表的编制和它的作用吗？

▶ 学习目标

通过学习，应该达到如下目标：

◆**理论目标**：学习和掌握现金流量表的主要内容及账务处理的知识；并能运用相关知识进行相关的账务处理活动。

◆**实务目标**：能运用现金流量表的相关知识，规范"现金流量表"中的相关技能活动。

◆**案例目标**：运用本项目中的相关理论与实务知识研究相关案例，培养与提高学生在一定的情境下分析、设计与处理现金流量表账务职业相关能力，能结合本项目所学内容，分析企业相关会计行为的善恶，培养学生良好的会计职业道德素质。

◆**实训目标**：根据实训任务，在把握本实训所涉及的相关技能点的基础上，通过亲身体验现金流量表相关工作，及《现金流量表实训报告》的准备、撰写、讨论与交流等有质量、有效率的实践活动，培养学生的专业能力，强化"自我学习""发现问题""解决问题""自主创新"等职业核心能力。

▶ 先导案例

王强是刚毕业的会计专业的大学生，他任职某公司的会计，月末，会计主管要他编制现金流量表，在编制时，遇到一些问题，如①保险费摊销为 44 420 元，其中：计入制造费用 38 600 元，计入管理费用 5 820 元。②"固定资产"账户借方发生额为 88 400 元，均以现金支付；毁损的固定资产原值为 15 000 元，已提折旧 9 000 元；保险公司赔偿 5 000 元，已付来现金；其余 1 000 元作为固定资产毁损净损失。③营业外支出中 1 000 元系固定资产毁损净损失，15 000 元系捐赠现金支出，2 120 元系罚款现金支出。这些业务，他不知道放在现金流量表里的具体项目。

问题：

1. 如果你是王强，你会编制吗？

知识橱窗

一、现金流量表的概念和意义

（一）现金流量表的概念

现金流量表是反映企业在一定会计期间内现金和现金等价物流入和流出的报表。

现金流量是指一定会计期间内企业现金和现金等价物的流入和流出。企业从银行提取现金、用现金购买短期到期的国库券等现金和现金等价物之间的转换不属于现金流量。

现金是指企业库存现金以及可以随时用于支付的存款，包括库存现金、银行存款和其他货币资金（如外埠存款、银行汇票存款等），不能随时用于支付的存款不属于现金。

现金等价物是指企业持有的期限短、流动性强、易于转换为已知金额现金、价值变动风险很小的投资。期限短，一般是指从购买日起3个月内到期。现金等价物通常包括3个月内到期的债券投资等。权益性投资变现的金额通常不确定，因而不属于现金等价物。企业应当根据具体情况确定现金等价物的范围，一经确定不得随意变更。

（二）现金流量表的作用

现金流量表为会计报表使用者提供企业一定会计期间内现金和现金等价物流入和流出的信息。通过对现金流量表的分析，可以揭示企业的现金从哪里来，又流到那里去，以及导致现金状况变化的各种原因和结果，可以方便会计报表使用者了解和评价企业获取现金和现金等价物的能力，并据此预测企业未来现金流量，同时还可以提示企业的偿债能力和变现能力。现金流量表的作用具体表现在4个方面：

（1）有助于所有者、债权人评估企业产生对未来有利的现金流量的能力；

（2）有助于所有者、债权人评估企业偿还债务、支付股利和对外筹资的能力；

（3）便于会计报表使用者分析企业本期净利润与经营活动现金流量之间差异的原因；

（4）便于会计报表使用者对企业报告期内与现金有关或无关的投资、筹资活动进行恰当的评估。

（三）现金流量表的内容

企业一定会计期间内现金和现金等价物的流入和流出是由于各种因素导致的，如工业企业为生产产品需要用现金支付购入原材料的价款，支付职工工资，购买固定资产也需要支付现金。现金流量表首先要对企业各项经营业务产生或运用的现金流量进行合理的分类，通常按照企业经营业务发生的性质将企业一定会计期间内产生的现金流量分为以下三类。

1. 经营活动产生的现金流量

经营活动是指企业投资活动和筹资活动以外的所有交易和事项，包括销售商品或提供劳务、购买商品或接受劳务、收到返还的税费、交纳各项税金、支付工资、广告宣传、经营性租赁等。通过经营活动产生的现金流量，可以说明企业的经营活动对现金流入和流出的影响程度，并由此可以判断企业在不动用对外筹得资金的情况下，是否足以维护生产经营、偿还债务、支付股利和对外投资等。

2. 投资活动产生的现金流量

投资活动是指企业长期资产的购建和不包括现金等价物在内的投资及其处置活动。投资活动包括取得和收回资金、购建和外置固定资产、购买和处置无形资产等。通过投资活动产生的现金流量，可以分析企业通过投资获取现金的能力，以及投资活动产生的现金流量对企业现金流量净额的影响程度。

3. 筹资活动产生的现金流量

筹资活动是指导致企业资本及债务规模和构成发生变化的活动。筹资活动包括发行股票和接受投入资本、分派现金股利、取得和偿还公司债券等。通过筹资活动产生的现金流量，可以分析企业的筹资能力，以及筹资活动产生的现金流量对企业现金流量净额的影响程度。

二、现金流量表的结构

现金流量表包括正表和补充资料两部分。我国企业现金流量表采用报告式结构，分类反映企业经营活动产生的现金流量、投资活动产生的现金流量和筹资活动产生的现金流量，最后汇总反映企业某一期间现金及现金等价物的净增加额。我国企业现金流量表的格式如表6－6。

表6－6　　　　　　　　　　　　　　　　现金流量表

编制单位：＿＿＿＿＿＿＿＿＿年度　　　　　　　　　　　　　　　　单位：元

项目	本期金额	上期金额
一、经营活动产生的现金流量		
销售商品、提供劳务收到的现金		
收到的税费返还		
收到其他与经营活动有关的现金		
经营活动现金流入小计		
购买商品、接受劳务支付的现金		
支付给职工以及为职工支付的现金		
支付的各项税费		
支付其他与经营活动有关的现金		
经营活动现金流出小计		
经营活动产生的现金流量净额		
二、投资活动产生现金流量		
收回投资收到的现金		
取得投资收益收到的现金		
处置固定资产、无形资产和其他长期资产收回的现金净额		

续表 6—6

项目	本期金额	上期金额
处置子公司及其他营业单位收到的现金净额		
收到其他与投资活动有关的现金		
投资活动现金流入小计		
购建固定资产、无形资产和其他长期资产支付的现金		
投资支付的现金		
取得子公司及其他营业单位支付的现金净额		
支付其他与投资活动有关的现金		
投资活动现金流出小计		
投资活动产生的现金流量净额		
三、筹资活动产生的现金流量		
吸收投资收到的现金		
取得借款收到的现金		
收到其他与筹资活动有关的现金		
筹资活动现金流入小计		
偿还债务支付的现金		
分配股利、利润或偿付利息支付的现金		
支付其他与筹资活动有关的现金		
筹资活动现金流出小计		
筹资活动产生的现金流量净额		
四、汇率变动对现金及现金等价物的影响		
五、现金及现金等价物净增加额		
加：期初现金及现金等价物余额		
六、期末现金及现金等价物余额		

【知识链接 6—7】

现金流量表正表是现金流量表的主体和核心，企业一定会计期间内现金流量的信息主要通过正表提供。

现金流量表补充资料包括 3 部分内容：将净利润调节为经营活动的现金流量（即按间接法编制的经营活动现金流量）；不涉及现金收支的投资和筹资活动；现金及现金等价物净变动情况。

三、现金流量表的编制方法

在具体编制现金流量表时，企业可以根据业务量的大小和复杂程度，采用直接法或间接法分析填列。

直接法是按现金收入和现金支出的主要类别直接反映企业生产经营活动产生的现金流量。一般以利润表中的营业收入为起算点，调节与经营活动有关的项目的增减变动，然后计算出生产经营活动所产生的现金流量。

间接法是以本期净利润为起算点，调整不涉及现金的收入、费用、营业外收支等有关项，据此计算出生产经营活动产生的现金流量。

我国企业会计准则规定，企业应该采用直接法编制现金流量表，同时在附表中采用间接法调整生产经营活动产生的现金流量。

现金流量表的具体编制一般采用工作底稿法，主要步骤如下：

（1）设计工作底稿，将资产负债表期初数和期末数、利润表的本年发生数过入工作底稿的"期初数"栏和"期末数"栏；

（2）对当期的业务进行分析并编制调整分录；

（3）将调整分录过入工作底稿中相应的部分；

（4）核对调整分录，借贷合计应当相等，资产负债表期初数加减调整分录中的借贷金额后应当等于期末数；

（5）根据工作底稿中的现金流量表项目部分编制正式的现金流量表。

【边学边做 6—8】

1. 红翔公司发生如下经济业务：

（1）公司分得现金股利 10 万元；

（2）用银行存款购入不需要安装的设备一台，全部价款为 35 万元；

（3）出售设备一台，原值为 100 万元，折旧 45 万元，出售收入为 80 万元，清理费用 5 万元，设备已清理完毕，款项已存入银行；

（4）计提短期借款利息 5 万元，计入预提费用。

试回答：该企业投资活动现金流量净额为多少？

分析：

分得股利或利润所收到的现金＝100 000 元

处置固定资产而收到的现金净额＝800 000－50 000＝750 000 元

购建固定资产所支付的现金＝350 000 元

投资活动现金流量净额＝750 000＋100 000－350 000＝400 000 元

2. 志润公司发生如下经济业务：

（1）销售产品一批，成本为 250 万元，售价为 400 万元，增值税税票注明税款 68 万元，货已发出，款已入账；

（2）出口产品一批，成本为 100 万元，售价为 200 万元，当期收到货款。并收到出口退税 18 万元；

（3）收回以前年度应收账款 20 万元，存入银行；

试回答：试企业本期现金流量表中"销售商品、提供劳务收到的现金"的金额。

分析：

销售商品、提供劳务收到的现金＝4 000 000＋2 000 000＋200 000＋680 000＝6 880 000元

3.B企业本期商品销售收入实际收到现金936万元，其中增值税销项税额136万元，本年度销售退回支出现金50万元（不含增值税）收到出口退税17万元，则该企业销售商品的现金流入为多少？

分析：该企业销售商品的现金流入为936－50＝886（元）。

项目训练

◆知识题

一、单选题

1. 编制现金流量表时，企业的罚款收入应在（　　）项目反映。

　　A．"销售商品、提供劳务收到的现金"

　　B．"收到的其他与经营活动有关的现金"

　　C．"支付的其他与经营活动有关的现金"

　　D．"购买商品、接受劳务支付的现金"

2. 下列各项中，属于经营活动产生的现金流量的是（　　）。

　　A．销售商品收到的现金

　　B．发行债券收到的现金

　　C．发生筹资费用所支付的现金

　　D．分得股利所收到的现金

3. （　　）在"支付给职工以及为职工支付的现金"项目中反映。

　　A．支付给企业销售人员的工资

　　B．支付的在建工程人员的工资

　　C．企业支付的统筹退休金

　　D．企业支付给未参加统筹的退休人员的费用

4. 应收票据贴现属于（　　）。

　　A．经营活动产生的现金流量

　　B．投资活动产生的现金流量

　　C．筹资活动产生的现金流量

　　D．不涉及现金收支的筹资活动

5. 在下列事项中，（　　）不影响企业的现金流量。

　　A．取得短期借款

　　B．支付现金股利

　　C．偿还长期借款

　　D．以固定资产对外投资

6. 企业偿还的长期借款利息，在编制现金流量表时，应作为（　　　）项目填列。

A. 偿还债务所支付的现金

B. 分配股利、利润或偿付利息所支付的现金

C. 补充资料

D. 偿还借款所支付的现金

7. 编制现金流量表时，本期退回的增值税应在（　　　）项目中反映。

A. "支付的各项税费"

B. "收到的税费返还"

C. "支付的其他与经营活动有关的现金"

D. "收到的其他与经营活动有关的现金"

8. 企业购买股票时，实际支付的价款中包含的已宣告但尚未领取的现金股利，应在（　　　）项目反映。

A. "投资所支付的现金"

B. "收到的其他与投资活动有关的现金"

C. "支付的其他与投资活动有关的现金"

D. "收回投资所收到的现金"

9. 企业收回购买股票实际支付的价款中包含的已宣告但尚未领取的现金股利时，应在（　　　）项目反映。

A. "投资所支付的现金"

B. "收到的其他与投资活动有关的现金"

C. "支付的其他与投资活动有关的现金"

D. "收回投资所收到的现金"

10. 企业发行股票筹集资金所发生的审计费用，要编制现金流量表时，应在（　　　）项目反映。

A. "吸收投资所收到的现金"

B. "支付的其他与筹资活动有关的现金"

C. "偿还债务所支付的现金"

D. "分配股利、利润或偿付利息所支付的现金"

11. 融资租入固定资产发生的租赁费应在（　　　）中反映。

A. 经营活动产生的现金流量

B. 投资活动产生的现金流量

C. 筹资活动产生的现金流量

D. 补充资料

12. 下列各项中，会影响现金流量净额变动的是（　　　）。

A. 用原材料对外投资

B. 从银行提取现金

C. 用现金支付购买材料款

D. 用固定资产清偿债务

13. 企业编制现金流量表时，代购代销业务收到的现金应在（　　）项目反映。
    A. "销售商品、提供劳务收到的现金"
    B. "收到的其他与经营活动有关的现金"
    C. "支付的其他与经营活动有关的现金"
    D. "购买商品、接受劳务支付的现金"

14. 下列项目会减少企业现金流量的是（　　）。
    A. 购买固定资产
    B. 长期待摊费用摊销
    C. 固定资产折旧
    D. 固定资产盘亏

15. 企业去年销售的商品在本年退回所支付的现金应在现金流量表中（　　）项目反映。
    A. "销售商品、提供劳务收到的现金"
    B. "收到的其他与经营活动有关的现金"
    C. "支付的其他与经营活动有关的现金"
    D. "购买商品、接受劳务支付的现金"

16. 现金流量表中的现金流量正确的分类方法是（　　）。
    A. 经营活动、投资活动和筹资活动
    B. 现金流入、现金流出和非现金活动
    C. 直接现金流量和间接现金流量
    D. 经营活动、投资活动及收款活动

17. 现金流量表及其补充资料不包括（　　）。
    A. 披露不涉及现金的投资活动或筹资活动
    B. 披露在会计期间内投资于证券市场的现金数额
    C. 将净收益调整为经营活动现金流量的调节表
    D. 在会计期末企业拥有的现金及现金等价物金额

18. 现金流量表是以（　　）为基础编制的。
    A. 现金
    B. 营运资金
    C. 流动资金
    D. 全部资金

19. 编制现金流量表时，企业支付的销售人员的差旅费应在（　　）项目反映。
    A. "购买商品、接受劳务支付的现金"
    B. "支付给职工以及为职工支付的现金"
    C. "支付的其他与经营活动有关的现金"
    D. "销售商品、提供劳务所收到的现金"

20. 企业计提的折旧（　　）。

    A. 在投资活动的现金流量中反映

    B. 在筹资活动的现金流量中反映

    C. 在经营活动的现金流量中反映

    D. 因不影响现金流量净额，所以不在上述三种活动的现金流量中反映

21. 在编制现金流量表时，所谓的"直接法"的"间接法"是针对（　　）而言的。

    A. 投资活动的现金流量

    B. 经营活动的现金流量

    C. 筹资活动的现金流量

    D. 上述三种活动的现金流量

二、多选题

1. （　　）属于筹资活动产生的现金流量。

    A. 借款收到的现金

    B. 用固定资产清偿债务

    C. 偿付利息所支付的现金

    D. 取得债券利息收入所收到的现金

2. "收回投资所收到的现金"项目反映（　　）。

    A. 企业出售长期股权投资收到的现金

    B. 企业收回长期债权投资本金收到的现金

    C. 收回长期债权投资利息收到的现金

    D. 企业收回用于长期投资的固定资产

3. 下列各项中，属于筹资活动产生的现金流量的有（　　）。

    A. 购买固定资产所支付的现金

    B. 工程交付使用前的利息支出

    C. 融资租赁所支付的现金

    D. 经营租赁所支付的现金

4. （　　）不会影响现金流量净额的变动。

    A. 将现金存入银行

    B. 用现金对外投资

    C. 用存货清偿债务

    D. 用原材料对外投资

5. 下列各项中，影响经营活动现金流量的项目有（　　）。

    A. 发行长期债券收到的现金

    B. 偿还应付购货款

    C. 支付生产工人工资

    D. 支付所得税

6. 下列各项中，影响投资活动现金流量的项目有（　　）。

A. 以存款购买设备

B. 购买三个月到期的短期债券

C. 购买股票

D. 取得债券利息和现金股利

7. 下列各项中，影响筹资活动现金流量的项目有（　　）。

A. 支付借款利息

B. 融资租入固定资产支付的租赁费

C. 支付各项税费

D. 发行债券收到的现金

8. 下列各项中，属于经营活动产生的现金流量的是（　　）。

A. 支付的所得税款

B. 购买机器设备所支付的增值税款

C. 购买土地使用权支付的耕地占用税

D. 支付的印花税

9. 企业"处置固定资产、无形资产或其他长期资产所收回的现金"项目反映（　　）。

A. 企业处置固定资产所收回的现金

B. 企业处置无形资产所收回的现金

C. 企业处置其他长期资产所收回的现金

D. 企业由于自然灾害所造成的固定资产等长期资产损失而收到的保险赔偿收入

10. "投资所支付的现金"项目反映（　　）。

A. 企业取得长期股权投资所支付的现金

B. 企业取得长期股权投资所支付的佣金

C. 企业取得长期股权投资所支付的手续费

D. 企业取得长期债权投资所支付的现金

11. 企业"偿还债务所支付的现金"项目反映（　　）。

A. 偿还借款本金

B. 偿还债券本金

C. 偿还借款利息

D. 偿还债券利息

12. "不涉及现金收支的投资活动和筹资活动"需列示（　　）。

A. "债务转为资本"

B. "一年内到期的可转换公司债券"

C. "融资租入固定资产"

D. "从银行提取现金"

13. 下列各项中，属于投资活动产生现金流量的是（　　）。

A. 支付的所得税款

B. 取得债券利息收入所收到的现金

C. 支付给职工以及为职工支付的现金

D. 购建固定资产所支付的现金

14. 企业"支付的其他与筹资活动有关的现金"项目反映（　　　）。

　　A. 现金捐赠支出

　　B. 融资租入固定资产支付的租赁费

　　C. 计提的资产减值准备

　　D. 固定资产计提折旧

15. 企业的现金流量分为（　　　）。

　　A. 经营活动的现金流量

　　B. 投资活动的现金流量

　　C. 筹资活动的现金流量

　　D. 借款活动的现金流量

16. 支付的其他与经营活动有关的现金包括（　　　）。

　　A. 支付的某些管理费用

　　B. 支付给生产工人的补贴

　　C. 支付的某些销售费用

　　D. 支付的税金及附加

17. 现金流量表中的现金包括（　　　）。

　　A. 库存现金

　　B. 银行存款

　　C. 其他货币资金

　　D. 现金等价物

18. "销售商品、提供劳务收到的现金"反映（　　　）。

　　A. 本期销售商品、提供劳务收到的现金

　　B. 前期销售商品本期收到的现金

　　C. 前期提供劳务本期收到的现金

　　D. 本期预收的账款

19. "收到的税费返还"项目反映企业收到的返还的各种税金，包括（　　　）。

　　A. 增值税

　　B. 消费税

　　C. 关税

　　D. 所得税

20. "收到的其他与经营活动有关的现金"项目反映（　　　）。

　　A. 罚款收入

　　B. 流动资产损失中由个人赔偿的现金收入

　　C. 企业代购代销业务收到的现金

　　D. 企业销售材料收到的现金

21. "购买商品、接受劳务支付的现金"项目反映(   )。

    A. 本期购入商品支付的价款

    B. 本期购入商品支付的进项税额

    C. 本期支付前期购入商品的未付款项

    D. 本期预付款项

22. "支付给职工以及为职工支付的现金"项目不反映(   )。

    A. 企业生产工人的工资

    B. 在建工程人员的工资

    C. 支付的退休统筹金

    D. 支付的未参加统筹的退休人员的费

三、判断题

1. 将于一年内到期的长期负债,应在资产负债表的"一年内到期的长期负债"项目单独反映。(   )

2. 企业销售商品,预收的账款不在"销售商品、提供劳务收到的现金"项目反映。(   )

3. 我国《企业会计准则——现金流量表》在要求企业按间接法编制现金流量表的同时,还要求企业在补充资料中按直接法将净利润调节为经营活动的现金流量。(   )

4. 作为现金流量表编制基础的现金是指现金及现金等价物。(   )

5. 企业一定期间的现金流量可分为经营活动的现金流量、投资活动的现金流量和筹资活动的现金流量。(   )

6. 企业利润分配表中的"提取职工奖励及福利基金"项目反映外商投资企业按规定提取的职工奖励及福利基金。(   )

7. 现金流量表是反映企业一定时期现金及其等价物流入和流出的报表。(   )

8. 企业本期应交的增值税在利润表中的"税金及附加"反映。(   )

9. 企业前期销售本期退回的商品支付的现金应在"支付的其他与经营活动有关的现金"项目反映。(   )

10. 企业分得的股票股利可在"取得投资收益所收到的现金"项目反映。(   )

11. 融资租入固定资产支付的租赁费,在经营活动产生的现金流量反映。(   )

12. "企业捐赠现金支出应在"支付的其他与筹资活动有关的现金"项目中反映。(   )

13. 企业预交的消费税应在"支付的其他与经营活动有关的现金"项目反映。(   )

14. 企业收回长期债权投资本息所收到的现金应在"收回投资所收到的现金"项目反映。(   )

15. 企业收到退还的所得税税金应在"收到的其他与经营活动有关的现金"项目中反映。(   )

16. 企业用现金支付的业务招待费应在"支付的其他与经营活动有关的现金"项目反映。(   )

17. 企业实际支付的罚款支出应在"支付的其他与经营活动有关的现金"项目反映。（　　）

18. 企业支付给企业行政管理人员的工资应在"支付给职工以及为职工支付的现金"项目反映。（　　）

19. 企业购买商品同时支付的增值税进项税税金应在"支付的其他与经营活动有关的现金"项目反映。（　　）

20. 企业购买债券时，实际支付的价款中包含已到付息期但尚未领取的债券利息，应在"投资所支付的现金"项目反映。（　　）

模块七　会计档案整理与保管

知识橱窗

一、会计档案的定义

　　会计档案是指会计凭证、会计账簿和财务报告等会计核算专业材料，是记录和反映单位经济业务的重要史料和证据。具体包括：

（一）会计凭证类

原始凭证，记账凭证，汇总凭证，其他会计凭证。

（二）会计账簿类

总账，明细账，日记账，固定资产卡片，辅助账簿，其他会计账簿。

（三）财务报告类

月度、季度、年度财务报告，包括会计报表、附表、附注及文字说明，其他财务报告。

（四）其他类

银行存款余额调节表，银行对账单，其他应当保存的会计核算专业资料，会计档案移交清册，会计档案保管清册，会计档案销毁清册。

二、会计档案整理方法

会计档案的整理，是指按照一定的方法和程序，将零散和需要进一步条理化的会计资料，通过分类、组合、立卷、排列和编目，组成有序体系的过程。一般采用年度—形式（名称）—保管期限，即把一个单位形成的会计档案先按年度分开，然后再按名称分类，在每一类中按保管期限顺序排列，一年或若干年编一个流水序号。

（一）报表的整理

1. 组卷、装订

年度报表，独立组卷。

在整理报表时，对报表进行分析和说明的文字，是会计报表的重要组成部分，如财务情况说明、财务报告等，审批报告、批复等要与报表一同组卷归档，并放在被说明报表前。

组好的案卷要除去卷内文件的金属物，编页号、填写封面、卷内目录、备考表，采用三孔一线方式装订。

2. 编号、编目

（1）编号：指报表在整理过程中排列的序号，即案卷号。报表按年度统一编案卷顺序号，即年度流水号。一般各单位每年形成的年报较少，可以将本单位若干年的报表放在一起编一个案卷流水号。

（2）填写封面、卷内目录。

（3）填写案卷目录。

（4）目录号：是指档案案卷目录按一定顺序编制的代号，通常由大类代号＋顺序号。

当案卷顺序号一截止（即断开），就形成一本档案目录，并给该本目录一个固定顺序号，即目录号。

目录号模式为：

D1—1

　　　第一本目录

　　报表类

【小知识】

　　账簿、凭证、工资表编目录号时也同样如此。同一大类的目录号不能重复，同一目录内案卷号不能重复。

　　（二）账簿的整理

　　帐簿在形成时一般都有固定的格式和明确的分类可在年终结帐后整理立卷。

　　1.组卷

　　按形成的帐簿，一册一卷，每本帐簿在原封面右上角贴会计档案"小标签"，并按标签上内容填写。

　　如果帐簿原封面太大，不能装入会计档案硬盒时，必须封面拆掉，另换上质量较好的合规格的软封面，再贴上"小标签"，并填写上各项内容。

　　小标签填写模式：

表 7－1

全宗号	10	年度	2019
目录号	D2－1	保管期限	长期
案卷号	1	页数	60
题　名		现金出纳帐	

　　对多个帐户的帐簿，其题名可只写主要的 2～3 个。

　　整理要求：

　　（1）对订本式帐簿，为了保持原貌，不用拆去空页，按已有填写内容的页面编顺序号，或在使用前已编上连续页号，可直接利用原有页号。

　　（2）对活页式、卡片式帐簿，在年终结后，应拆除硬封面，抽出空页，将已记帐的帐页依次编好页码，另加封面、封底，装订成册。有的活页帐页数较少，可将科目内容相通的帐页按类别排列编号，合并装订为一册。

　　（3）实行电算化的单位，按《会计电算化》第十二条，应当保存打印的纸质会计档案。

　　（4）对跨年度使用的帐簿，应不超过五年，并放在终止年度。

　　（5）排列要求：历年帐簿的排列顺序应尽量一致，可采用按使用顺序或按保管期限顺序排列。

　　2.编　　号

　　帐簿类内不再分属类，也不再分开各种保管期限，所有各种帐簿案卷统一由若干年编案卷顺序号。即历年编一个序号，这个顺序号最大不超过四位数。

　　如：D 2—1～n

　　1～n—　案卷顺序号

帐簿

会计档案

3. 填写案卷目录：

帐簿案卷目录直接利用"会计档案案卷目录"。

4. 编目录号

帐簿案卷目录号模式：

D2—1

第一本目录册序号

帐簿类代号

5. 装硬盒

报表、帐簿、工资表、其他类统一用会计档案硬盒，每一类按案卷号顺序装满一盒再装第二盒。不同类的案卷不能混装在一盒。硬盒正面填写起止年度，背脊上方盖类别，年度；下方用红色盖档号。

（三）凭证的整理

1. 组　卷

凭证一本为一卷。必须使用国家统一标准的"会计档案凭证软封面"来装订，封面要按项目填写。

（1）封面填写：

名称：单位全称；

时间：本卷凭证的起止的日期；

卷数：该卷是本月的第几卷；

记帐凭单张数：是凭证单的张数；

主管、经办人签字；

档号：用红色盖上。

如果不是采用标准的封面，应在原封面右下方补盖档号，其模式如：档号章尺寸20mm×60mm。

表 7—2

全宗号	目录号	案卷号

（2）对于数量过多的原始凭证，可以单独装订保管，在封面上注明记帐凭证日期、编号，同时记帐凭证上注明"附件另订"和原始凭证名称、编号。

（3）对一些保管价值明显不同的凭证，如记载本单位重大生产经营活动、外事、对私改造或工资名册等，应抽出单独装订，但要在原记帐凭证上注明抽出凭证的名称、数量、去向，并由立卷人签名盖章。

抽出的原始凭证组卷可接年度—形成日期排列装订，编号可以同本年其他凭证一起编序号，但必须在目录上注明保管期限，同时要在相互的案卷上注明档号，以便备查。

（4）独立抽出的单据，按记帐凭证的大小折叠整齐，按时间顺序编写页号，加上封面装订成册。

2.编　号

编制案卷号时可视本单位每年凭证数量的多少，每年编一流水号或若干年编一个流水号，但案卷号不能超过四位数。

如：D3—1～n

　　　1～n——案卷顺序号

　　　D3——一级属类（会计凭证）

3.填写目录

会计凭证只需填写案卷目录。

4.硬盒：按案卷顺序号入盒。

5.工资表：视本单位工资单的数量多少可一年一卷或数卷，参照"文书档案的封面和卷内目录"整理，案卷号可若干年一个流水号。

如：D4—1～n

　　　1～n—— 案卷顺序号

　　　D4—— 一级属类（工资表、其它）

案卷目录的填写，原已作为凭证附件的工资表，可以不用拆卷装订，按《办法》执行。

（四）其他类

1.调节表、对账单应按会计制度要求装订成册，发票或收据存根联整本的不用装订在会计部门保存5年。

2.移交清册

3.档案目录、销毁清册

三、编制档案目录

1.报表、工资表目录：由案卷目录和卷内目录合订组成，当案卷号一截止，就形成一本档案目录，并给该目录一个固定的编号，也就是目录号。

2.账簿、凭证：由案卷目录组成

对按年编案卷号的凭证，可以几年的（几个目录号）目录合为一本，年之间用纸隔开，在目录封面注明目录号。

例：D3—1～4

在统计目录册时，则应按实有数量统计，即有4册

3.目录封面填写

四、会计档案的鉴定与销毁

会计档案在保管期限已满后，应由档案部门提出意见，与鉴定小组共同鉴定。

鉴定程序：

1.组成鉴定小组：由分管领导及有关人员组成。制定鉴定方案，如规定初步鉴定、

复查、审定等手续。

复查：对已到保管期限的会计档案，要妥善处理，对其中未结清的债权债务和涉及其他未了结事项的原始凭证以及对处理遗留问题还起作用的证据材料，单独抽出立卷，适当延长保管期限，同时在会计档案销毁清册和目录中注明。

2. 处理方法：《会计法》第十条

3. 编制销毁审批表：

模式：

经鉴定后，清出无保存价值的报表　卷（册），帐簿　卷（册），凭证　卷（册）应予以销毁，请审批。

鉴定领导小组负责人（签名）

　年　月　日

主管负责人批示（签名）

　年　月　日

监　销　人（签名）

年　月　日

五、会计凭证的装订、整理与保管

（一）会计凭证的审核

1. 审核程序

领取票据贴存单→部门主管签字→财务会计确定其真实性、合理性、完整性、正确性、规范性→盖章。

2. 审核原则

（1）审核原始凭证的真实性：包括日期是否真实、业务内容是否真实、数据是否真实等。

（2）审核原始凭证的合法性：经济业务是否符合国家有关政策、法规、制度的规定，是否有违法乱纪等行为。

（3）审核原始凭证的合理性：原始凭证所记录经济业务是否符合企业生产经营活动的需要、是否符合有关的计划和预算等。

（4）审核原始凭证的完整性：原始凭证的内容是否齐全，包括：有无漏记项目、日期是否完整、有关签章是否齐全等。

（5）审核原始凭证的正确性：包括数字是否清晰、文字是否工整、书写是否规范、凭证联次是否正确、有无刮擦、涂改和挖补等。

（6）审核原始凭证的规范性：包括原始凭证进行黏贴时，必须使用统一印制的票据贴存单；原始凭证应分类整理，分类黏贴；原始报账凭证按大票在下、小票在上的要求，从右至左呈阶梯状依次黏贴，个别规格参差不齐的凭证，可先裁边整理后再行黏贴，但必须保证原始凭证内容的完整性；原始凭证数量较多、厚度较高，应在黏贴线外加黏贴条，黏贴好后及时用重物压平，以防褶皱、膨松，确保凭证整体平整。原始凭证黏贴的规则是：从下向上，从右向左，齐线齐边，超大剪折。

（7）原始凭证必须符合公司财务管理规定。

（二）会计凭证的装订

1. 装订程序：

打印→粘贴→分类→整理→汇总→粘贴装盒

2. 装订原则：

按照财政部《会计基础工作规范》装订具体到本单位有以下几个原则

（1）会计凭证打印使用专业的凭证用纸。

（2）会计凭证与原始凭证贴存单齐边粘贴。

（3）会计凭证按照：现金收款、现金付款、银行收款、银行付款、转账凭证分为四类。

（4）会计凭证以每本为一次汇总打印汇总单，齐边粘贴于每本凭证首页。

根据本月凭证本数编制凭证登记表，根据凭证皮侧脊大小设置侧脊条，内容"年、月、凭证种类、凭证号、册号"。

（5）填写凭证盒内容"年、月、凭证种类、凭证号、册号、目录号、案卷号、保存年限"侧号以凭证类别分类排号，目录号以全年凭证本数排号，案卷号以本月凭证本数排号。

（6）将粘贴好的凭证装入填写好的凭证盒内。

（三）会计凭证的管理及保存

1. 会计凭证每月 6 号整理好连同凭证登记表放入本年凭证柜。

2. 会计凭证按照月份由右至左、由上至下排列。

3. 会计凭证每月整理完成后检查目录号，确保与上月连接，杜绝错误。

4. 每年年初将上年会计凭证放入会计档案室，清点后在档案柜张贴该柜内凭证"年度、起止号、本数"管理人签字。

5. 建立会计凭证档案簿、会计凭证档案调阅登记表。

6. 会计凭证保管期限为：30 年。

7. 其余保存及管理细则按照《会计档案管理办法》及会计工作达标考核标准执行。

（四）会计账簿的保管会计档案保管期限表如下：

表 7－3　　　　　企业和其他组织会计档案保管期限表

序号	档案名称	保管期限	备注
一、	会计凭证类		
1.	原始凭证	30 年	
2.	记账凭证	30 年	
3.	汇总凭证	30 年	
二、	会计账薄类		

续表7—3

序号	档案名称	保管期限	备注
4.	总账	30 年	包括日记总账
5.	明细账	30 年	
6.	日记账	30 年	
7.	固定资产卡片		固定资产报废清理后保管 5 年
8.	辅助账簿	30 年	
三、	财务报告类		包括各级主管部门汇总财务报告
9.	月、季度财务报告	10 年	包括文字分析
10.	年度财务报告（决算）	永久	包括文字分析
四、	其他类		
11.	会计移交清册	30 年	
12.	会计档案保管清册	永久	
13.	会计档案销毁清册	永久	
14.	银行余额调节表	10 年	
15.	银行对账单	10 年	

会计账簿保管期限最长，分两种情况，定期保管最长是 30 年。若是年度财务报告（决算）、会计档案保管清册、会计档案销毁清册是永久保管的。

【小知识】

保管期满的会计档案，可以按照以下程序销毁：

• 由本单位档案机构会同会计机构提出销毁意见，编制会计档案销毁清册，列明销毁会计档案的名称、卷号、册数、起止年度和档案编号、应保管期限、已保管期限、销毁时间等内容。

• 单位负责人在会计档案销毁清册上签署意见。

• 销毁会计档案时，应当由档案机构和会计机构共同派员监销。国家机关销毁会计档案时，应当由同级财政部门、审计部门派员参加监销。财政部门销毁会计档案时，应当由同级审计部门派员参加监销。

• 监销人在销毁会计档案前，应当按照会计档案销毁清册所列内容清点核对所要销毁的会计档案；销毁后，应当在会计档案销毁清册上签名盖章，并将监销情况报告本单位负责人。

【注意】保管期满但未结清的债权债务原始凭证和涉及其他未了事项的原始凭证，不得销毁，应当单独抽出立卷，保管到未了事项完结时为止。单独抽出立卷的会计档案，应当在会计档案销毁清册和会计档案保管清册中列明。

正在项目建设期间的建设单位，其保管期满的会计档案不得销毁。

六、会计电算化档案管理的基本要求

1. 采用电子计算机进行会计核算的单位，应当保存打印出的纸质会计档案。具备采用磁带、磁盘、光盘、微缩胶片等存储介质保存会计档案条件的，由国务院业务主管部门统一规定，并报财政部、国家档案局备案。

2. 会计电算化档案包括机内会计数据、软盘等备份的会计数据，以及打印输出的会计凭证、账簿、报表等数据。

3. 系统开发资料和会计软件系统也应视同会计档案保管。

4. 会计电算化档案管理要严格按照财政部有关规定，并由专人负责。

5. 对会计电算化档案管理要做到防磁、防火、防潮和防尘工作，重要会计档案应准备双份，存放在两个不同的地点。

6. 对采用存储介质保存的会计档案，要定期进行检查，定期进行复制，防止由于存储介质损坏而使会计档案丢失。

项目训练

◆知识题

一、选择题

1. 原始凭证的保管期限为（　　　）年。

    A. 10　B. 8　　　　　　　　C. 30　　　　　　　　　D. 20

2. 档案部门接收保管的会计档案若需拆封重新整理，应当（　　　）。

    A. 由原封人员拆封整理

    B. 由财务会计部门拆封整理

    C. 由档案部门拆封整理

    D. 由档案部门会同财务会计部门和经办人员共同拆封整理

二、思考题

1. 如何黏贴会计凭证？

2. 不同会计档案资料的保管期限是怎样的？

3. 如何进行会计电算化档案的管理？

三、技能题

请简述进行会计账簿的装订和整理时要注意些什么？

四、实训任务

模拟进行会计账簿的装订。

参 考 文 献

[1] 张秀兰. 基础会计 ［M］. 湖南：湖南师范大学出版社，2011.

[2] 赵丽生，董京原. 基础会计 ［M］. 北京：北京师范大学出版社出版，2010.

[3] 迟旭升，陈国辉. 基础会计 ［M］. 大连：东北财经大学出版社，2009.

[4] 张岐. 基础会计 ［M］. 北京：电子工业出版社，2010.

[5] 陈强. 财务会计实务 ［M］. 北京：清华大学出版社，2010.

[6] 狄建红，郝福锦. 基础会计 ［M］. 北京：人民邮电出版社，2011.

[7] 王辉. 会计职业基础 ［M］. 北京：人民邮电出版社，2011.

[8] 杨桂洁. 会计基础与实务 ［M］. 北京：人民邮电出版社，2011.

[9] 杨勇军. 基础会计实训教程 ［M］. 北京：湖南师范大学出版社，2012.

[10] 会计从业资格考试辅导教材编写组. 会计基础 ［M］. 广东：中国财政经济出版社，2012.

[11] 屈振甫. 史祖华. 基础会计实务 ［M］. 广州：华南理工大学出版社，2009.

[12] 孔德兰. 会计基础 ［M］. 北京：高等教育出版社，2011.

[13] 戚素文. 周东黎. 基础会计实务 ［M］. 北京：科学出版社，2012.

[14] 郭武燕. 王惠清. 会计基础项目化教程 ［M］. 天津：南开大学出版社，2010.

[15] 张玉森，陈伟清. 基础会计 ［M］. 北京：高等教育出版社，2002.

[16] 李静. 会计基础 ［M］. 北京：中国财政经济出版社，2012.

[17] 魏金娥，吴军. 企业财务会计 ［M］. 北京：经济科学出版社，2008.

[18] 杨晶，王爱华. 基础会计 ［M］. 北京：中华工商联合出版社，2006

[19] 广东省会计从业资格考试研究中心编写. 会计基础考点精讲及归类题库 ［M］上海：立信会计出版社，2012.